en–Baden von 1874

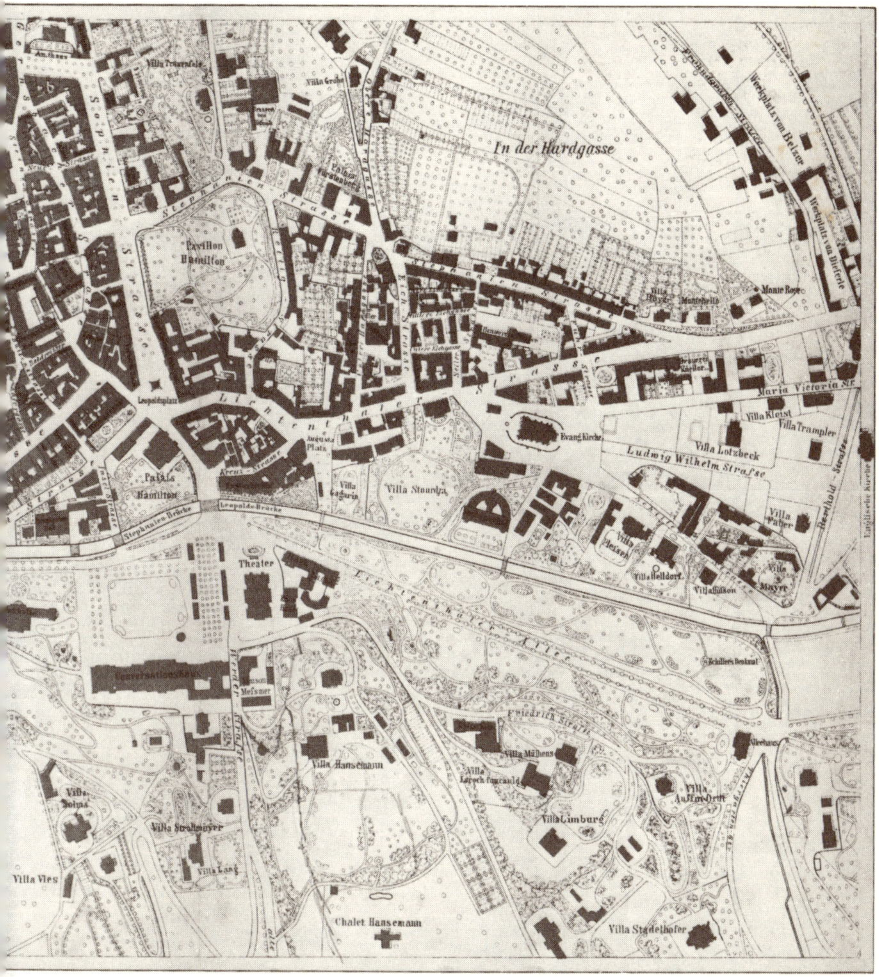

Klaus Fischer

BADEN-BADEN ERZÄHLT

Klaus Fischer

Baden-Baden erzählt

Der Kurort im alten und neuen Glanz

Keil Verlag Bonn

Bildnachweis

Buss, Marlene: 45–47, 49 · Fischer, Klaus: „Faites Votre Jeu. Geschichte der Spielbank Baden-Baden" (Baden-Baden 1983): 1, 2f., 5f., 10, 11, 19, 28; Archiv Fischer, Klaus: 23f., 27, 41, 50 · Huber: 44 · Polomski, Lilo/Baden-Baden: 22 · Pourtalés, Guy de: „Berlioz et l'Europe romantique" (Éditions Gallimard 1980): 7f., 14 · Richardson, Joanna: „Die Kurtisanen" (Frankfurt/M. 1968): 15, 17f., 20 · Schaeffer, M.: 43 · Schlapper, Fee: 36f. · Staatliche Kunsthalle Baden-Baden: 12 · Stadtbücherei Baden-Baden: 30f. · Städtische Sammlungen Baden-Baden: 13 · SWF: 38, 48 · Ziegler (Kurdirektion Baden-Baden): 32

Vor- und Hintersatzblatt entnommen aus: „Baden-Baden. Wegweiser durch Stadt und Umgegend" (Baden-Baden 1874).

1. Auflage
Copyright © 1985 by Keil Verlag, Bonn
Alle Rechte der Verbreitung, auch durch Film, Funk, Fernsehen, fotomechanische Wiedergabe, Tonträger jeder Art und auszugsweisen Nachdruck sind vorbehalten.
Gesamtherstellung: Konkordia Druck GmbH, Bühl/Baden
Printed in Federal Republic of Germany
ISBN 3921591325

Inhalt

Zuflucht im Fürstenbad

Baden-Baden im Zeitalter der Romantik

In Europa tragen drei Städte den Namen „Baden": Baden bei Wien, Baden bei Zürich und Baden-Baden im Schwarzwald. Um sich von den beiden anderen Orten abzuheben, hat Baden-Baden seinen Namen verdoppelt. Man kann ihn als eine zweifache Aufforderung verstehen, von den etwa zwanzig Kochsalzthermen Gebrauch zu machen, die unter unterirdischem Druck am Florentinerberg, knapp über den Giebelhäusern der Altstadt, an die Oberfläche treten. Die Baden-Badener Quellen sind etwa 15 000 Jahre alt und schütten täglich fast eine Million Liter Wasser aus. Sie sind das Markenzeichen, der Stolz und der Reichtum der Stadt.

Baden bei Wien, Beethovens Sommerfrische, Baden bei Zürich, die selbstbewußte Industriegemeinde im schweizerischen Aargau, und Baden-Baden haben außer dem Namen noch etwas gemeinsam: die Vergangenheit. Alle drei Orte sind römische Militärgründungen auf keltischem Boden. Die Legionäre aus Italien und Spanien, aus Nordafrika und aus dem Nahen Osten, die vor etwa 1700 Jahren den langen Grenzwall zwischen Rhein und Donau schützten, kurierten in Baden-Baden, damals Aquae Aureliae, ihre Gelenkerkrankungen und Schußverletzungen. Ein „Kaiserbad", wie gelegentlich behauptet wird, ist Baden-Baden nie gewesen, auch der Unhold Caracalla hat sich nie im Oostal aufgehalten. Wie Wiesbaden und Badenweiler, Zurzach und Rheinfelden, Bad Hainburg an der Do-

nau und das heutige Budapest, das nicht weniger als 123
Heilquellen besitzt, war auch Baden-Baden eine kleine
Garnison mit Badeeinrichtungen für Offiziere und Ge-
meine. Die Offiziere badeten im Bereich der späteren
Stiftskirche, die Wehrpflichtigen und Veteranen am Hang
des Florentinerbergs, einige Stockwerke tiefer – etwa dort,
wo sich heute das Friedrichsbad erhebt. Die 1847 wiederentdeckten Reste des Soldatenbades am Römerplatz gehören zu den Baden-Badener Sehenswürdigkeiten.

Das von sieben bewaldeten Kuppen umgebene Oostal
öffnet sich nach Westen, was als politisches Programm verstanden werden kann. Spätestens seit Christoph I. mußten
die Markgrafen von Baden-Baden mit dem mächtigen
französischen Nachbarn mehr rechnen als mit dem deutschen Kaiser im fernen Wien, dessen Blick sich auf den
Balkan richtete. Seit 1648 war die winzige Markgrafschaft
de facto ein französisches Protektorat. Das gescheiteste
Buch über diesen Zeitabschnitt hat ein Nichthistoriker,
der Romancier Otto Flake mit seiner Studie über den
„Türkenlouis" geschrieben. Während der Türkenlouis,
Markgraf Ludwig Wilhelm, als kaiserlicher Feldherr am
Mittellauf der Donau gegen die Osmanen kämpfte, wurde
seine Residenz Baden-Baden im Jahr 1689 von französischen Truppen in Schutt und Asche gelegt. 1706 verlegte
der Markgraf den Regierungssitz nach Rastatt, wo ihm
sein italienischer Hofbaumeister Domenico Egidio Rossi
ein stattliches Schloß erbaute. Baden-Baden erholte sich
nur langsam vom Schreckensjahr 1689 und blieb noch jahrzehntelang ein Notstandsgebiet; die hungernden Einwohner verfielen einer mit inbrünstiger Frömmigkeit gepaar-
ten Lethargie.

Den mauergesäumten Ort ohne Straßenpflaster, ohne
Kanalisation, ohne jede Hygiene bewohnte ein beständig
von Typhus bedrohtes obrigkeitsfrommes Volk, Gerber,
Seildreher, Strumpfstricker und Nagelschmiede. Die

Mehrzahl der Einwohner des verkümmerten Kaffs mit den vielen Baulücken war des Lesens und Schreibens nicht mächtig. Unten im Tal der Oos, die in weitem Abstand von den Mauern dem Rhein zueilte, ertönten die rauhkehligen Rufe der Flößer aus dem Hochschwarzwald. Brüchige Walkmühlen säumten das Ufer des Baches, der im Sommer meist trockenlag. Küfer mit breitkrempigen Hüten hämmerten Faßdalben zurecht, denn noch züchteten in der Gemarkung einige Winzer einen säuerlichen Landwein. Der Stadtflecken hatte im ausgehenden Mittelalter und in der Reformationszeit einen guten Ruf als Badeort besessen. Nach dem Franzosenbrand war jedoch die Zahl der Badeherbergen von zwölf auf vier zurückgegangen, und auch diese vier befanden sich in einem kläglichen Zustand: „Mittelmäßige Kosttische mit geringen Weinen, Mangel an fast jeglicher Bequemlichkeit, unreinliche Wirtschaft, schlechte Bedienung", vermeldete ein Chronist[1]. Im Armenbad badeten Männer und Weiber noch in Gemeinschaft, was im Zeitalter des Rokoko andernorts längst als anstößig galt.

Den letzten katholischen Markgrafen von Baden-Baden, August Georg, bedrückten das Elend und die Apathie seiner Untertanen. Er machte sich Gedanken darüber, wie dem Ort zu helfen sei. 1766 ließ er auf dem linken Oosufer genau an der Stelle, an der das Kurhaus liegt, als Treffpunkt für die wenigen Sommerfrischler aus der näheren Umgebung ein hölzernes Promenadehaus errichten. Die Eichenallee, die längs der Oos zum Kloster Lichtental führte, wurde zu einem gefälligen Spazierweg ausgebaut. Es waren erste, bescheidene Versuche, den in Vergessenheit geratenen Quellenort Baden bei Rastatt aufzuwerten.

August Georgs Ehe mit der bigotten Herzogin Maria Viktoria von Aremberg blieb kinderlos. Nach dem Tod

---

[1] I. Loeser: Geschichte der Stadt Baden, S. 263

9

des Markgrafen fiel Baden-Baden 1771 an die protestantische Linie Baden-Durlach. Neuer Landesherr wurde zum Unwillen der streng katholischen Baden-Badener der in Glaubensdingen eher indifferente Markgraf Karl Friedrich. Der Durlacher war schon mit elf Jahren der Nachfolger seines Großvaters, des Erbauers von Karlsruhe, geworden. Karl Friedrich sollte insgesamt zweiundsiebzig Jahre regieren. Er war im Alter der dienstälteste Regent Europas und genoß in dieser Eigenschaft einen gewissen Ruf, selbst in Madrid oder Neapel. Unter Karl Friedrich, den man sich als einen biderb-tatkräftigen, überaus nüchternen, sich seiner dürftigen Ressourcen stets bewußten Aufklärungsfürsten vorzustellen hat, wurde in der Markgrafschaft Baden die Leibeigenschaft und die Folter abgeschafft, den Jesuiten das mißbrauchte Unterrichtsmonopol entzogen, der Grundstein zur Technischen Hochschule in Karlsruhe gelegt und die Heidelberger Universität geistig und organisatorisch erneuert.

Baden-Baden dankt dem persönlich ganz glanzlosen, fast bäuerisch wirkenden Markgrafen seinen Wiederaufstieg, seinen Ruf als „Fürstenbad". In erster Ehe war Karl Friedrich mit der musisch und naturwissenschaftlich orientierten Luise Caroline von Hessen-Darmstadt verheiratet gewesen, die ihm drei Söhne geschenkt und nicht wenige Intellektuelle an den Karlsruher Hof gezogen hatte. Fünf Jahre nach dem Tod Luise Carolines leistete sich der so biedermännisch wirkende badische Landesvater die Laune, mit einem bürgerlichen Hoffräulein eine zweite, morganatische Ehe einzugehen. Auf dringendes Ersuchen des Markgrafen erhob der Kaiser in Wien die Demoiselle Luise Caroline Geyer zur Reichsgräfin von Hochberg. Die grundhäßliche Reichsgräfin gebar ihrem bejahrten Gatten drei Söhne und eine Tochter. Die markgräfliche Linie und die reichsgräfliche Seitenlinie Baden-Hochberg bekämpften sich heftig. Die kleine badische Residenzstadt Karlsruhe im Hardtwald galt als Intrigennest. Ehrgeizige junge Diplomaten ließen sich gern hierher versetzen, um ihr Handwerk zu lernen, zu dem ja auch das Abfassen boshaft witziger Rapporte gehörte.

Legitimer Thronfolger des greisen, aber noch rüstigen Karl Friedrich war im Jahr 1800 sein ältester Sohn aus erster Ehe, Erbprinz Karl Ludwig. Auch Karl Ludwig hatte eine Prinzessin von Hessen-Darmstadt, Amalie Friederike, zur Frau genommen. Der Erbprinz war ein ruhiger, langsam denkender Mann ohne Feinde. Im Juni 1801 brach er zu einer Reise an die Höfe von Rußland und Schweden auf. In Schweden stürzte sein Wagen zwischen Gripsholm und Arboga über die Straßenböschung und fiel um. Karl Ludwig starb an den Unfallfolgen.

Für seine Gattin war dies ein schwerer Schlag. Die hessische Erbprinzessin war überaus ehrgeizig. Sie hatte davon geträumt, einmal an der Seite ihres Mannes Baden zu regieren. Jetzt ruhte die Zukunft der Markgrafschaft auf ihrem Sohn Karl. Karl war ein früh morsches Bürschchen, uninteressiert und lau. Sein Hauptvergnügen waren kleine, homosexuelle Gelage mit Stallburschen.

In den unruhigen Jahren nach dem Bastillesturm betrieb Amalie Friederike, Karl Friedrichs Schwiegertochter, eine ebenso zielstrebige wie erfolgreiche Heiratspolitik. Sie vermählte ihre vierzehnjährige Tochter Luise mit dem russischen Zarewitsch Alexander. Die junge Friederike Wilhelmine von Baden ehelichte 1797 nach zähen Verhandlungen der beteiligten Diplomaten den pfälzischen Kurfürsten Maximilian Joseph, den Napoleon zum ersten König von Bayern machte. Ihre Schwester Marie Elisabeth bekam den Herzog von Braunschweig-Oels, eine weniger glanzvolle Partie; allerdings galt das Haus Braunschweig als reich. Unvermählt blieb von Amalies Töchtern nur die älteste, Katharina Amalie, der ihre Mutter das Stift Quedlinburg zuschanzte.

Alle Kinder kamen dann und wann zu Besuchen in die Markgrafschaft. Karlsruhe profitierte davon. In den diplomatischen Depeschen, den Hofkorrespondenzen und den Zeitungen war von der badischen Residenz viel häufiger als bisher die Rede. Aber auch Baden bei Rastatt genoß einige Publizität. Seit 1805 verbrachte Karl Friedrich stets einige Sommerwochen in dem kleinen Bad, dessen Bewohner jetzt etwas liberaler dachten als zu Lebzeiten der den Jesuiten hörigen Markgrafenwitwe Maria Viktoria. Sie verehrten den protestantischen Landesherrn nicht, aber sie tolerierten ihn.

Karl Friedrich gestattete, daß im ehemaligen Jesuitenkollegium neben der Stiftskirche, dem heutigen Rathaus, ein Spielsaal eingerichtet wurde. Auch im Promenadehaus auf dem linken Oosufer konnten die Sommergäste Rouge et Noir und Roulette spielen. Die bitterarmen Baden-Badener Bauernsöhne gaben die Schweinezucht auf, lernten ein paar Brocken Französisch und verdingten sich bei den Spielbankpächtern als Croupiers. Andere ergriffen Berufe im Gastgewerbe, wurden Fuhrknecht, Eselshalter oder Limonadier. Es war eine kleine Revolution. Karl Friedrich hatte im Neuen Schloß, das lange leergestanden hatte und arg herabgewirtschaftet war, einige Zimmer tapezieren und möblieren lassen. Er bot sie seiner Schwiegertochter als Bleibe für die heißen Sommermonate an. Amalie Friederike machte von dem Angebot Gebrauch. Auch sie fand Geschmack an dem ländlich-schlichten Badeort im Oostal. Durch ihre Briefe an die Töchter in Stockholm und St. Petersburg (die pausbäckige Karlsruherin Luise war jetzt Zarin und trug den Namen Elisabeth Alexiewna) wurde die Sommerfrische Baden bei Rastatt an diesen fernen Höfen zu einem festen Begriff.

1805 krönte sich Napoleon zum Kaiser. Um die Rheinbundstaaten Süddeutschlands enger an sich zu binden, dachte sich Napoleon gemeinsam mit seinem Außenminister Fürst Talleyrand ein kompliziertes System dynastischer Bündnisse aus. Im Herbst erzwang er die Heirat des Vizekönigs von Italien, Eugène de Beauharnais, mit der Prinzessin Augusta von Bayern. Im Winter 1806 erhielt Karl Friedrich, der mit Napoleons Hilfe sein Territorium verzehnfacht hatte und Großherzog geworden war, von Paris einen Wink, sein Enkel, Erbprinz Karl, möge sich um die Hand von Fräulein Stephanie de Beauharnis bewerben. Stephanie, eine nahe Verwandte der Kaiserin Josephine, besuchte in Paris das vornehme Internat der Madame Campan; sie war frisch, hübsch und aufgeweckt, entstammte aber dem eher obskuren westindischen Pflanzeradel, war also keineswegs ebenbürtig. Erbprinzessin Amalie war Legitimistin und sah in Napoleon einen Usurpator; das Haus Baden führte sie auf die Zähringer zurück, und die Zähringer zählten zu den ältesten und ersten Familien Europas, sie standen an Rang allenfalls den Habsburgern nach. Karl Friedrich hatten viele Aufregungen herzkrank gemacht. Er war jetzt auch äußerlich ein Greis. Brisante dynastische Kombinationen überforderten ihn, er wollte nur noch in Ruhe im Karlsruher Schloßpark gärtnern.

Mächtigster Mann im Land am Oberrhein war ein gebürtiger Ausländer, der aus Franken stammende Minister Sigismund Freiherr von Reitzenstein. Er wußte, daß ein kleiner Satellitenstaat mit stark passiver Handelsbilanz seiner Schutzmacht Gehorsam schuldet, und fuhr als Brautwerber nach Paris. Um der empörten Amalie die Heirat ihres Sohnes schmackhaft zu machen, adoptierte Napoleon die sechzehnjährige Stephanie, die nun nicht mehr Stephanie de Beauharnais sondern Stephanie Napoleon hieß. Die Hochzeit wurde im April 1806 im Pariser Tuilerienpalast mit großem Pomp gefeiert. Der Kaiser zeigte sich spendabel und stellte der Braut für ihre Aussteuer 500 000 Franken zur Verfügung, eine für badische Verhältnisse ungeheuerliche Summe. In Karlsruhe wurde die Thronfolgerin Erbprinzessin Stephanie von dem tatterigen Karl Friedrich freundlich, von der Bevölkerung mit gemischten Gefühlen, von ihrer Schwiegermutter Amalie Friederike gar nicht empfangen. Amalie Friederike war zu Verwandten ins hessische Ausland gereist.

Stephanie hielt es in der badischen Hauptstadt nicht lange aus. Der Hof beobachtete argwöhnisch jeden ihrer Schritte, Amalie ließ sich zu kränkenden Äußerungen hinreißen, selbst die nicht ebenbürtigen Söhne der Nebenlinie Baden-Hochberg wahrten Distanz. Karl vernachlässigte seine Frau vom ersten Tag an, die Eheleute sahen sich wenig. Schon im Winter 1807 wurde für die Erbgroßherzogin im riesigen Mannheimer Schloß eine getrennte Hofhaltung eingerichtet. Als Stephanie im November 1807 erfuhr, daß ihr Mann homosexuell veranlagt war, erlitt sie einen Nervenzusammenbruch.

Baden-Baden hatte sie im Sommer 1806 kennengelernt, als sie einige Wochen auf Schloß Favorite verbrachte. Sie erkundete das Oostal auf Spazierfahrten und -ritten. Es gefiel ihr. Einem Landsmann kaufte sie ein Landhaus mit großem Garten ab. Es lag auf dem Rettig, einem Hügel außerhalb der Stadtmauer, war rechteckig, dreifenstrig und flach gedeckt. Mit seinem hübschen, klassizistischen Vorbau ragte es wie ein Turm aus seiner grünen Umgebung hervor. Unterhalb des Hügels lag vor der zerbrökkelnden Stadtmauer der Graben, die heutige Sophienstraße. Hier standen nur wenige Häuser, unter ihnen das alte Gasthaus „Zum Goldenen Lamm".

Landhaus heißt französisch „Folie" und, wenn in ihm keine Verrücktheiten begangen werden, „Pavillon". Im bescheidenen „Pavillon Stephanie" verbrachte die bei aller pariserischen Spottsucht grundbrave Prinzessin fortan die Sommermonate, meist ohne ihren Gatten, der sich anderswo herumtrieb, aber nicht ohne ihre Hofdamen und ihren Hofstaat. Da sie recht einsam war, suchte sie Freundschaften. Zweimal in der Woche empfing die Französin im Erdgeschoß ihres Pavillons bis zu hundert Personen. Im großen Saal wurde getanzt, in den übrigen Räumen geplaudert. Stephanie ließ, wie sie es bei Madame Campan gelernt hatte, zur Begrüßung Tee reichen, den man stehend schlürfte, später kaltes Geflügel und Backwerk. In warmen Sommernächten verwandelte sich der Garten um das Landhaus in ein fröhlich schmausendes Lager. Der „Pavillon Stephanie", der schon in der zweiten Hälfte des 19. Jahrhunderts abgerissen wurde, war der erste Baden-Badener Salon. Die Baden-Badener Kultur ist essentiell – und bis heute – Salonkultur.

Die Gäste Stephanies waren in der neueren Geschichte des Badeorts im Oostal die ersten „Kur"gäste von Rang und Distinktion. Man sollte, wenn von Baden-Baden die Rede ist, das Wörtchen Kur stets in Anführungszeichen setzen, denn ein herkömmlicher Kurort ist das Städtchen am Schwarzwaldsaum nie gewesen. Die Besucher von 1808 waren keine heilungssuchenden Kranken und gingen nicht an Stöcken oder Krücken. Es waren Gäste, die häufig nicht viel älter waren als Erbprinz Karl und Prinzessin Stephanie. Sie kamen stets nur in den Sommermonaten; im Winter rollte die Roulettekugel nicht, das Städtchen am Hang des Florentinerbergs verwandelte sich in ein schläfriges Kuhdorf.

Der hauptsächliche Reiz der neu entdeckten Sommerfrische im deutschen Südwesten war die „unberührte Natur", war das friedliche Schauspiel, das Wald, Wiesen und Felswände boten. Es wurde in den folgenden Jahrzehnten viele Male, von Berufenen und Unberufenen, in Gedichten und Prosa beschworen. Legendenumwobene Aussichtspunkte schmückten das Landschaftspanorama. Sehr genossen die anreisenden Fremden, die ja häufig der obersten Gesellschaftsschicht angehörten, die verschmitzte

15

oder knurrige Natürlichkeit der Einheimischen, die die unverdorbenen Landeskinder spielten und in der ihnen einst von den Vögten und Amtmännern aufgenötigten Schwarzwaldtracht ja auch recht pittoresk aussahen.

Eine weitere Trumpfkarte waren die niedrigen Preise. In Baden-Baden kosteten Wild, Waldvögel, Kapaunen und Forellen weit weniger als in den Haupt- und Residenzstädten, auch der heimische Landwein war billig. Das sprach sich rasch herum. Die Aristrokatie von nah und fern vernarrte sich in das trauliche Oostal und seine urwüchsigen Bewohner. Die Baden-Badener Kur bestand aus Ausflügen auf Eselsrücken zum Geroldsauer Wasserfall und zum Kloster Lichtental, Wanderungen zur Klosterruine Allerheiligen und nach Herrenalb, Kutschfahrten zur Favorite und zum Alten Schloß, Spaziergänge am Ufer der silbrig plätschernden Oos, Ausritten in der Lichtentaler Allee, Unterhaltungen mit Freunden und Bekannten und den Genüssen der Table d'hôte.

Die Table d'hôte war die Gemeinschaftstafel in den Hotels und Wirtshäusern. Sie hatten die Funktion, Bekanntschaften zu vermitteln. Ein halbes Hundert Personen verschiedenster Herkunft nahmen zu einer festgesetzten Uhrzeit, meist um fünf Uhr nachmittags, miteinander ein umfangreiches, aus vielen Gängen bestehendes Mahl ein. Auch die vielen Reunionsbälle, die im Sommer im Promenadehaus und im Konversationshaus, dem ehemaligen Jesuitenkolleg, stattfanden, dienten dazu, den gesellschaftlichen Umgang und den Flirt junger Leute zu fördern. Thermen besaß der Badeort nicht, die Trinkkur war, anders als im böhmischen Karlsbad oder in Spa, Nebensache. Das Fürstenbad besaß jetzt mehrere stattliche Hotels. Das erste am Platze war der 1809 eröffnete „Badische Hof", der dem Stuttgarter Verleger und Tübinger Buchhändler Johann Friedrich Cotta und dem Schriftsteller Staatsrat Johann Ludwig Klüber gehörte. Der „Badische Hof" war nach dem Karlsbader „Hotel Pupp" und dem „Fürstenhof" in Bad Pyrmont das dritte Luxushotel in einer deutschen Kleinstadt. Klüber beschrieb es ausführlich in seinem Buch „Beschreibung von Baden bei Rastatt und seiner Umgebung", das 1810 in Tübingen erschien, und wies auf seine besonderen Annehmlichkeiten hin: den Park, die Hotelboutiquen, die thermalwassergespeiste Pferdeschwemme. Das Hotel „Zur Sonne" lag innerhalb der Stadtmauern am heutigen Sonnenplatz und war für seine gute Küche bekannt.

Napoleon zwang in seinem Selbstzerstörungswahn die Franzosen, mit England, Spanien, Österreich, Preußen und Rußland Krieg zu führen. Die Zeiten waren aufgeregt und deprimierend, die Männer an der Front, die Frauen der obersten Schicht wählten sich einige Badeorte zu ihren Fluchtburgen. In Bagni-di-Lucca im grünen Hinterland der Toskana regierte unangefochten Napoleons älteste Schwester Elisa Baciocchi. In Aix-les-Bains, das noch nicht französisch war, gaben die verstoßene Kaiserin Josephine, die Königin Hortense und die stets verliebte, bildhübsche Pauline Borghese, eine jüngere Schwester des Kaisers, den Ton an. Baden-Baden war das „buen retiro" der von ihrem Mann vernachlässigten Erbgroßherzogin Stephanie Napoleon.

Der Sommer 1810, die erste glänzende Saison des wiederauferstandenen Erholungsortes, brachte eine Überraschung, die an den süddeutschen Höfen ausgiebig beredet wurde. Der Erbgroßherzog, jetzt General der badischen Armee, die unter französischem Kommando in Spanien kämpfte, und Träger des Großkreuzes der französischen Ehrenlegion, besuchte seine Gattin im „Pavillon Stephanie" und kam, o Wunder, seinen ehelichen Pflichten nach. Markgräfin Amalie war pikiert. 1811 schenkte Stephanie in Schwetzingen einer Tochter das Leben. Wenige Tage später starb im Alter von dreiundachtzig Jahren der erste badi-

17

sche Großherzog Karl Friedrich. Erbgroßherzog Karl, den kein Hofrat dazu bewegen konnte, Akten zu studieren oder diplomatische Schreiben zu lesen, wurde sein Nachfolger. Im September 1812 gebar Stephanie einen Sohn. Die Geburt war schwer, sie schwebte in Lebensgefahr, das Kind erhielt keinen Namen, nur die Nottaufe, und starb nach zwei Wochen. Die Diagnose der Hofärzte, der Säugling habe an „Gichter" gelitten, stillte die Neugier der Untertanen nicht. Als 1828 in Nürnberg ein gewisser Kaspar Hauser auftauchte, wurde in Büchern und Schriften behauptet, der Findling sei der am Leben gebliebene badische Prinz. Stephanie, damals schon Witwe, war gegen die Fama machtlos.

Die Ereignisse in Rußland überschatteten den Herbst. Das von den Franzosen besetzte Moskau konnte nicht gehalten werden. Das badische Truppenkontingent, das den Rückzug der französischen Armee über die Beresina dekken mußte, erlitt schwere Verluste. Der Kaiser ließ seine Soldaten im Stich und fuhr im Eiltempo nach Paris zurück. Das Empire wankte. Auch im Sommer 1813 verbrachte das junge Großherzogspaar einige Wochen in Baden-Baden. Die Lage Frankreichs und seiner Alliierten war ernst, die Stimmung in der Sommerfrische gedrückt. Täglich kamen unheilvolle Nachrichten. Im Oktober 1813 schlugen die Russen, Österreicher und Preußen Napoleon bei Leipzig. Bayern ging zu den Verbündeten über, auch die württembergische und badische Diplomatie bereitete den Abfall vor. Im Spätherbst zogen die Reste der Grande Armée über den Rhein, die Russen besetzten das Großherzogtum Baden. Zar Alexander I., ein blendend aussehender Mann mit mystischen Neigungen, nahm in Karlsruhe Paraden ab. Zarin Elisabeth Alexiewna kehrte nach zweiundzwanzig Jahren erstmals in ihre Heimat zurück. Die Großherzogin Stephanie, die zum feindlichen Lager gehörte, behandelte sie äußerst kühl.

18

Im April 1814 nahmen die Allierten Paris ein. Napoleon dankte nach einem Selbstmordversuch ab. Man wies ihm die Insel Elba als Zwangsaufenthalt an. Stephanie traf der Tod ihrer Tante, der Exkaiserin Josephine, hart. Den Hochsommer verbrachte sie in Baden-Baden in ihrem Pavillon. Die Zarin residierte mit ihrer Mutter Amalie im Neuen Schloß. Um Elisabeth Alexiewna scharte sich der halbe Petersburger Hof, der bei dieser Gelegenheit den Schwarzwald kennenlernte. Anhänger Napoleons machten Stephanie auf dem Rettighügel ihre Aufwartung. Es knisterte im Oostal vor politischen Intrigen.

Im Spätsommer 1814 reiste, wer in Europa Rang und Namen hatte, zum Friedenskongreß nach Wien. Auch Großherzog Karl machte sich auf den Weg, um auf der Gipfelkonferenz die Sache seines Landes zu vertreten. Es stand schlecht um Baden; das Großherzogtum war eindeutig eine Schöpfung Napoleons. Karl war nicht der Mann, um auf dem diplomatischen Parkett für die territoriale Integrität Badens zu streiten; er stürzte sich in das verlockende Wiener Nachtleben. Staatskanzler Metternich wurde von seiner Geheimpolizei zugetragen, der badische Großherzog unterhalte eine Liaison mit einem ungarischen Freudenmädchen. Karls Kammerdiener erschoß sich. Stephanie litt sehr unter der Affäre ihres Gatten.

Am 20. März 1815 traf Napoleon, der seinen Verbannungsort Elba unerlaubt verlassen hatte, in Paris ein und proklamierte ein neues, liberales Kaisertum. Die Nachricht von der Rückkehr des Usurpators schlug in Wien wie eine Bombe ein. Die Österreicher zogen ihre Truppen in Südwestdeutschland zusammen, Engländer, Niederländer und Preußen marschierten auf Brüssel. Der Kriegsspuk dauerte nur hundert Tage. Nach Waterloo konnten die Anhänger der absoluten Monarchie aufatmen: Napoleon segelte als Gefangener der Briten ins Exil nach St. Helena, und der Hochadel fuhr für den Rest der Saison in die Bäder. Russen, Franzosen, Österreicher und Preußen verständigten sich darauf, daß das nicht eben stabile Großherzogtum Baden unter seinem bisher napoleontreuen Herrscher erhalten blieb und daß auch Stephanie nicht, wie die anderen Napoleoniden, abdanken mußte.

Baden-Baden behauptete auch in den folgenden Sommern seine Stellung als Fürstenbad und rivalisierte erfolgreich mit Karlsbad. In Karlsbad kurten die Herren Österreichs, Staatskanzler Metternich und Feldmarschall Fürst Schwarzenberg. Baden-Baden war in den Jahren 1815–1818 eine Domäne der Russen. Der Zar war der Schwager des Großherzogs. Zu den prominentesten „Kur"gästen gehörte der legendenumwitterte Graf Rostoptschin, der im Herbst 1812 Moskau angezündet hatte, und der Draufgänger Karl Friedrich Freiherr von Tettenborn, der aus dem Hunsrück stammte und an der Spitze eines Kosakenregiments halb Norddeutschland von der französischen Fremdherrschaft befreit hatte.

Großherzog Karl litt seit seinem Wiener Aufenthalt an einer Geschlechtskrankheit. Er hatte starke Depressionen, verfiel rasch und wollte niemand empfangen. Einfluß auf ihn hatte nur Tettenborn. Im Sommer 1817 versammelte sich eine illustre Feriengesellschaft am Oosufer: Königin Katharina von Württemberg, der König und die Königin von Bayern, Großherzog Karl August von Sachsen-Weimar (ohne seinen Innenminister, der die böhmischen Bäder vorzog), Großherzogin Wilhelmine Luise von Hessen-Darmstadt. Freiherr von Tettenborn, der russifizierte Försterssohn aus dem Hunsrück, beherrschte den zunehmend siechen Großherzog Karl jetzt völlig und führte in Baden-Baden ein großes Haus. Im Mai 1816 hatte Stephanie einen zweiten Sohn geboren. Er starb nach einem Jahr. Wieder kamen Gerüchte auf, das Kind sei ermordet worden. 1817 brachte Stephanie ihre dritte Tochter Marie zur Welt. Töchter sicherten die Erbfolge nicht.

Wenn das Großherzogtum Bestand haben sollte, mußten die Söhne der Hochbergschen Nebenlinie legitimiert werden. Dies tat eine auf russisches Drängen einberufene Gipfelkonferenz in Aachen, die letzte in diesem Bad, das sich der Industrie verschrieben hatte. Tettenborn und Reitzenstein rangen dem Großherzog, den ein Nervenzittern peinigte und der mit seinen einunddreißig Jahren gebückt ging wie ein alter Mann, die Unterschrift zu einer halbwegs liberalen Verfassung ab, die Baden konsolidieren sollte. Im Dezember 1818 erlag Großherzog Karl seinem Leiden. Sein Nachfolger wurde sein schon bejahrter Onkel Ludwig, ein ehemaliger preußischer General. Die erst neunundzwanzigjährige Großherzogswitwe Stephanie trat in den Hintergrund und widmete sich der Erziehung ihrer drei Töchter. Sie machten annehmbare Partien: die älteste heiratete den Prinzen Gustav Wasa von Schweden, die mittlere den Fürsten Karl-Anton von Hohenzollern-Sigmaringen, die jüngste einen schwerreichen Schotten, William Douglas, Herzog von Hamilton. In den 1850er Jahren übernahm Marie Hamilton in Baden-Baden nach dem Vorbild ihrer Mutter mancherlei Repräsentationspflichten.

Sieht man von Sachsen-Weimar ab, dann waren die deutschen Fürstenhöfe der revolutionären Umbruchszeit um 1800 vollkommen unliterarisch. Auch am Karlsruher Hof war nach dem Tod der Markgräfin Luise Caroline Literatur kein Thema mehr. Diese geistfeindliche Haltung fand eine wohlwollende Resonanz in breiten Bevölkerungsschichten. Kein Baden-Badener hat, so scheint es, in der ersten Blütezeit des Bades den jähen Aufschwung zustimmend oder kritisch reflektiert, lesenswerte Briefe geschrieben oder ein Tagebuch geführt. Das einzige Presseecho auf das Wiederhervortreten der Sommerfrische Baden bei Rastatt sind einige vom Verleger Cotta inspirierte Korrespondenzberichte im „Morgenblatt für gebildete Stände".

Großherzogin Stephanie hinterließ eine Autobiographie, von der bisher nur zwei kleinere Ausschnitte veröffentlicht wurden – der erste 1830 in der „Revue des Deux Mondes", der zweite 1930 in Edmond Bapsts „A la conquête du trône de Bade". Stephanies siebenbändiges „Journal 1809 bis 1853" blieb ungedruckt. So findet man den einzigen literarischen Niederschlag des Baden-Badener Gesellschaftslebens im Sommer 1816 und im Sommer 1817 in den „Denkwürdigkeiten und vermischte Schriften" (Mannheim/Leipzig 1837–1840) des Diplomaten Karl August Varnhagen von Ense, der von 1816–1819 preußischer Gesandter in Karlsruhe war.

Nur wenige prominente Schriftsteller suchten zwischen 1805–1830 den kleinen Erholungsort im Oostal auf, aus Krankheitsgründen wohl nur der gescheite und urbane Ludwig Tieck, der sich aber über seine Kuraufenthalte nicht ausführlich geäußert hat. Die Lyriker befaßten sich mit größerer Inbrunst mit ihrem Reiseziel. Schon 1787 besang Friedrich von Matthison die Baden-Badener Landschaft in einer langen Elegie. Weit unter dem Niveau seiner anderen frühen Gedichte sind die Huldigungsverse des jungen Clemens Brentano an Großherzog Karl Friedrich aus dem Jahr 1806 mit dem Titel „An die Nymphe der Heilquelle zu Baden". Im Frühbiedermeier überschwemmte dann eine Sturzflut von lyrischen Ergüssen die Burgen, Klöster und Bergseen der Baden-Badener Gemarkung. Als routinierte Schreibe, die Naturerlebnisse in fade Reimerei auflöst, sind die Baden-Badener Gedichte von Max von Schenkendorf und Justinus Kerner zu qualifizieren, während Ludwig Uhlands einst populäre Ballade „Graf Eberstein" Schwung besitzt; auch kann man über ihre anzügliche Pointe schmunzeln. Im großen und ganzen unterscheiden sich jedoch die der mittelbadischen Schwarzwaldlandschaft geweihten Verse nur in Nuancen von den gleichzeitig entstandenen Gedichten zum Lobe des Rheins oder des Bayerischen Waldes. Stimmung, Prosodie und Reime sind austauschbar.

Literaten und Lesegesellschaften

Literatur als Beruf: Aloys Schreiber

Bäder konkurrieren miteinander, Konkurrenz aber zwingt zur Spezialisierung. Als Baden-Baden nach Napoleons Sturz daranging, Karlsbad als sommerlicher Treffpunkt der eleganten Welt zu verdrängen, schob man im Schwarzwald die Formel „Heilbad" bewußt in die Schublade. Der aufstrebende Ort wollte ein Vergnügungsbad sein, mit Glücksspiel, Naturerlebnis und vielen Bällen als Haupttrümpfen. Das Vergnügen war die Kur. Diesem kühnen Konzept folgend, errichtete der Karlsruher Oberbaudirektor Friedrich Weinbrenner in den Jahren 1821–1823 auf dem westlichen, kaum besiedelten Oosufer die neue Baden-Badener „Maison de conversation", das säulengeschmückte heutige Kurhaus. Das Konversationshaus, das neben dem Spielsaal auch Restaurationsräume und ein Theater enthielt, löste das bisherige Haus der Geselligkeit am Markt, unweit der Stiftskirche, das frühere Jesuitenkollegium, ab. Vor dem Kurhaus wurde als Treffpunkt der Sommergäste eine großzügige Parkanlage, die Promenade, angelegt. Mit anderen Worten: als erster und einziger deutscher Badeort trennte Baden-Baden im Jahr 1821 sein Gästeviertel vom Bäderbezirk. Die Altstadt blieb unversehrt, entwickelte sich aber auch nicht mehr weiter. Die neuen Hotels entstanden in einiger Entfernung vom Stadtkern am idyllischen Oosufer.

Als Vergnügungsbad hatte Baden-Baden in der deutschen Staatenwelt von 1820 nur einen Rivalen, Bad Aachen, das seit Casanovas Zeit auch mehr verwegen spielende Studenten, Glücksritter, Spekulanten und liebessüchtige Damen anlockte als Gicht- und Arthrosekranke. Aber Aachens große Zeit ging zu Ende. Die Stadt setzte auf die Textil- und Eisenindustrie und entwickelte sich rasch zu einem Wirtschaftszentrum in der preußischen Rheinprovinz. Baden-Baden zählte im Jahr 1812 2 800 Einwohner, Aachen 26 000 Einwohner. Lakonisch notiert Aloys Schreiber in seinem „Handbuch für Reisende am Rhein von Schaffhausen bis Holland" (Heidelberg 1812): „Ein Teil der Bewohner lebt vom Feld- und Gartenbau. Man begreift sie gewöhnlich unter dem Namen der Kappesbauern, weil diese Kohlart in außerordentlicher Menge gepflanzt und ungeachtet der großen Konsumtion in der Stadt noch häufig ausgeführt wird. Ein anderer, und der angesehenste Teil, beschäftigt sich mit Fabriken und Handel."

Mit Aloys Schreiber sind wir bei dem ersten und ältesten mittelbadischen Berufsschriftsteller. Sein Lebensweg zeigt, wie schwer es noch um 1800 für einen südwestdeutschen Literaten war, sich und seine Familie mit „Kopfarbeit" zu ernähren. Schreiber wurde 1761 in Kappel bei Bühl geboren und besuchte von 1775–81 das Lyzeum in Baden-Baden. Nach dem Wunsch seiner Eltern sollte er Geistlicher werden, aber diese für aufstrebende Kleinbürger typische Laufbahn sagte ihm nicht zu. Er brach sein Theologiestudium in Freiburg vorzeitig ab und unterrichtete ab 1784 am Baden-Badener Lyzeum. Seine Anschauungen waren um diese Zeit die der französischen Aufklärer; sie mißfielen der Schuldirektion, und 1788 wurde der junge Professor der schönen Wissenschaften entlassen. Schreiber fand beim Grafen von Westphalen eine Anstellung als Hauslehrer und übersiedelte dann nach Mainz, das um diese Zeit ein Theater besaß, von dem man sprach. Für diese Bühne schrieb Schreiber Dramen und Kritiken, daneben Gedichte und Belletristisches. Er plante die Herausgabe einer Zeitschrift speziell für weibliche Leser. Das „Journal für Frauenzimmer" kam nicht zustande, weil man nach Ansicht der von Schreiber kontaktierten Verleger bei Frauen kein Interesse an Lektüre erwarten konnte.

1794 wurde das inzwischen französisch gewordene Mainz von der Großen Koalition belagert; Schreiber nahm von seinem Freund, dem großen, republikanisch gesinnten Essayisten Georg Forster Abschied und verkroch sich in Baden-Baden. Hier heiratete er seine Jugendfreundin Maria Anna Jobert, die ihm in den kommenden Jahren acht Kinder schenkte. Der junge Familienvater widmete sich jetzt hauptberuflich der Literatur. Er schrieb „Szenen aus Fausts Leben", die keinerlei Resonanz fanden. Man warf ihm vor, es sei vermessen, gegen Goethe in die Schranken zu treten; kleinlaut gab er seinem Drama den Vorspruch „O zürne nicht, daß ich mit dir nach einem Ziel zu laufen wage / Der ich noch keinen Kranz des Sieges trage!"

Reiseschilderungen erfreuten sich seit dem Erscheinen der „Briefe eines reisenden Franzosen über Deutschland" von Johann Kaspar Riesbeck (Zürich, 1783) großer Beliebtheit. Schreiber wandte sich dieser neuen, auf Lawrence Sterne zurückgehenden Gattung zu und veröffentlichte in den Jahren 1793 und 1794 zwei Bände „Bemerkungen auf einer Reise von Straßburg an die Ostsee" und 1795 kulturhistorisch nicht uninteressante „Streifereien durch einige Gegenden Deutschlands". Seine Werke warfen offenbar einen nur geringen Ertrag ab. Nach 1796 suchte er sich als Publizist einen Namen zu schaffen. Er nahm Verbindung mit Cotta auf und gab 1798 während des Rastatter Kongresses zusammen mit dem hessischen Gesandten von Schwarzkopf das „Rastatter Kongreß-Blatt" heraus. In den Jahren 1800–1802 mußte sich Schreiber erneut mit Schülern plagen; er gab wieder Unterricht am Baden-Badener Lyzeum, gegen ein Salär von jährlich dreihundert Gulden.

1803 fiel die Kurpfalz an Baden, Karlsruhe ging an die Reorganisation der Heidelberger Universität. Aloys Schreiber, der keine Aufstiegschance unbeachtet ließ, bewarb sich um die Professur für Ästhetik. Der kleine Schwarm der Romantiker um den Mythenforscher Friedrich Creuzer und der prominente Berliner Rechtshistoriker Savigny setzten sich für den Dichter Ludwig Tieck ein, der 1804 immerhin schon auf zwölf Bände gesammelter Schriften hinweisen konnte. Schreiber setzte sich gegen Tieck durch, weil er die besseren Bewerbungen schrieb und ein Landeskind war.

In Heidelberg entfaltete Aloys Schreiber eine beachtliche Aktivität. Er las nicht nur über Ästhetik, sondern auch über Natur- und Staatsrecht, redigierte die kurfürstlich privilegierte „Wochenschrift für die Badischen Lande" (ab 1806), schrieb Gedichte und das Libretto zu Giacomo Meyerbeers erster Oper „Jephta's Gelübde" (1812). 1811 bemühte er sich um den Posten des Baden-Badener Bäderdirektors; der bisherige Inhaber des Amtes war nach einem versuchten Staatsstreich verhaftet worden. Schreiber erhielt diese Stellung, die ihn lockte, nicht. Wohl aber glückte ihm 1813 der Sprung nach Karlsruhe: Bis 1826 wirkte er als Hof-Historiograph in der badischen Residenz und hielt in dieser Eigenschaft vielbesuchte Vorträge über Geschichte, Kunstgeschichte und Ästhetik.

Mit der Position des Hof-Historiographen war der Geheimratstitel verbunden, den der einstige Bewunderer der französischen Aufklärer und Sympathisant der Französischen Revolution mit großer Genugtuung trug. Schreiber verfaßte eine „Badische Geschichte", ein Werk über die alten Germanen, den Band „Deutschland und die Deutschen" und das Handbuch „Deutschlands Nationaltrachten". Auf der romantischen Welle schwamm er, als er mit der finanziellen Hilfe des Großherzogs den Bildband „Merkwürdige Gebäude des deutschen Mittelalters" herausbrachte, der wohl vor allem wegen der Farbstiche des Münchners Domenico Quaglio ein Verkaufserfolg wurde. 1816 konnte er endlich seine Idee einer Frauenzeitschrift teilweise verwirklichen; er redigierte das Taschenbuch „Cornelia", das bis 1840 einmal im Jahr erschien. Eine überaus nützliche Publikation war sein „Handbuch für Reisende am Rhein", das 1812 erstmals herauskam. Es gab Karl Baedeker die Anregung zu seinem Führer „Rheinreise von Straßburg bis Rotterdam" (1836). Victor Hugo benutzte die französische Übersetzung von Schreibers Handbuch, als er sein Drama „Die Burggrafen" (1843) schrieb.

Aloys Schreiber ist der Verfasser mehrerer Ortsbeschreibungen von Baden-Baden. Der erste Guide erschien mit dem Titel „Baden in der Markgrafschaft mit seinen Bädern und Umgebungen" schon 1805 in Karlsruhe. 1811 kam in einem Heidelberger Verlag der ausführliche Führer „Baden im Großherzogtum mit seinen Heilquellen und Umgebungen neu beschrieben" heraus. Der Erfolg dieses Bandes ermunterte Schreiber zu einem weiteren Band, „Handbuch für Reisende nach Baden im Großherzogtum, in das Murgtal und auf den Schwarzwald. Nebst einer Auswahl der interessantesten Sagen aus dem alten Alemannien", der mit Illustrationen von Johann Gustav Primavesi 1823, wiederum in Heidelberg, gedruckt wurde. Schreibers letzte Huldigung ist „Baden und seine Umgebungen in malerischen Ansichten". Dieses Werk, das vor allem wegen der Stiche Karl Ludwig Frommels Anklang fand, wurde von D. R. Marx in Karlsruhe verlegt. Die Erstausgabe von 1823–1828 umfaßte vier Hefte. Der Ort, für den Schreiber in seinen Führern in einer klaren, nüchternen und knappen Sprache wirbt, ist noch der Treffpunkt der aristokratischen Sommergesellschaft, das Fürstenbad.

Nach seiner Pensionierung kehrte Hof-Historiograph Schreiber 1826 ins Oostal zurück, wo er 1841 im Alter von achtundsiebzig Jahren starb. In den letzten fünfzehn Jahren seines Lebens konnte er noch die zweite Phase des Aufstiegs von Baden-Baden, die Verwandlung des Fürstenbads in den europäischen Luxuserholungsort, miterleben.

Der rüstige Hofrat gründete, einer Zeitmode folgend, 1831 einen Leseverein. Ein kleiner Lesezirkel bestand schon seit dem Jahr 1804; Schreiber gab ihm neue Impulse. Die „Lesegesellschaft" hatte ihren Sitz im „Goldenen Lamm", einem Gasthof und Kaffeehaus am Graben. Der just in Baden-Baden angekommene Publizist Wilhelm von Chezy war Zeuge der Entstehung des Honoratiorentreffs. Im zweiten Band seiner „Erinnerungen aus meinem Leben" (Schaffhausen, 1864) beschrieb er seine Eindrücke: „Man wünscht abends nicht zu Hause und doch abgesondert zu sein, zu kneipen, ohne in offener Kneipe zu sitzen. In den bedeutenderen Kleinstädten des Landes, wie in Karlsruhe und Mannheim, hatte man zu solchem Behufe ein Museum; in noch kleineren begnügte man sich mit einem Leseverein. Der alte Aloys Schreiber, der mit den Resten seiner Jahre und seines Hofratstitels seinen Ruhegehalt in der Aurelischen Quellenstadt als ein grüner Greis verzehrte, hatte den Oberamtmann, den Revisor, den unvermeidlichen Rittmeister a. D., einige Ruhegehalte, Renten, höheres Philistertum glücklich zusammengetrommelt. Der Verein hatte seinen Sitz im Gast- und Kaffeehaus ‚Zum Goldenen Lamm', das Herr Ignaz Rößler kurz zuvor auf der Stätte einer alten Herberge aufgeführt hatte. Den Vorsitz führte an der langen Tafel Aloys Schreiber. Ein Greis von ehrwürdigem Aussehen, wunderbar rüstig und seinen siebzig Wintern zum Trotz aufbrausend und leidenschaftlich, oft mehr, als sich ziemte. In seinen Tagen, welche 1831 bereits hinter ihm lagen, war er ein bekannter Schriftsteller. Von ihm stammen die ersten

Rhein-Reisebücher. Seine geschichtlich-romantischen Erzählungen waren sehr beliebt gewesen. Als letzte Anmahnung an eine verschollene Zeit gab er noch das Taschenbuch ‚Cornelia‘ heraus. Aloys Schreiber war ein grundgelehrter Mann und besaß eine ausgezeichnet reiche Büchersammlung, die er sich mit verhältnismäßig geringen Opfern aus dem Schiffbruch der Klöster zu verschaffen gewußt. Er zeigte sich nicht geizig mit seinen Schätzen, und das war für unsereinen viel wert in einem Ort, wo es auf Meilen weit keine Geschichtswerke gab.“

Karl Spindler und Wilhelm von Chezy

Zur Lesegesellschaft im „Goldenen Lamm“ gehörten zwei Schriftsteller, die sich im Winter 1832 in Baden-Baden niedergelassen hatten: Karl Spindler und Wilhelm von Chezy. Beide sind heute so gut wie vergessen, verdienen aber, daß man sich mit ihnen befaßt.

Karl Spindler, bayerischer Herkunft (mit einer türkischen Großmutter), wurde 1796 mehr zufällig in Breslau geboren. Der Vater, Musiker und Musikpädagoge, dachte französisch-rheinbündisch und blieb 1801 in Straßburg hängen, wo ihm Freunde die Stelle eines Unterkantors am Münster verschafften. Karl Spindler wuchs in Straßburg zweisprachig auf, besuchte ein französisches Gymnasium und erlebte als Junge den Glanz des Kaiserreichs. Er war 18 Jahre alt, als Napoleon von Elba zurückkehrte und seine letzte „levée en masse“ anordnete. Spindler hatte nicht das Verlangen, mit dem letzten Aufgebot verheizt zu werden. Er ging über den Rhein und suchte Zuflucht bei einem Onkel, der im bayerischen Zusmarshausen Geistlicher war. Später gab Spindler an, er habe in Straßburg die Rechte studiert und sei Dr. jur.; tatsächlich trat er 1815 einer Wanderbühne bei, die von Augsburg aus auf Tournee ging. Als fahrender Komödiant – sein Rollenfach waren die Intriganten und Bösewichter – lernte er Süddeutschland, die Schweiz, Österreich und Ungarn kennen. An der österreichischen Militärgrenze, in Siebenbürgen, heiratete er eine begabte Kollegin. Fanny Spindler war klein, dick, rotwangig und verdiente so gut, daß ihr Mann sich nach acht Jahren Thespiskärrnerei der Literatur widmen konnte.

Im Jahre 1823 erschien sein „Eugen von Kronstein", ein noch völlig profilloser, schwacher Gesellschaftsroman. Auch sein nächstes Werk „Der Bastard", der 1825 bei Orell und Füssli in Zürich erschien, erregte kaum Aufsehen. Anerkennung fand sein dritter Roman „Der Jude von Konstanz", den der Stuttgarter Verleger Gottlieb Franckh 1827 herausbrachte. Im gleichen Jahr zog Spindler mit Frau, Tochter und Schwiegermutter nach München, wo er die „Damenzeitung" herausbrachte. Als Redaktionsmitarbeiter engagierte er einen Jurastudenten, Wilhelm von Chezy. Gottlieb Franckh sah in Johann Friedrich Cotta seinen Rivalen. Um ihn als Verleger und Zeitschriftenherausgeber zu entthronen, bot er den Autoren, die für ihn arbeiteten, hohe Honorare, und ließ sich auf Spekulationen ein, die sein Kapital aufzehrten. Spindler trennte sich von Franckh. Seine zahlreichen Romane erschienen fortan bei Hallberger in Stuttgart: „Der Jesuit" (1829), „Der Invalide" (1831), „Die Nonne von Gnadenzell" (1833), „Der König von Zion" (1837) und andere mehr. Die Bände glichen sich in Format und Aufmachung und wurden als „Gesammelte Werke" angeboten, für die Verlagsrechte zahlte Hallberger 18 000 Gulden, eine zu dieser Zeit beträchtliche Summe. Als er in Baden-Baden eintraf, war er schon einer der wenigen deutschen Autoren der damaligen Zeit, die vom Ertrag ihrer Feder bequem leben konnten. Da er sehr sparsam war, vermied er, von den abendlichen drei oder sechs Glas Bier abgesehen, alle überflüssigen

Ausgaben. Dafür erwarb er unweit des Pavillons der Großherzogswitwe Stephanie ein Grundstück mit Blick auf die
Stadt. Hier gedachte er zu bauen.

Spindler gehörte zu einer damals noch äußerst seltenen
Kategorie von Schriftstellern: Sein Bestreben war, unter
Verzicht auf jede literarische Ambition gut verkäufliche
Bücher zu verfassen. Wolfgang Menzel, der einflußreiche
Redakteur der Literaturbeilage von Cottas „Augsburger
Allgemeinen" notiert in seinen „Denkwürdigkeiten"
(1877): „Da er eine reiche Phantasie und Erfindungskraft
besaß, gab ich mir große Mühe, ihn dazu zu bringen, daß
er sich mehr regelte, die Verwicklungen und die Zahl der
Personen in seinen Romanen vereinfachte und auch in der
Sprache verbesserte, aber er war merkwürdigerweise zu
einer höheren Auffassung der Poesie nicht fähig und war
weder selbst begeistert, noch trachtet er danach, seine Leser zu begeistern oder Meisterwerke von künstlerischer
Vollendung zu schaffen, die ihm zu einem unsterblichen
Ruhme verhelfen sollten. Er gestand ganz offen, daß er
nur zur Unterhaltung der Gegenwart, daher im Geschmack der Gegenwart und nur um das Geld schreibe."

Mit dieser Auffassung stand Spindler nicht allein da, er
teilte sie mit Eugène Sue und Alexandre Dumas, mit Berthold Auerbach, Levin Schücking und Friedrich Hackländer, aber sie unterschied sich kraß von der der elitären
Romantiker, die, wie Ludwig Tieck oder Clemens Brentano, den Zenit bereits überschritten hatten. Karl Spindler,
ein stämmiger Mann mit bräunlichem Teint und schwar-
zem Kraushaar, war ein harter Arbeiter mit einem seltenen
Talent der Erfindung. Seine Hauptstärke war sein Gespür
für publikumswirksame Stoffe. Der antiklerikalen Welle,
die vor der Julirevolution durch Frankreich und Süddeutschland ging, trug der „Jude von Konstanz" Rechnung, eine Schilderung des Konzils von Konstanz und der
Hinrichtung des Jan Hus. Der Roman „Der Jesuit" führte

nach Paraguay, „Der Invalide", der von Karl Gutzkow rühmend besprochen wurde, war ein breites Fresko der Französischen Revolution, der Konsular- und Kaiserzeit, mit „Der Vogelhändler von Imst" (1842) kreierte Spindler den Tiroler Heimatroman, „Putsch und Comp." war seine Abrechnung mit den Rebellen und Revolutionären von 1848/49. Insgesamt hinterließ der 1855 in Bad Freiersbach verstorbene Spindler nicht weniger als 102 Bände Romane und Novellen. Um seine kleineren Arbeiten rissen sich zu seiner Zeit die Publikumszeitschriften und Almanache. Er selbst gab neben der „Damenzeitung" und dem „Zeitspiegel", der ab Januar 1832 in Karlsruhe erschien, den Almanach „Vergißmeinnicht" heraus, der zu den bekanntesten Publikationen dieser Art im Deutschland des Spätbiedermeier gehörte.

Der unwirsche, sarkastische, oft grobe Spindler, der nach starkem Alkoholgenuß in einen Zustand dumpfer Apathie verfiel, scheint persönlichen Magnetismus besessen zu haben. Ihm verfielen nicht wenige Frauen, ihm verfiel auch sein Sekretär und Mitarbeiter Wilhelm von Chezy. Chezy war zehn Jahre jünger als Spindler und wie dieser zweisprachig; sein Vater war der französische Orientalist und Sanskritforscher Léonard Chézy, der in der Revolution seinen Adelstitel abgelegt hatte, seine Mutter, die Lyrikerin Helmina Chezy, geborene von Klencke. Helmina, eine temperamentvolle und unstete Frau, verließ schon nach wenigen Jahren ihren Mann und kehrte mit ihren beiden Söhnen Wilhelm und Max von Paris, wo Léonard Chézy Angestellter der Nationalbibliothek war, nach Deutschland zurück.

Sie führte ein ruheloses Wanderleben, das sie über Heidelberg und Aschaffenburg nach Berlin, Dresden, Wien ins Salzkammergut und von dort nach München führte; sie hat es in sehr gefühlsbetonter Manier in ihren großzügig-verworrenen Memoiren („Unvergessenes", 1858) beschrieben. Ihre beiden minderjährigen Söhne betrachtete sie als Teil ihres Reisegepäcks. Sie mußten alle ihre Umzüge und Ortswechsel mitmachen, was zur Folge hatte, daß sie keine Schulen besuchen konnten und später eine recht lückenhafte Ausbildung hatten. Wilhelm, der ältere der beiden, fand in Wien Kontakt zu den dortigen intellektuellen Zirkeln und verkehrte mit Eduard von Bauernfeld, Moritz von Schwind und der Poetenriege um Franz Schubert. Er hatte, wie nicht wenige seiner Altersgenossen, die Absicht, Dramatiker zu werden, doch sein Vater drängte auf einen seriöseren Beruf. Da er auf die finanzielle Unterstützung durch den illustren Sprachwissenschaftler angewiesen war, schrieb er sich im Herbst 1829 als Jurastudent an der Universität München ein. Als er Spindler kennenlernte, brach er sein Studium ab und folgte ihm nach Baden-Baden. 1832 erlag Léonard Chézy der Choleraepidemie. Helmina von Chezy, die ihren Mann seit 1810 nicht mehr gesehen hatte, fuhr mit ihrem jüngeren Sohn Max, der Maler geworden war, nach Paris und erkämpfte sich vom französischen Staat eine kleine Pension. Für Wilhelm Chezy kamen einige gute Jahre. Sein Vater hatte ihm einige zehntausend Franken hinterlassen. Mit diesem Geld kaufte der junge Literat seinem Chef und Ersatzvater Spindler das Grundstück auf dem Rettig ab und erbaute sich eine prachtvolle Villa im klassizistischen Stil. Das Haus war für Chezy und seine Frau, die Baden-Badener Buchbinderstochter Anna Essenwein, viel zu groß; Chezy vermietete daher die Untergeschosse an Sommergäste und nahm auch Spindler bei sich auf, was, glaubt man Helmina von Chezy, zu Zank und leidigen Szenen führte.

In „Unvergessenes" schildert sie, nicht ohne Ranküne, das Zusammenleben der beiden ersten Schriftsteller, für die Baden-Baden der feste Wohnsitz war: „Spindler, der die Gemächlichkeit liebte, und überall sparte, wo er es konnte, ohne sich den geringsten Abbruch zu tun, wohnte und lebte bei Wilhelm unter den knauserigsten Bedingungen und mit großem Aufwand, höchst unzufrieden mit allem, was er bei ihm genoß. Er nahm seinen Freund beim Arm, führte ihn in das leckerste Gasthaus. Beide ließen es sich dort behagen, doch auf Wilhelms Kosten. Wilhelms Gattin ließ sich diesen Aufwand gefallen, solange es möglich war, ihn zu bestreiten; endlich aber erklärte sie, sie wisse nicht mehr, wofür den andern Tag das Essen hernehmen, und müßte Spindler inständig bitten, selbst für seinen Unterhalt zu sorgen, ja sogar ihr Haus zu verlassen. Spindler nahm bereitwillig Abschied. Ich kannte seinen Charakter zu gut, um sie nicht vor den notwendigen Folgen dieses Schrittes, den ich unbesonnen nannte, zu warnen. Sie sah meine redliche Meinung ein und sagte: ‚Ich kenne jetzt Spindler ganz, doch es ist zu spät!‘ ‚Und ich‘, fiel ich ein, ‚kenne ihn genug, um zu wissen, daß er sie seinen Ingrimm wird fühlen lassen. Er, der stets beteuert hatte, er würde Wilhelm aus den Krallen seiner Gläubiger ziehen; er, der alle Mittel dazu besaß, hat ihn nun hineingestoßen und ihn rettungslos zugrundegerichtet!‘ Die Schwiegertochter konnte nicht widersprechen; sie vermochte nichts, als unter den herbsten Entbehrungen ihr Leben zu fristen und auf einen Glücksfall zu hoffen, der nicht eintraf. Spindler, der im Überfluß schwamm, nahm von seinem Freunde die Zinsen von den Zinsen der angewachsenen Schuld, zertrat ihn und lenkte alles dahin, daß die Gent (Konkurs, Zwangsversteigerung, A. d. Z.) erklärt wurde. Doch meines Sohnes Anhänglichkeit überwog jeden Zweifel, und er blieb ihm ergeben. Die Kette, welche ihn an den falschen Freund schloß, war in der Hölle geschmiedet.“

Die unglückliche, vereinsamte, edelmütige und triviale Helmina von Chezy verabscheute Spindler. Haß macht hellsichtig. Es war in der Tat ein Hörigkeitsverhältnis, das Wilhelm Chezy an den berühmten Kollegen band. Spindler hat Chezy nicht „zertreten", wohl aber ausgebeutet; sucht man einen Parallelfall, so mag man an das Verhältnis zwischen Alexandre Dumas und seinem Mitarbeiter Auguste Maquet denken, dem eigentlichen Autor der „Drei Musketiere".

War es nun Bequemlichkeit oder Nonchalance – Wilhelm von Chezy kam als Journalist, als Baden-Badener Korrespondent des Cottaschen „Morgenblatt für gebildete Stände" zwar gerade zu soviel Geld, daß er seine kleine Familie ernähren konnte, aber als Schriftsteller setzte er sich in Spindlers Schatten nicht durch. Sein Polenroman „Wanda Wielopolska" (1831) fand keine Beachtung. Ungespielt blieben die Künstlerdramen „Petrarca" (1832) und „Camoens" (1834). Sein Hauptwerk „Der fahrende Schüler" (1835) ging in der überbordenden Produktion historischer Chroniken unter, ebenso der Roman „Die Martinsvögel" (1836), in dem er Spindlers Tafelrunde im „Goldenen Lamm" in mittelalterlicher Vermummung schilderte. Für seine krausen Kriminalerzählungen aus der Reformationszeit und dem 17. Jahrhundert „Das große Malefizbuch" fand er lange keinen Verleger; sie erschienen erst 1847 bei Johann Friedrich Rietsch im bayerischen Landshut, also im literarischen Niemandsland. In weiteren Kreisen bekannt wurde Wilhelm von Chezy erst durch das Büchlein „Die sechs noblen Passionen", das der Stuttgarter Verlag Adolph Krabbe 1842 herausbrachte, nachdem die einzelnen Abschnitte der Essaysammlung zuvor im „Morgenblatt" erschienen waren. Hier war der stolze Bohemien in seinem Element: als Fachmann für die Jagd, das Glücksspiel und die Galanterie.

Was den ritterlichen, aber indolenten und labilen Chezy an den facettenreichen, aber letztlich ungeistigen und stumpfen Karl Spindler band, ist leicht auszumachen. Spindler war für Chezy, der seinen berühmten Erzeuger nur von einigen Briefen her kannte, ein Vaterersatz. Er bewunderte ihn, weil er auf rauhe Landsknechtsart fest in sich selber ruhte, ein sardonisches Vergnügen dabei fand, die Leute zu mystifizieren, und weil er gelegentlich erbarmungslose Härte zeigte.

Zu peinlichen Szenen kam es, als Fanny Spindler auf die Fremdgänge ihres Mannes mit Ehebruch reagierte. Sie verführte den jungen Wiener Schriftsteller Eduard Duller, der als weiterer anonymer Zuarbeiter in Spindlers Romanmanufaktur einige Zeit in Baden-Baden lebte. Duller erwehrte sich nur mit Mühe der verblühten Frau und zog sich aus der Affäre, indem er die Nichte des Trierer Theaterprinzipals Eisenhut heiratete – das Eisenhutsche Ensemble spielte den Sommer über in der Bäderstadt – und mit ihr nach Frankfurt zog. Nach Dullers Weggang verfiel Fanny Spindler seelisch und körperlich. Sie kleidete sich schlampig, verbrachte die Nachmittage zigarrenrauchend auf der Kurhausterrasse, duzte die Vorübergehenden und suchte ihren Gatten dadurch zu schädigen, daß sie sein Geld mit vollen Händen ausgab. Spindler konterte hart: Er trennte sich von seiner Frau. Fanny beantragte die Scheidung, in die der Autor der „Boa Constrictor" aber nicht einwilligte, weil er nach damaligem badischen Recht das in der Ehe erworbene Vermögen mit Fanny hätte teilen müssen. Fanny Spindler beschimpfte ihn und Chezy auf der Straße lauthals. Als sich bei ihr die Symptome einer geistigen Erkrankung mehrten, nahm Spindler ihr die Tochter weg. Die exzentrischen Eskapaden der „närrischen Frau des berühmten Schriftstellers" boten den auf Skandale erpichten Baden-Badenern viele Jahre lang Gesprächsstoff.

Spindlers historische Romane verkauften sich gut; dennoch verschmähte der arbeitsame Erzähler nicht die Mitarbeit an zahlreichen Zeitungen und Zeitschriften. Regelmäßig fuhr er nach Karlsruhe, wo seine Wochenzeitschrift „Der Zeitspiegel" erschien. Wohl nur, um sich zu amüsieren, arbeitete er drei Jahre lang – von 1843–1846 – am „Beobachter von Baden", eine Beilage des kurörtlichen Badeblatts, mit, das der Drucker Scotzniovsky herausgab. Als Scherzo ist auch der Roman „Meister Kleiderleib" angelegt, der 1845 im Vorabdruck in der „Leipziger Novellenzeitung" erschien. Nicht genannter Mitautor des Romans war Wilhelm von Chezy. Spindler brachte seine Kenntnis des Schauspielermilieus ein, Chezy seine Erfahrungen als Baden-Badener Wohnungsvermieter, der die Extravaganz russischer Bojaren und englischer Lords aus der Nähe miterlebt hatte.

„Meister Kleiderleib"

Die Geschichte spielt in der Gegenwart, also 1845; die ersten Züge befahren die neue Strecke Karlsruhe – Baden-Oos, die Baden-Baden-Besucher kommen jetzt per Bahn. Kleiderleib ist ein ehemaliger Schauspieler, ein Mann von hohem Wuchs und einiger Beleibtheit. Sein Gesicht war in der Jugend „prangend und anziehend", jetzt sind die Züge etwas verfallen, aber die Nase verrät noch immer leidenschaftliche Regungen. „Der Mann hatte gelebt, und zwar viel, gut und schlecht durcheinander; das war auf dem Gesicht zu lesen, das überhaupt einen Ausdruck von Freimütigkeit und Anstand trug, der gleich auffiel und den Beschauer günstig stimmte."

Kleiderleib trägt mehrere Namen, insgesamt acht, und hat diverse Vergangenheiten. Dem einen Gesprächspartner gegenüber gibt er sich als ehemaliger Hofmeister in Moskau aus, dem andern als Exerziermeister in Konstantinopel; einmal spielt er den Impresario einer arabischen Gauklertruppe in Paris, ein anderes Mal begnügt er sich mit der Rolle eines reisenden bayerischen Wirts.

Der Hochstapler verschafft einem blaublütigen Russen, dem Fürsten Protomotoff im überfüllten Erholungsort ein sündhaft teures Privatquartier beim verschuldeten Vermieter Brenneis, der Kleiderleib als Dank für die Vermittlung eines so reichen Logiergastes gratis bei sich wohnen läßt, womit Kleiderleib schon eine große Sorge los ist, denn er ist mittellos. An der „table d'hôte" des Hotels „Badischer Hof" pirscht sich Kleiderleib, der hier als ein Herr Martens auftritt, an einen fünfundzwanzigjährigen, lungenkranken Krautjunker, Leopold von Grüningen, heran, der ihm bald sein Vertrauen schenkt. Als Hauptopfer hat er sich aber den Fürsten Alexis Ignatiewitsch Protomotoff ausersehen, den die beiden Verfasser des Romans so vorstellen: „Ein ziemlich aufgeschossener, ziemlich heftig zusammengeschnürter, halb junger Mann in feiner Tracht, mit Brillanten allenthalben, wo es anging, ausgeziert. Das Gesicht von kalmückischem Schnitt, die sich etwas sträubenden Locken ein bißchen auffallend frisiert, die Sprache deutsch, aber fremdländisch."

Protomotoff, dem sich Kleiderleib als ein Baron Seibelt nähert, ist ein müßiggehender, melancholischer Dandy mit einer Neigung zu Wutanfällen. Er erwartet ungeduldig die Sängerin Philine Gradenigo, die er in Leipzig gehört und in die er sich verliebt hat. Da die Gradenigo Protomotoff in Leipzig einen Korb gab, soll der „galante Krieg" im Tal der Oos weitergeführt werden.

Der Fürst ist finsterer Stimmung; ein Bojar wartet nicht gern. Kleiderleib hat im Spielsaal des Herrn Benazet viele Bekannte getroffen, unter ihnen Donna Albatros. Er macht den Fürsten mit der spanischen Tänzerin bekannt, die ihm die Zeit vertreiben hilft; der Fürst zeigt sich nicht kleinlich, einige Geschenke, die er der Albatros macht, landen in Kleiderleibs Tasche. Dieser sagt als Baron Seibelt schalkhaft: „Ich dachte, Ihr Herz, mein Fürst, gehöre schon ganz und gar der reizenden Philine?" „Ach, bester Baron", gähnt Protomotoff, „eben diese Leidenschaft drückt mich schwer ... die Abwesenheit des Gegenstandes meiner Liebe macht mir furchtbare Langeweile. Ich suche Zerstreuung, ich bin blasiert . . . Jene schlanke Spanierin mit den geschmeidigen Formen, mit den tiefglühenden Augen, die Liebe und Zorn herrlich widerspiegeln, wäre ganz dazu geschaffen, meiner Sehnsucht nach der Sängerin einen kurzen Waffenstillstand abzunötigen.“

Man hat sich in der feinen Welt im Jahr 1845 gewiß umständlich und geziert ausgedrückt, aber die Humoristen Spindler und Chezy übertreiben noch. Kleiderleibs Deutsch ist aufgedonnert, daß es eine Pracht ist.

Die Albatros ist einem realen Vorbild nachgezeichnet – der Kokotte Lola Montez, die im Sommer 1845 Baden-Baden mit ihrem Besuch beehrte. Sie luchst Protomotoff eine prachtvolle Equipage ab. Inzwischen ist in der Villa Brenneis – die eine unübersehbare Ähnlichkeit mit der Villa Chezy hat, auch der Ko-Autor des Romans vermietet ja in der Saison zwei Etagen seines vornehmen Hauses an distinguierte Fremde – Protomotoffs Schwester, Gräfin Wornoschenskoi, mit ihren drei Söhnen und ihrer Tochter Cäcilie eingetroffen. Der kranke, exaltierte Grüningen verliebt sich in die Komteß und bittet seinen Freund Martens, etwas für ihn zu tun. Martens verspricht, sich bei dem Intimus des Fürsten, Baron Seibelt, also bei sich selber, für den verliebten Junker einzusetzen. Die Sängerin Philine kommt in Baden-Baden an. Ihr Künstlername ist der eines venezianischen Dogen, denn in der Kunst ist Internationalität alles; auch der böhmische Komponist Guttag, den Kleiderleib auf der Promenade getroffen hat, nennt sich Dobrenoz, es klingt besser.

Die Ankunft der Sängerin gibt Kleiderleib Auftrieb; er wittert eine neue Einnahmequelle. Die Gradenigo kennt in der Bäderstadt niemand, einer muß sie in die Gesellschaft einführen, sie beraten, ihr Konzert vorbereiten, und – ist sie ohne männlichen Begleiter gekommen – ihren Onkel, den Anstandswauwau spielen. Folgt ein Exkurs Spindlers und Chezy's über Onkelei in Bädern. Kleiderleib bittet die im „Darmstädter Hof" abgestiegene Sängerin um ein Gespräch und erlebt eine herbe Enttäuschung: Philine ist seine eigene Tochter Luise, die er vor vielen Jahren aus den Augen verloren hat. Das brave Mädchen liebt, viel zu bieder für eine künftige Primadonna, einen erfolglosen Kollegen namens Heinrich; Kleiderleib, den seine Tochter nur unter seinem früheren Theaternamen Pompejus kennt, rät ihr dringend, sich an den schwerreichen Fürsten Protomotoff zu halten und ihm ein Eheversprechen abzuluchsen. Protomotoff schenkt auch Philine eine Equipage und kehrt höchst aufgebracht in seine Wohnung zurück, als sich die Angebetete ihm verweigert. Kleiderleib sucht zu vermitteln und erklärt dem Fürsten, Philine's Widerstand sei nichts als Koketterie. Eine unangenehme Überraschung für Kleiderleib-Pompejus-Seibelt-Martens ist das Auftauchen seines Sohnes Hamilkar, der sich Sir Arthur Villiers nennt und gleichfalls von Gaunereien lebt. Fürst Protomotoff ist von dem smarten jungen Mann angetan, mehr noch seine Nichte Cäcilie, die sich prompt in ihn verliebt. Sir Arthur entführt Cäcilie nach Paris und finanziert die Reise mit dem Geld, das er seinem Vater gestohlen hat. In Paris nimmt eine Verwandte Cäcilie unter ihre Fittiche; die Komteß weiß inzwischen, daß Hamilkar weder adlig noch ein Brite ist, bereut ihr Abenteuer aber keineswegs. Philine kehrt Baden-Baden noch vor ihrem Konzert den Rücken. Kleiderleib wird von einem Polizeikommissar erkannt und kann kurz vor der Verhaftung den Zug erreichen, der ihn neuen Taten entgegenträgt.

„Meister Kleiderleib" von Spindler und Chezy ist der erste Baden-Baden-Roman. Er zeichnet von dem aufstrebenden Erholungsort ein ganz anderes Bild als die zeitgenössischen deutschen und französischen Reiseführer. Die Besucher des Badeorts sind keine vornehmen Sommerfrischler, die sich auf Waldspaziergängen erholen und eine heitere Gesellligkeit pflegen. In „Meister Kleiderleib" dreht sich alles ums Geld. Einige wenige, Russen und Briten, haben es und langweilen sich unsäglich. Um der Langeweile zu entgehen, verlieren sie ihr Vermögen am Spieltisch oder verschleudern es an Kokotten. Um die feine Welt aber sammelt sich die Horde der Abenteurer, Glücksritter, Schnorrer und Schwindler, für die die Bäder Fischgründe sind.

Die Einheimischen sind geistig weniger beweglich als die zugereisten Hochstapler, aber auch sie haben es darauf abgesehen, die reichen Fremden zu plündern. Abschaum sind die Bediensteten der russischen Grundbesitzer und englischen Lords: sie werden getreten und treten ihrerseits andere, sind nur auf ihren Vorteil bedacht, roh und faul, servil und grob. Die Leidenschaften der Angehörigen der Oberklasse sind nicht echt, sie verlieben sich, um die Zeit zu vertreiben oder weil sie eine plötzliche Begierde nach einer Sängerin oder Tänzerin packt, die als Künstlerinnen Freiwild sind. Ebenfalls aus Langeweile verlieben sich die jungen Komtessen, und weil ihnen der Sinn nur nach einem Abenteuer steht, ist es ihnen ganz gleich, ob ihr Schwarm ein Ehrenmann oder ein Betrüger ist. Spindlers und Chezys Humor ist zynisch und salopp, ihre Darstellung einer Baden-Badener Saison im Vormärz aber wohl kaum falsch, vielleicht nicht einmal überzeichnet.

Spindler hielt es in Baden-Baden aus, weil die Fremden nur im Sommer kamen und ihn in den übrigen Jahreszeiten niemand bei der Schreibtischarbeit störte. Kam er mit einem Roman nicht voran, dann regte sich in dem ehemaligen Wanderschauspieler der Reisetrieb, und er verschwand für Wochen, Monate, ja Jahre von der Bildfläche, selbstredend ohne Frau und Kind.

Wilhelm von Chezy schätzte das Oostal, die Schwarzwaldberge und die Rheinebene als Jagdrevier. Die Jagd war die Hauptleidenschaft des verbummelten Journalisten, der bei aller Selbstverachtung ein Gentleman war. Er habe in Baden-Baden fünfzehn Jahre lang ein freisames Jägerleben geführt, liest man in seiner Autobiographie „Erinnerungen aus meinem Leben". Im Gegensatz zu Spindler schätzte Chezy interessante Bekanntschaften. Als Vermieter von Ferienwohnungen lernte er viele Prominente kennen, von Ludwig Börne, der im Frühjahr 1832 in Baden-Baden kurte, über die Gräfin Guiccioli, Lord Byrons ehemaliger Geliebte, bis Aurora Demidoff, damals die reichste Frau der Welt. Die Übersiedlung August Lewalds und seiner Zeitschrift „Europa" nach Baden-Baden, von der im folgenden Kapitel die Rede ist, eröffnete Chezy ein neues Tätigkeitsfeld; er schrieb für die „Europa" kleinere und größere Erzählungen, literarische Besprechungen und fertigte Übersetzungen aus dem Französischen an.

Dann begann der Abstieg. Chezy konnte sein – alles in allem bescheidenes – Herrenleben mit den Erträgen seiner Feder nicht finanzieren. Er mußte 1843 seine prachtvolle Villa verkaufen. Im Frühjahr 1846 planten die Freunde Spindler und Chezy eine gemeinsame Reise nach Montenegro, Griechenland und Konstantinopel. Sie kamen nur bis Baden bei Wien, wo ihnen der Gumpoldskirchner zu gut schmeckte; angeblich hinderten sie das stürmische Augustwetter und unzuverlässige Auskünfte des Lloyd Triestino an der Weiterfahrt. Im Frühjahr 1847 bewerkstelligte Spindler seinen Umzug nach Freiburg im Breisgau; er wollte seine Tochter, die gleichfalls Fanny hieß, zur Malerin ausbilden lassen, was in Baden-Baden nicht möglich war.

Auch Chezy übersiedelte nach Freiburg, um sich, wie er in seinen Erinnerungen angibt, in wissenschaftlichen Kreisen zu bewegen. In Wahrheit war er gezwungen, Baden-Baden zu verlassen. Eine seiner Korrespondenzen im „Morgenblatt" enthielt kritische Äußerungen über Hoteliers der Bäderstadt, die prompt „arme Halunken" anheuerten und ihnen den Auftrag erteilten, Chezy samt seinem Freund Spindler nächtens aufzulauern und zu verprügeln. In Freiburg ließ sich Chezy, der politisch immer weiter nach rechts rückte, von erzkatholischen badischen Landjunkern dazu überreden, ein ultramontanes Blatt, die „Süddeutsche Zeitung", herauszugeben. In seiner freien Zeit trieb er historische Studien und übte sich im Pistolenschießen.

Karl Spindler, jetzt Witwer, war vor der Zeit alt und mürrisch geworden. Er schrieb tagsüber sein Pensum an unterhaltender Literatur und schlurfte allabendlich zum „Wilden Mann" in die Salzgasse, um stets auf demselben Platz seine vier Stunden abzusitzen. Chezy, der seinem Abgott vorwarf, ein Spießer geworden zu sein, erhielt die Antwort, er, Spindler, habe ein abenteuerliches Leben hinter sich und sei jetzt müde. Ein Spießer habe auf dieser Welt das behaglichste Dasein. „Ich bin einer geworden und bleibe dabei, meine letzte Herzensangelegenheit ist eine steife Maß Bier." Chezy notierte den Ausspruch für seine Autobiographie.

Die Wege der literarischen Kumpane trennten sich. Spindler versank in Alkoholismus und mürrischem Schweigen. Chezy ging im Revolutionsjahr 1848 nach Köln und focht als Redakteur der neugegründeten katholischen „Deutschen Volkshalle" gegen Sozialismus und Republikanismus. Seine Gewandtheit, seine Intelligenz und seine konservative Einstellung wurden vom Honoratioren-Klüngel der Domstadt nicht honoriert; schon nach zwei Jahren entließen ihn die Zeitungskommanditisten. Er zog nach Wien, wo man ihm eine Stellung an der „Reichszeitung" angeboten hatte. Später arbeitete er für das Feuilleton der „Presse" und des „Österreichischen Volksfreundes". Ihn erfüllte vehementer Mutterhaß. Ihm frönte er in seiner Autobiographie, die 1864 in dem obskuren Friedrich Hurter Verlag in Schaffhausen in zwei Bänden erschien. Der erste Erinnerungsband war „Helmina und ihre Söhne" überschrieben und erregte schon beim Vorabdruck im „Morgenblatt" Aufsehen und Empörung; nie zuvor hatte ein deutscher Autor mit seiner Mutter – einer nicht unberühmten Mutter – so ungnädig abgerechnet. Der zweite Band „Helle und dunkle Zeitgenossen" ist die wohl wichtigste Quelle für das Leben in der Kleinstadt Baden-Baden um 1840. Chezys materielle Schwierigkeiten nahmen zu; es bedrückte den eleganten Bohemien, daß er sich als Schriftsteller nicht durchgesetzt und seine Gaben verschleudert hatte. Im März 1865 warf ihn in Wien ein Schlaganfall auf der Straße nieder. Wenige Stunden später starb er im Krankenhaus. Sein testamentarisch ausgesprochener Wunsch, als armer Mann und katholischer Christ vom Joseph von Arimathia-Verein bestattet zu werden, wurde ihm erfüllt. Nur wenige deutsche Blätter würdigten in Nachrufen Wilhelm von Chezys umfangreiches literarisches Werk und seinen noblen Charakter.

Die Stunde der Publizisten

August Lewald und die „Europa"

Ein publizistisches Leben entwickelt sich nur am Sitz eines bedeutenden schöngeistigen Verlags oder einer ambitionierten Literaturzeitschrift. Baden-Baden kannte in seiner langen Geschichte nur zweimal ein genuines literarisches Leben: von 1840–1845 und von 1945–1948. Beide „Literaturperioden" umfaßten also jeweils nur wenige Jahre.

Im Mittelpunkt der ersten Periode stand die Wochenzeitschrift „Europa". Sie war von dem Ostpreußen August Lewald 1835 in Stuttgart gegründet worden und erschien zunächst in J. Scheible's Verlagsexpedition, ab 1838 in einem Verlag, der sich Literatur-Comptoir nannte, und dessen Hauptkommanditist ein verabschiedeter württembergischer Offizier war. 1840 kauften die Herren F. Gutsch und Rupp, die in Karlsruhe ein Artistisches Institut, also eine Lithografieranstalt, betrieben, das gefällig aufgemachte Blatt. Lewald übersiedelte von Stuttgart nicht in die badische Residenzstadt, sondern nach Baden-Baden. Im Schloßbergviertel, das eigentlich schon nicht mehr „en vogue" war, baute er sich eine Villa im Florentiner Stil. Bis Ende 1845 war sein Domizil gleichzeitig Redaktionssitz. Viele durchreisende Autoren aus dem In- und Ausland machten ihm hier ihre Aufwartung.

Lewald war auf Umwegen und relativ spät Zeitschriften-Herausgeber geworden. Der 1792 in Königsberg geborene Kaufmannssohn stammte von Flußschiffern jüdischen Glaubens ab. Die napoleonischen Feldzüge erlebte er als Heranwachsender mit. Zweimal, nach der Schlacht bei Friedland und Napoleons Übergang über den Niemen, war Königsberg Hauptverbandsplatz der Grande Armée. Vor den Augen des Gymnasiasten Lewald spielten sich schreckliche Szenen ab. Sie impften ihm einen Gleichmut ein, mit der sich später die Blasiertheit des erfolgreichen Aufsteigers mischte. Im Vergleich zu dem hartgesottenen Sanguiniker Lewald waren der erregbare Patriot Börne und der brillante Melancholiker Heine gefühlvoll bis an die Grenze der Sentimentalität.

Lewald war neunzehn Jahre alt, als sich Preußen und Österreich mit dem siegreichen Zaren gegen Frankreich verbündeten. Er nahm an der Belagerung von Danzig teil, wo sich der elsässische General Rapp noch einige Zeit gegen die Alliierten zur Wehr setzte. Dann verließ er – mit oder ohne Abitur, das weiß man nicht – für immer seine Heimatstadt.

Seine durch den Krieg verarmte Sippe schickte ihn mit einem geschäftlichen Auftrag nach Warschau. Dort empfahl der Direktor der russischen Kriegspolizei, Herr von Rosen, den anstelligen jungen Juden, der außer deutsch auch polnisch und russisch, englisch und französisch, dazu etwas dänisch und jiddisch sprach, Feldmarschall Fürst Barclay de Tolly. Lewald wurde Kanzleisekretär im russischen Hauptquartier. An der Seite des berühmten Haudegens machte er den Frankreichfeldzug von 1815 mit. Das Land, das er bezwingen half, eroberte ihn. Fortan hatte der früh etwas dickliche, stets sehr gepflegte Königsberger, der mit seinen feurig blickenden dunklen Augen einem polnischen Edelmann glich, zwei Vaterländer, Preußen und Frankreich, und eine Stadt, von der er träumte: Paris.

Der deutsche Jahrgang 1792 war für lange Zeit der letzte, der mit der Zeitgeschichte in unmittelbare Berührung kam. Schon Heine, geboren 1797, mußte sich seinen

Napoleon aus der Feder saugen. Die nachfolgenden Generationen lebten in Deutschland bis zum Ausbruch des Ersten Weltkriegs in bürgerlich gefestigten, man kann auch sagen: beschränkten Verhältnissen. Das führte zu jener Stagnation in der deutschen Literatur, die mit den Namen Hebbel und Stifter, Storm und Heyse verbunden ist. Lewald studierte das Walten des Weltgeistes nicht im Seminar bei Professor Hegel, sondern in den Gefechten von Saargemünd, Bar-le-Duc, St. Avold, Châlons an der Marne, Commercy und Pithiviers. Als sich die russische Armee nach dem Frieden von Paris an den Bug zurückzog, war August Lewald nicht nur arbeitslos, sondern aus der Bahn geworfen. Zu einem Studium war es zu spät. In Breslau lernte er den Theaterdirektor Schaller und den Bühnenautor Karl von Holtei kennen.

Der einzige Freiraum, der jungen deutschen Intellektuellen in den 1820er Jahren offenstand, war das Theater. Lewald versuchte sich als Lustspieldichter und stand eine Zeitlang in Brünn mit mäßiger Fortüne als Darsteller auf der Bühne. Als Fünfundzwanzigjähriger kam Johann August Lewald, jetzt evangelischer Konfession und den Papieren nach Privatgelehrter, zum ersten Mal nach Wien, wo er Kontakte zu Zeitschriften suchte und Stücke aus dem Spanischen übersetzte; das deutsche Publikum entdeckte just Calderón und Moreto. Den jungen, ahasverisch unsteten Literaten hielt es nicht lange in der Kaiserstadt. 1822 wurde er Sekretär des Isartor-Theaters in München, zwei Jahre später übernahm er die Leitung des Nürnberger Stadttheaters. Das Theater war und blieb Lewalds Intimsphäre, seine Welt; er besaß dramaturgisches Geschick, war ein nicht ungeschickter Regisseur und verblüffte jedermann mit seinen stupenden Personalkenntnissen. 1827 folgte er einem Ruf an das renommierte Hamburger Schauspielhaus und wurde dort als Theaterdichter, also Dramaturg angestellt.

Am Ufer der Alster lernte Lewald einen eleganten, nonchalanten jungen Lyriker, Dr. jur. Harry Heine, kennen. Heine war, was im Literatenmilieu äußerst selten ist, ungemein hilfsbereit. Er machte Lewald mit seinem Verleger Julius Campe bekannt und setzte sich nachdrücklich für Lewalds erste Schreibversuche, Gespensternovellen in der Manier E. Th. A. Hoffmanns, ein. Campe druckte auch Lewalds Zeitbild „Warschau". Polen war im Gespräch; der Aufstand gegen die russische Besatzungsmacht elektrisierte die deutschen Liberalen.

Nach Paris übersiedelte Lewald 1831, weil Heine jetzt dort wohnte. Wie einst Friedrich Schlegel wollte er in der französischen Hauptstadt ein deutsches Journal herausgeben. Das Projekt zerschlug sich rasch. Der Königsberger spielte auch mit dem Gedanken, in Paris eine deutschsprachige Bühne zu gründen; immerhin lebten an der Seine 40 000 deutsche „Gastarbeiter". Auch aus diesem Plan wurde nichts.

Lewald machte Heine und dem führenden Pariser Feuilletonschreiber Jules Janin seine Aufwartung, begeisterte sich für Alexandre Dumas' Gruseldrama „La Tour de Nesles" und verschlang den Bestseller der Saison, Victor Hugos Roman „Der Glöckner von Notre Dame". Schon nach neun Monaten verließ er, der Cholera wegen, Paris, und zog nach München; seine Frau war Münchnerin.

Lewald war kein Epiker von Geblüt, schlüpfte aber in jede Schlangenhaut mühelos hinein. Hatte er in seinen ersten Novellen E. Th. A. Hoffmann imitiert, so lieferte er jetzt mit seinem Romanerstling „Gorgona – Bilder aus dem französischen Mittelalter" einen Hugo-Dumas-Verschnitt. Seine Korrespondentenberichte veröffentlichte er in Buchform unter dem Titel „Album aus Paris".

In München gab Lewald erstmals eine eigene Zeitschrift, die „Unterhaltungen für das Theaterpublikum" heraus. In Bayern waren, mehr noch als andernorts, nur unpolitische Journale zugelassen. In seiner Freizeit unternahm der Publizist mit seiner Frau Kathi und einem befreundeten Studenten, Karl Gutzkow, Ausflüge ins Hochgebirge.

Das Eisenbahnzeitalter hatte begonnen, in den Staaten des Deutschen Bunds besserten sich die Straßenverhältnisse, auf den Flüssen und Seen verkehrten Dampfschiffe. Mit einem Mal lockten die Berge, das Meer, die Badeorte; die deutschen Autoren folgten dem Beispiel der Briten und Franzosen, feierten den Anbruch des touristischen Zeitalters und produzierten eine Literatur, die das Fernweh anstachelte. Lewald nahm auch diesen Trend vorweg, schrieb als erster ein informatives Buch über die bayerische Hauptstadt, das „Panorama von München", und schilderte in seinem Reiseführer „Tirol vom Glockner bis zum Ortler" systematisch und bündig alle Alpentäler vom Garda- bis zum Bodensee. Der Guide kam beim Publikum gut an, noch Jahre danach nutzte ihn George Sand, um einem ihrer Romane alpenländisches Kolorit zu geben.

Lewald, jetzt schon nicht mehr ganz jung, war der geborene „Trendsetter". Er erriet Zeittendenzen, noch bevor irgendwer sie artikuliert hatte, und setzte bis 1845 unfehlbar auf das richtige Pferd. Natürlich entging ihm nicht, daß der liberalere deutsche Südwesten der deutschen Literatur nach 1830 mehr Entfaltungsmöglichkeiten bot als Österreich, Bayern oder Preußen; die Zensur herrschte auch hier, aber sie wurde nachlässiger gehandhabt. 1834 übersiedelte Lewald in das aufstrebende Verlagszentrum Stuttgart. Hier wirkten die Verleger Cotta, Franckh und Hallberger, hier redigierte Wolfgang Menzel die Literaturbeilage der „Augsburger Allgemeinen", für die Heine arbeitete, und Gustav Schwab das Feuilleton des Cottaschen „Morgenblatts".

Lewalds „Europa" erschien ab Januar 1835 einmal wöchentlich mit einem Umfang von 48 Seiten. 40 Seiten waren für die längeren Beiträge reserviert, die oft in Fortsetzungen abgedruckt wurden, acht Seiten für Kommentare und Kulturinformationen. Diesen aktuellen Dienst nannte der Herausgeber erst nach französischem Brauch „Feuilleton", dann „Miszellen" und später „Randglossen".

Im Feuilleton servierte Lewald den Lesern der „Europa" Rezensionen und Premierenberichte, hier ging er auf kuriose Vorfälle ein, hier ließ er seinen krausen Humor und seine an Heine geschulte Ironie spielen. Jede Lieferung der „Europa" enthielt ferner eine „artistische Beilage", bestehend aus Lithografien, Karikaturen, Modekupfern und Klavierauszügen neuer Pariser Romanzen und Salonschnulzen. Die Modekupfer seiner Zeitschrift bezog Lewald vom Pariser „Courrier des Dames". Sie waren künstlerisch unbefriedigend. Weil er dies spürte, schrieb er eigenhändig für jede Nummer seiner Zeitschrift einen Pariser Modebericht. Mit seinen Hinweisen auf kurze Gehröcke und Strümpfe von schottischem Zwirn machte sich August Lewald zum Gespött der politisch rebellierenden literarischen Avantgarde. Man verzeiht in deutschen Literaturkreisen einem Intellektuellen einen Raubüberfall oder einen Mord leichter als Interesse an modischen Neuigkeiten. Schon bald galt August Lewald der deutschen Linken als ein „geistiges Federgewicht".

Gelegentlich liest man, die „Europa" sei eine Plattform des „Jungen Deutschland gewesen". Das ist absurd. Gerade als die „Europa" im ersten Jahr erschien, verbot der Frankfurter Bundestag die Schriften des Jungen Deutschland. Die prominenteren Köpfe dieser sehr lockeren Literatenvereinigung zogen sich aus der Öffentlichkeit zurück oder verbüßten Haftstrafen.

Karl Gutzkow verfaßte eine Zeitlang für Lewald, seine Beiträge mit den Initialen C. G. zeichnend, die literarischen Vierteljahres-Übersichten; stärker engagierte sich der vorsichtige Lewald nicht, der vom Ertrag seiner Zeitschrift lebte und sich daher keine Extravaganzen leisten konnte. Übrigens teilte er die politischen Ansichten der jungen literarischen Streithähne Gutzkow, Laube, Herwegh nicht; ein behäbiger absoluter Monarch wie König Wilhelm I. von Württemberg war ihm lieber als ein unumgänglicher Republikaner, von der Volksherrschaft hielt er wenig, von Egalité, Vermögensgleichheit gar nichts. Alle prominenten Publizisten in der Emigration, angefangen mit Börne und Heine, verweigerten der „Europa" aus diesem Grund, und vermutlich auch, weil sie schlecht zahlte, die Mitarbeit; als unpolitischer Anhänger der etablierten (Un-)ordnung war Lewald nicht nach ihrem Geschmack.

So füllte der rasch arbeitende, fleißige ostdeutsche Jude die ersten Jahrgänge seiner Zeitschrift mit Übersetzungen aus dem Englischen und Französischen und eigenen Artikeln. Seine wichtigsten Mitarbeiter kann man als publizistische Amateure bezeichnen. In der Aufmachung orientierte sich die „Europa" an der führenden kontinental-europäischen Kulturzeitschrift, der Pariser „Revue des Deux Mondes". Wie die Redakteure der „Revue des Deux Mondes" ordnete er den Stoff seines Wochenblatts nach geographischen Gesichtspunkten. In jeder Nummer der „Europa" fand man Beiträge über Deutschland, England, Frankreich, Spanien und Italien. Als erste deutsche Literaturzeitschrift berichtete die „Europa" ausführlich über die Verhältnisse in Polen, Rußland, Ungarn, den Balkan-Fürstentümern und in der Türkei. Lewald empfand Sympathie für die Slawen. Es war nicht das politisch motivierte Mitgefühl der Liberalen mit den aufbegehrenden Polen, das damals die deutsche Öffentlichkeit bewegte, sondern ein ganz persönliches, wohlwollendes Interesse an Ukrainern, Walachen, Serben. Die Leser der „Europa" lernten, daß der Kontinent bis zum Ural und bis zum Bosporus reicht.

So dilettantisch Lewald an die Arbeit ging – sein Blatt mit dem anspruchsvollen und programmatischen Unter-

titel „Chronik der gebildeten Welt" gefiel. Die „Europa"
verstand sich als ein Magazin für die gute Gesellschaft,
weltoffen, urban, ein wenig smart. Börne schrieb schon
1836 von dem Glück, das Lewald mit seiner „Europa"
habe. Wir erfahren aus diesem Brief, daß die Zeitschrift
nach einjährigem Bestehen 2 300 Abonnenten hatte und
damit die verbreitetste deutsche Kulturzeitschrift war; die
„Revue des Deux Mondes" brachte es auf keine 1 000 Exemplare.

Die Stuttgarter Wochenschrift gelangte in alle Länder
Europas, bis nach Moskau und Konstantinopel, ja sogar
nach New York und Rio de Janeiro, wie Lewald einmal in
einer redaktionellen Notiz voll Stolz und Selbstgefälligkeit
betonte. Als er 1840 von Stuttgart nach Baden-Baden um-
zog, war der Herausgeber der „Europa" ein bekannter
Mann, fast schon ein Prominenter. Allerdings markierte
gerade das Jahr 1840 auch einen Wendepunkt in der Geschichte der Publizistik. Das deutsche Lesepublikum war
zehn Jahre lang mit Reiseschilderungen und ausländischen
Korrespondentenberichten überfüttert worden und verlangte nach Neuem.

Gefragt war jetzt in steigendem Maß zeitgenössische Literatur mit kritischer Tendenz. Das Biedermeier ging in
den Vormärz über, die Zeitschriften politisierten sich,
deutsche Themen rückten in den Vordergrund, Paris war
nicht mehr die Ideenfabrik, Frankreich nicht mehr das gelobte Land. Ein Redakteur mit der Erfahrung und feinen
Witterung August Lewalds wußte, daß eine Kursänderung
geboten war.

Im Grunde begann schon 1840 der Niedergang der „Europa". Ab etwa 1842 hatten fast alle ambitionierten deutschen Periodika einen mehr oder weniger ausgeprägten
„Linksdrall". Die Progressiven lasen die „Hallischen Jahr-
bücher" Arnold Ruges, der nach Paris ging und dort 1845
mit Marx, Engels und Börnstein den „Vorwärts" grün-

dete. Die Linke war publizistisch auf dem Vormarsch; für den fashionablen Weltbeobachter Lewald, der die Dandy-Attitüde überlegener Gelassenheit kultivierte, begannen schwierige Zeiten. Es gelang ihm, wichtige junge Autoren für die Mitarbeit an seiner Zeitschrift zu gewinnen. Seine Favoriten waren der arrivierte Literat Heinrich König, ein Mann der älteren Generation mit soziologischem Scharfblick, der westfälische Redakteurskollege Levin Schücking, ein unermüdlicher Romanschreiber, der weitgereiste F. W. Hackländer („Europäisches Sklavenleben") und der ernste, intelligente, mit der berühmten Sängerin Jenny Lutzer verheiratete Franz Dingelstedt.

Gern betätigte sich Lewald als Entdecker und Förderer unbekannter Talente. Sein Spürsinn für Begabungen war ungewöhnlich. In der „Europa" erschienen nach 1840 die ersten Erzählungen und Kritiken des badischen Linken Berthold Auerbach, Reportagen des Elsässers Alexander Weill, der später nach Paris ging, und Heines Sekretär und Faktotum wurde, Beiträge des indolenten Marseillers Joseph Mery, der in den 1860er Jahren zeitweise in Baden-Baden lebte. In der „Europa" schrieben jetzt auch der Hegelschüler Theodor Mundt, Heinrich Laube, der, wenige Jahre zuvor noch politisch verfolgt, jetzt schon zum gesellschaftlichen Establishment gehörte und, wie Lewald nicht ohne Sarkasmus mitteilte, mit österreichischen Erzherzögen in der Steiermark auf die Gemsenjagd ging, die Baden-Badener Kollegen Karl Spindler und Wilhelm von Chezy und der aus Hannover stammende Bankierssohn Max Kohn, der seine Beiträge mit dem Anagramm „Honek" zeichnete und in Lewalds Blatt mit Nachdruck Presse- und Meinungsfreiheit, ein allgemeines Wahlrecht und die Deutsche Republik forderte.

Manche Nummer der „Europa" trug eher Honeks als Lewalds Handschrift; dem jungen Mitredakteur lieh der Zeitgeist die Feder. Lewalds Domäne blieb das Theater, vor allem das internationale Musiktheater. Er huldigte in der „Europa" Rossini und dem auch von ihm weit überschätzten Meyerbeer, wies aber auch auf jeden Erfolg des noch so gut wie unbekannten Richard Wagner hin, der dem ostpreußischen Juden seine erste publizistische Resonanz verdankt. Dank seiner Sprachkenntnisse konnte er als Vermittler ausländischer Literatur weiterhin eine bedeutende Rolle spielen. Sein Blatt brachte Ausschnitte aus Dramen von Eugène Scribe und Alexandre Dumas, Reiseskizzen von Theophile Gautier und George Sand und Prosper Merimées Erzählung „Carmen" zwei Monate, nachdem sie in Paris erschienen war. Er wies auf Charles Dickens, Lytton Bulwer und Benjamin Disraeli, aber auch auf den Neugriechen Alexander Soutzos hin, den im deutschen Sprachraum nur wenige kannten. Von Alexander Puschkin druckte er den Aufsatz „Reise nach Erzurum während des Feldzugs von 1829".

1841 stellte die „Europa" ihren Lesern erstmals den Ukrainer Nikolai Wassiljewitsch Gogol vor. Lewald veröffentlichte von ihm unter dem Titel „Die Gutsbesitzer vom alten Schrot und Korn" einen Ausschnitt aus der Erzählung „Altväterliche Gutsbesitzer" aus dem Jahr 1835. 1844 begann die „Europa" mit dem Abdruck der Kosakengeschichte „Taras Bulba". Der Herausgeber und Übersetzer schickte ihr eine Einleitung voraus, in der es heißt: „Wir haben bereits früher unsere Leser mit dem talentvollen Gogol bekannt gemacht, der einer der ersten und besten Genremaler in der neueren russischen Literatur genannt werden kann. Die Russen selbst, obgleich sie ihn lesen und sich an seinen lebendigen Schilderungen ergötzen, verleugnen ihn gern und behaupten, er wisse nur kleinrussische Zustände wiederzugeben, weil er in Kleinrußland zu Hause sei. Seine klare Auffassung, die malerische Darstellung, das poetische und doch so getreue Bild, das er zu entwerfen versteht, sichern ihm seinen Rang. Gogol war im vergangenen Jahre und auch dieses Jahr in Baden-Baden; er ist ein noch junger, bleicher Mann, der im Gesicht große Ähnlichkeit mit Gutzkow zeigt und stets einsam und still vor sich hinlebt" (1).

Jede Zeitschrift hat ihre Glanz- und Hauptwirkungszeit; die der Lewaldschen „Europa" endete 1844. Die intellektuellen Kräfte in Deutschland polarisierten sich, in Reaktion auf den Linksdrall der demokratisch Gesinnten ergaben sich die Anhänger eines auf die besitzenden Klassen eingeschränkten Wahlrechts dem Nationalismus und Katholizismus. Ein Blatt, das einen mittleren, liberalen Kurs verfolgte wie die „Europa" und voll bewundernder Neugier alles kommentierte, was in Paris und London geschah, der deutschen Provinz hingegen nur geringe Aufmerksamkeit schenkte, konnte sich nicht mehr behaupten. Die „Europa" verlor Leser und wurde jetzt von vielen abgelehnt. Auch scheint es im Herbst 1844 zu Spannungen zwischen August Lewald und den Karlsruher Verlegern Gutsch und Rupp gekommen zu sein.

Ab Januar 1845 erschien die „Europa" unter dem Namen „Die neue Europa" in verändertem Format, nur noch 16 Seiten stark. Sie enthielt nur noch einen einzigen, viel kürzeren Hauptartikel. Die bisherigen vielen Einzelrezensionen ersetzte ein magerer vierteljährlicher Rückblick auf Buchneuerscheinungen, auch geizte der Verlag jetzt sehr mit den künstlerischen Beilagen. Lewald verlor die Lust an der Arbeit und kündigte.

Die Herren Gutsch und Rupp verkauften die Zeitschrift nach Leipzig. Sie erschien in wechselnden Verlagen, Georg Wigand, Heinrich Hübner, Karl B. Lorck, bis 1859 geleitet von dem nationalliberalen Schriftsteller Ferdinand Gustav Kühne, wurde dann von dem Ernst Keil Verlag erworben und fristete mit Friedrich Steger als Herausgeber noch bis

(1) „Europa", Jahrgang 1844, Nr. 46

1876 ein kümmerliches Dasein. Ihrem Namen war sie längst untreu geworden.

Lewald kehrte nach der Revolution von 1848–1849 nach Stuttgart zurück und wurde der Direktor der Königlichen Hofoper. Nach seiner Pensionierung verbrachte er, inzwischen zum Katholizismus konvertiert und ein eifernder Propagandist der These von der Unfehlbarkeit des Papstes, noch einige Jahre in Baden-Baden. Er starb, gänzlich vergessen, im März 1871 in München.

Ein Schützling Lewalds war der Schwabe Georg Herwegh, der vom Herausgeber der „Europa" schon 1835 in Stuttgart als Redaktionsgehilfe beschäftigt wurde. Herwegh war ein Stuttgarter Gastwirtssohn; sein Geburtstag war der 31. Mai 1817. Im Tübinger Stift, der Pflanzschule der schwäbischen Elite, erregte er durch seine Widerborstigkeit früh Aufsehen. 1836 half ihm Lewald, als er zwangsweise zum Wehrdienst eingezogen wurde, einen Zusammenstoß mit einem Offizier hatte und ihm ein Disziplinarverfahren drohte. Der meist schroff reagierende, derbschwäbische Rebell entzog sich den Sanktionen der Behörden, wie einst sein Landsmann Friedrich Schiller, durch die Flucht ins Ausland. 1841 erschienen im schweizerischen Exil Herweghs „Gedichte eines Lebendigen", die ungeheure Resonanz fanden und ihn über Nacht in ganz Deutschland bekannt machten. Die „Europa" besprach den Lyrikband wohlwollend. Der preußische König Friedrich Wilhelm IV. äußerte den Wunsch, Herwegh kennenzulernen. Die Unterredung verlief unbefriedigend für beide.

Im Revolutionsjahr 1848 führte Herwegh von Paris aus eine Kolonne republikanischer deutscher Arbeiter an den Rhein, den er am Morgen des 24. April bei Klein-Kembs überquerte. Die Freischärler drangen im badischen Oberland bis Wieden vor. Am 27. April wurde die Schar von zahlenmäßig unterlegenen württembergischen Truppen bei Dossenbach angegriffen und aufgerieben. Herwegh flüchtete über den Rhein zurück nach Frankreich und verdankte seine Rettung vor allem dem Mut seiner Frau, einer Berliner Bankierstochter.

Die Herweghs hielten sich in den folgenden Jahren in Paris, Genf, Nizza und Zürich auf; in Zürich war ihr Haus Treffpunkt aller deutschen Demokraten im Exil. Die letzten Jahre seines Lebens verbrachte der Dichter in Baden-Baden. Für Friedrich Bodenstedts Shakespeare-Ausgabe übersetzte er „König Lear", „Die beiden Veroneser", „Die Komödie der Irrungen", „Die Zähmung einer Widerspenstigen", „Ende gut, alles gut", „Troilus und Cressida" und „Wie es euch gefällt", doch behauptete sich keine dieser Übertragungen lange auf den Bühnen. Seine späten, posthum veröffentlichen politischen Gedichte haben keinen Biß mehr und klingen blechern. Der einst so gefeierte Anwalt der Entrechteten und Mißachteten lebte in Baden-Baden sehr zurückgezogen und war den Kurstädtern hauptsächlich als unermüdlicher Spaziergänger bekannt. Er starb im April 1875 an einer Lungenentzündung. An dem von ihm bewohnten Haus, Sofienstr. 21, erinnert eine Gedenktafel an ihn. Ihre Inschrift lautet: „In diesem Hause starb der deutsche Dichter Georg Herwegh. Er wirkte für die Ziele der Revolution von 1848 und war der Schöpfer der nach ihm benannten berühmten Legion. Gestiftet von der Stadt Baden-Baden im Revolutions-Gedenkjahr 1948."

„Glücklich die Länder, in denen man im Sommer tanzt"

Die Belle Epoque der Bäderstadt

Glanz der Franzosen: Jacques Benazet

In der Chronik Baden-Badens gelten die Jahre von 1830–1870 als die „Franzosenzeit". Die vier Jahrzehnte waren die Glanzzeit, die Belle Epoque des Badeorts. Das kleine Fürstenbad der napoleonischen Ära und des Frühbiedermeier wandelte sich zum mondänen Gesellschaftsbad von europäischem Ruf. In diesen vierzig Jahren, in denen in Frankreich der Bürgerkönig Louis-Philippe und Kaiser Napoleon III. regierten, gaben in Baden-Baden nicht die in Karlsruhe residierenden Großherzöge, sondern die französischen Spielbankpächter Antoine Chabert, Jacques und Edouard Benazet und als letzter der Benazetneffe Jacques Dupressoir den Ton an. Den Beginn der Franzosenzeit markierte eine Epidemie; die indische Brechruhr, die Cholera, erschreckte die Bewohner von Paris, Wien und Berlin. Eine Massenflucht der Begüterten setzte ein, von der, neben anderen Badeorten, auch Baden-Baden profitierte. Das Städtchen im Oostal, das schon im Mittelalter kaum einmal von einer Epidemie heimgesucht worden war, galt, seiner heißen Quellen wegen, als sicherer Aufenthaltsort.

Über den Spielbankpächter Antoine Chabert, der als erster Gäste aus aller Welt nach Baden-Baden lockte, weiß man nur wenig. Er wurde 1799 im benachbarten linksrheinischen Hagenau geboren, übernahm nach der Fertigstellung des Kurhauses, der „Maison de conversation", die dort untergebrachten Spielsäle und die Restauration und heiratete 1827 ins schmale Baden-Badener Stadtpatriziat; seine Frau Antoinette, geborene Maier, war die Tochter des Modearztes Dr. Maier, dem ein palaisähnliches Anwesen unweit vom „Englischen Hof", das heutige Gebäude der Stadtsparkasse, gehörte. Die Chaberts hatten drei Kinder. Emile und Camille Chabert dienten in der französischen Armee und brachten es bis zum Rang eines Generals, ihre Schwester Antonia erlag 1850 einer Typhusepidemie. Ihr Vater Antoine starb 1839 als Pächter der nassauischen Spielbanken Wiesbaden, Ems, Schlangenbad und Schwalbach. Sein Pachtvertrag in Baden-Baden war im Herbst 1837 abgelaufen. Die Regierung in Karlsruhe ernannte den Südfranzosen Jacques Benazet zu seinem Nachfolger. Benazet, der schon sechzig Jahre alt war, bot 40 000 Gulden Pacht, einen „Einstand" von 140 000 Gulden sowie eine zinstragende Kaution von 34 000 Gulden. Chabert hatte zuletzt 19 000 Gulden Pacht bezahlt. Die Ziffern zeigen, wie sehr die Spielbankumsätze seit den 1830er Jahren gestiegen waren. Welche Schmiergelder Jacques Benazet locker machte, um die Konzession in Baden-Baden zu erhalten, ist nicht bekannt. Als der letzte Angehörige der Dynastie Benazet die Stadt verließ, vernichtete er, wie es Spielbankiers zu tun pflegen, alle Unterlagen. Die Spielbank Baden-Baden hat so wenig ein Archiv wie die Spielbank in Monte Carlo oder wie die amerikanische Glücksspieloase Las Vegas.

Jacques Benazet war mehr eine Romanfigur als ein nüchterner, Verlust und Gewinn gegeneinander sorgsam abwiegender Geschäftsmann; man sucht unwillkürlich seinen Namen im „Lotte", dem Gestaltenverzeichnis von Balzacs „Comédie humaine". Der Tagelöhnerssohn stammte aus Foix im Pyrenäenvorland und wurde in den Jahren der Jakobinerherrschaft Stadtsekretär von Bordeaux. Er studierte Jura, kam, als die napoleonische Alleinherrschaft anbrach, nach Paris und häufte als Spekulant ein Millionenvermögen an. Als Pächter einiger renommierter Spielsäle im damaligen Pariser Vergnügungsviertel, dem Palais-Royal, lernte er das „Tout-Paris" der Nachtschwärmer, Stutzer und Viveurs kennen. Zu Beginn des Jahres 1837 wurde in Frankreich das öffentlich betriebene Glücksspiel verboten. Benazet sah sich nach einer Wirkungsstätte außerhalb der Landesgrenzen um. Sein Blick fiel auf Baden-Baden. Der Karlsruher Bankier von Haber vermittelte eine Audienz beim großherzoglichen Finanzminister, mit dem Benazet rasch handelseinig wurde. Im Herbst 1837 traf der Meridionale, dem „großartige Tätigkeit ein Bedürfnis war" (so Wilhelm von Chezy in seinen Erinnerungen), in Baden-Baden ein und ging sofort an den Umbau seiner Wirkungsstätte. Der große Gesellschaftssaal des Kurhauses (heute: Weinbrennersaal) wurde im Rokokostil mit kostbaren Kronleuchtern und Spiegeln ausgestattet. An den Großen Saal reihte sich der Blumensaal an, den Kunstblumen in verschwenderischer Fülle schmückten. Im Blumensaal wurden Konzerte gegeben. Hier fanden auch die vom Spielbankpächter arrangierten Reunions, die Gesellschaftsabende, statt. Der Renaissance-Salon huldigte mit den Bildern deutscher Dichter und Künstler dem Gastland. Das Restaurant im linken Kurhausflügel erhielt einen neuen Speisesaal, der so üppig eingerichtet war wie kaum ein Lokal in Paris oder London. Die Wände des Speisesaals deckten keine Tapeten, sondern Ölmalereien. Der Ciceri-Schüler Riquier bemalte sie mit Arabesken, Fruchtstücken, Laubwerk und Medaillons. Das Mobiliar bestand aus dunklem, poliertem Holz. Der dem Trente-et-Quarante vorbehaltene Spielsaal war auffallend klein, eigentlich nur ein Kabinett. Benazet wußte von Paris her, daß die Leute am liebsten dorthin gehen, wo es so sehr an Platz fehlt, daß sie sich gegenseitig fast erdrücken. Cotta's seriöses „Morgenblatt für gebildete Stände" widmete der neuen Inneneinrichtung des Konversationshauses einen fünfspaltigen Artikel.

Kurzum, das neue Kurhaus war eine magische Grotte, ein Feenmärchen, eine Fata morgana. So empfand es auch der französische Reiseschriftsteller Charles Victor d'Arlincourt, der auf einer Reise nach Wien, genauer gesagt nach Krems, im Jahr 1840 in Baden-Baden Station machte: „Der Versammlungsplatz in Baden-Baden, das Konversationshaus, ist ein weitläufiges Gebäude mit schöner Säulenhalle, worin sich eine Menge herrlicher Säle und Salons befinden von verschiedenartiger Ausschmückung und Stil. Herr Benazet, den die Stadt zum Ehrenbürger ernannt hat, gefiel es, diesen Ort auszuschmücken, an dem Cicéri auf seinen Ruf erschien. Hier findet man ernste und großartig gehaltene Säle, gleich den Gemächern eines alten Palastes, dort niedliche und galante Räume wie das Boudier Pompadour, weiterhin Galerien im Stil des Mittelalters und der Renaissance: überall eine asiatische Pracht."

Der Vicomte d'Arlincourt war ein Tourist von einer Spezies, die schon damals selten wurde: Er fuhr ins Ausland, um zu bewundern. In Pariser Literaturkreisen wurde der Verfasser des Reisebuchs „Der Pilger" (die deutsche Übersetzung erschien 1842 bei C. Macklot in Karlsruhe) seines schwärmerischen Stils wegen nicht ernstgenommen. Sein Humor war der eines in den besten Kreisen verkehrenden Landjunkers mit tadellosen Manieren, dem nie ein böses Wort über die Lippen kommt: „Baden-Baden ist unter den übrigen Bädern Europas, was Paris unter den Hauptstädten ist: die Mode hat hier ihren Sitz aufgeschlagen, und seine Berühmtheit gehört nicht zu denen, welche plötzlich entstehen, um ebenso schnell wieder zu verschwinden. Seine Heilbäder stehen in hoher Gunst. Nun gibt es gewisse Kranke, welche an die Tugend der Wasser glauben, die sogar nur an diese Tugend glauben: Baden-Baden heilt sie jedes Jahr. Ein Engländer kam vergangenes

Jahr mit einer reizenden Person hierher, die er als seine Schwester vorstellte. Dieses Jahr kam er wieder mit derselben reizenden Person, gab sie diesmal aber als seine Frau aus. Honni soit oui mal y pense ist der britische Wahlspruch."

D'Arlincourt besuchte das Kloster Lichtental, erging sich oberhalb von Geroldsau, kletterte zum Alten Schloß empor, das ihn kolossal beeindruckte: „Das Alte Schloß bietet gegenwärtig eine jede Vorstellung übersteigende Mischung von hohen Bäumen und Felsen, die sich um die Wette, wie ein Sturmlauf von Titanen, übereinander auftürmen und sich den Vorrang streitig machen. Die Zinnen sind unter Gebüschen versteckt; die Eiche wächst auf den Türmen; Säulengänge sind von Gesträuchen gekrönt, und durch die Schießscharten aus blutfarbigen Steinen, welche die Verheerung erweitert hat, schlüpft man auf Blumenbeete hinaus. Nie bot noch ein malerischeres und seltsameres Labyrinth von Treppen, Rüstsälen, Hallen, Altanen und Gärten á la Semiramis eine solche Verwirrung von Natur und Kunst, von Architektur und Wachstum, von Vergänglichem und Unendlichem. Die alte Rittergalerie, umgeben von riesenhaften Mauern, bietet im Innern das Miniaturbild eines heiligen Hains, ein Stück von einem Druidenwald."

Als Mitglied eines der ältesten französischen Adelshäuser wurde Vicomte d'Arlincourt von der verwitweten Großherzogin Stephanie zu einem ihrer Bälle im Pavillon auf dem Rettig eingeladen: „Wiederum eine andere Szenerie! Ich kam aus stillen Bergschluchten, wo nur Felsen und Finsternis mich umgeben hatten. Dort nichts als die Natur und ihre Geheimnisse, nichts als Einsamkeit und Gott; hier die Welt und ihre Wunder, Lärm, Blumen, Musik und Tanz. Ich blieb einen Augenblick stehen an der Schwelle dieser Region von Großwürdenträgern mit reichem Ordensschmuck und edlen Damen mit Diademen. Solcherweise plötzlich von Höhlen und Einöden, wo mir das Geheul wilder Tiere und das Ächzen des Windes vernehmbar waren, auf den Ball eines eleganten Hofes unter Harmonien und Wohlgerüchen versetzt, schloß ich geblendet die Augen. Ich stellte mir vor, in Perraults Märchenwelt zu leben, wo ich an die kleinen Irrsterne der Zauberwälder glaubte, die vor dem Wanderer hergehen und ihn unvermittelt in einen Palast von Edelsteinen und hellem Strahlenglanz führen."

In der Nachbarschaft des Kurhauses hatte sich Benazet der Ältere eine Villa gekauft. Hier lebte der „König von Baden-Baden" zwar standesgemäß, aber als Franzose schätzte er Natürlichkeit im Umgang mit jedermann. Wilhelm Chezy berichtete in „Helle und dunkle Zeitgenossen": „In der Villa Benazet wurde ein gemütliches Dasein am häuslichen Herd geführt, gesellig, gastfrei, ohne Prunk und Ansprüche, ebensowenig verschwenderisch als karg. Den schönen Künsten zugetan, liebte der Hausherr vor allem die Musik, und so handelte er nicht bloß als Unternehmer, sondern auch, und zwar in noch höherem Grade, als Kunstfreund, wenn er ausgezeichnete Musiker nach Baden-Baden zu ziehen trachtete."

Das Virtuosentum stand damals noch in ziemlicher Blüte, und was es von Sternen erster Größe in diesem Fach gab, fand sich nach und nach, zum Teil auch wiederholt, zu Baden-Baden ein. So erschienen, um einige der besten Namen jener Zeit zu nennen, Ernst, Ole Bull, Bohrer, Thalberg, de Beriot. An Sternen niederer Größe fehlte es nicht, das versteht sich von selber; da aber Baden nicht der Platz war, einen Ruf erst zu begründen, so richteten sie wenig oder gar nichts aus. Benazet öffnete die Säle in der Regel nur der bereits anerkannten Meisterschaft. Wenn er minder Bevorzugten etwas zu verdienen gab, so geschah es allenfalls bei den Riesenkonzerten oder sogenannten „Fêtes musicales", welche er zuweilen veranstaltete.

1   Großherzog Karl Friedrich. In seine Regierungszeit fällt die Wiederentdeckung von
      „Baden bei Rastatt".

2   Großherzogin Stephanie, die Adoptivtochter Napo-
     leons I.

3   Baden-Baden im Zeitalter der Romantik: Partie an der Oos.

„Messieurs, faites vos jeux!" Das älteste Bild des Spielsaals im Kurhaus (um 1830).

5   Ausfahrt in der Lichtentaler Allee (um 1840).

6   Friedrich Weinbrenners Kurhaus, die „maison de conversation", um 1840.

7   Der junge Franz Liszt begeisterte das von Virtuosen umschmeichelte fashionable Publikum des Badeorts. (Lithografie von C. Motte nach einer Zeichnung von Deveria)

8   Der magenleidende Giacomo Meyerbeer weilte mehrfach im Badeort. (Lithografie von Ligny nach einer Zeichnung von Maurin, 1836)

9   Der Kurgarten bei Nacht, Stich aus dem Biedermeier.

10   Der Spielbankpächter Jacques Benazet kam als 60jäh-
riger nach Baden-Baden und gab dem aufstrebenden
Erholungsort starke Impulse. (Porträt eines unbekannten Künstlers)

11   Die beiden Benazet-Villen hinter dem Kurhaus, ein Treffpunkt der Besucher Baden-Badens.

12   Villa Lewald in der Baden-Badener Altstadt. (Zeichnung von Gustave Courbet)

L'ÉTÉ A BADE

PAR M. EUGÈNE GUINOT

ILLUSTRÉ PAR

MM. TONY JOHANNOT, EUG. LAMI, FRANÇAIS ET JAQUEMOT.

Allée de Lichtenthal.

PARIS

FURNE ET COMP., ÉDITEURS	ERNEST BOURDIN, ÉDITEUR
RUE ST-ANDRÉ-DES-ARTS, 55.	RUE DE SEINE-ST-G., 51.

Et chez tous les Libraires de la France et de l'Étranger.

13 „Der Sommer in Baden-Baden". Titelblatt des Guinotschen Reiseführers, der in französischer Sprache erstmals 1847 in Paris erschien. Die Illustrationen von Tony Johannot machten Baden-Baden in ganz Europa bekannt.

Es würde zu weit führen, alle die anziehenden Mittel aufzuzählen, welche Benazet, ebenso klug als freigiebig, anwandte, um durch Musik, Schaugepränge, Sport usw. die Menge anzuziehen. Hier sei nur erwähnt, daß die Gräfin Merlin, die von den Kariben stammende Pariser Schriftstellerin, ihm während zweier Sommer als höchst wirksamer Lockvogel diente. Donna Mercedes war bei Tage in der Dämmerung hinter den geschlossenen Fensterblenden ihres Salons und abends bei Lampenschein immer noch eine schöne Frau, geistreich wie der leibhaftige Satan selbst und die vollendetste Meisterin in ihrem gesellschaftlichen Rollenfach, der feineren Gefallsucht. Die Legion ihrer Getreuen und deren Anhang folgte ihr von Paris nach Baden-Baden. Es gefiel ihr daselbst gar nicht übel. Für ihre prächtige Wohnung bezahlte sie nur dreißig Napoleons. Für ein Spottgeld versorgte sie Haug zum Salmen, welcher die Restauration im Konversationshaus übernommen hatte, mit dem täglichen Brot und mit dem Erforderlichen zur Bewirtung ihrer vielen Gäste. Sie wußte nicht oder stellte sich, nicht zu wissen, daß Benazet sowohl den Hausherrn als den Wirt schadlos hielt."

Man wirbt nicht mit Erfolg für ein nicht marktgerechtes Produkt. Benazet kannte die Unlust seiner Landsleute, ins Ausland zu reisen, wo man vielleicht sogar nicht ihre Sprache versteht. Folgerichtig tat er alles, um dem Städtchen, das er sich zum Schauplatz seiner Alteraktivität erkoren hatte, einen französischen Anstrich zu geben. Die einfachen Leute im Oostal legten ihre schlichte Schwarzwälder Tracht ab und kleideten sich französisch. Das Kinn der Kellner aus dem Hanauer Land, die man jetzt mit dem Ruf „Garçon!" an den Tisch zitierte, schmückte ein Bärtchen Henri III.; französisch waren die Menükarten in den neuen Hotels und die Fremdenliste des „Badeblatts".

Jacques Benazet, der korpulente Millionär, der sein Haar mit Chinawasser färbte, um jünger zu erscheinen, hatte den Blick fürs Ganze, der so vielen Unternehmern fehlt. Darum kümmerte er sich um Dinge, die mit der Spielbank direkt nichts zu tun hatten: Er gab Geld für die Regulierung der Oos und die Altstadt-Kanalisation, für das Armenbad und die Stichbahn von Baden-Baden nach Baden-Oos. 1839–42 ließ er vom Karlsruher Oberbaudirektor Heinrich Hübsch, dem Nachfolger Friedrich Weinbrenners, die Trinkhalle erbauen; sie war am frühen Morgen der Treffpunkt der Sommergäste, die hier Wasser aus verschiedenen Quellenorten fanden, aber auch Geißmilch trinken konnten, die ihnen ein Schweizer Senner darbot. Jacques Benazet engagierte eine Kapelle, die täglich auf der Promenade aufspielte. Sein Plan, im Oostal Thermen im antiken Stil zu errichten, scheiterte am Veto der Regierung in Karlsruhe, der die Dynamik des Zugereisten unheimlich wurde.

Für Baden-Baden wurde um diese Zeit auf dreifache Weise geworben. Die wohl effektivste Werbung im Inland waren die Bade-Korrespondenzen des „Morgenblatts" und der „Europa", die beide von Wilhelm Chezy mit Beiträgen beliefert wurden. In Frankreich wurde der Prachtband „L'été à Bade" (1847) des Publizisten Eugène Guinot mit den Illustrationen von Tony Johannot verkauft; Jacques Benazet ließ sich dieses Buch 60 000 Franken kosten. Zehn Jahre später, schon in der Ära des Spielbankpächters Edouard Benazet, veröffentlichte Jules Coignet in Paris seine Monographie „Bade et ses environs". Die dritte Reklameoffensive kostete die Spielbankpächter nichts; es war die der Reiseschriftsteller, die nach Baden-Baden kamen, weil der Ort schon einen Namen hatte und sie wußten, daß ihre Schilderungen das Lesepublikum interessieren würden.

Exkurs: Gérard de Nerval in Baden-Baden

Die Reisebeschreibung als literarische Gattung hatte um 1835 schon eine lange Tradition. Diente sie im 16. und 17. Jahrhundert vor allem der Information über fremde Länder und „wilde" Völker, so emanzipierte sie sich im ausgehenden 18. Jahrhundert zu einer Literatur sui generis. Subjektivität war gefragt: Lawrence Sterne, Nikolai M. Karamsin, Caspar Riesbeck und Johann Wolfgang von Goethe, Georg Forster und Johann Gottfried Seume hatten bald viele Nachfolger.

Die Reisewelle erreichte unmittelbar nach der Julirevolution Frankreich. Der unternehmungslustige Alexandre Dumas bereiste in den 1830er Jahren Südfrankreich, die Schweiz und das Rheinland. Seine drei Bände „Impressions de voyage – En Suisse" (1832–34) veranlaßte Tausende von Franzosen zu einer Reise in die Alpen. In „Les Bords du Rhin" (1840) schilderte er seine Eindrücke von einer Rheinreise, etwa gleichzeitig mit Victor Hugo, der sich in seinem Reisebericht wortmächtig über den Aachener und Kölner Dom sowie das Heidelberger Schloß ausließ. Dumas traf sich auf seiner Rheinreise mit seinem Mitarbeiter Gérard de Nerval; die beiden Autoren arbeiteten an einem Schauspiel über den Theologiestudenten Karl Ludwig Sand, der 1849 in Mannheim den Dramatiker August von Kotzebue erdolcht hatte. In den 1840er Jahren wurde das meist betont lebhafte und bis zur Outriertheit eigenwillige Reisefeuilleton für viele Schriftsteller – man denke an William M. Thackeray, Charles Dickens, Heinrich Laube oder Hans Christian Andersen – ein Medium der Selbstaussage, aber auch ein Mittel, vom eigenen Ruhm zu profitieren und bequem Geld zu verdienen. Die deutschen Reisefeuilletonisten beriefen sich gern auf Heinrich Heine; zu Unrecht, denn dessen „Reisebilder" bieten weniger Ortsbeschreibungen als Ideologiekritik.

Die reizvollste Schilderung Baden-Badens im Spätbiedermeier verdankt man dem Lyriker, Erzähler und Publizisten Gérard Labrunie, der sich als Schriftsteller Gérard und Gérard de Nerval nannte. Nerval war Pariser des Jahrgangs 1808. Sein Vater, von Beruf Militärarzt, hatte während des Rußland-Feldzugs Napoleons I. ein französisches Militärlazarett in Glogau geleitet; dort erlag seine junge Frau einer Infektion. Gérard de Nerval wuchs also ohne Mutter auf. Er suchte sie sein Leben lang und identifizierte endlich Schlesien, ja ganz Deutschland mit ihr. Der „Faust"-Übersetzer und geniale Dichter der „Töchter der Flamme", der sich im Januar 1855 in einer bitterkalten Pariser Winternacht in einer düsteren Gasse erhängte, war der entschiedenste Deutschenfreund unter den französischen Autoren seiner Generation. Heine verdankt ihm nicht wenig; wenn er, der nicht gut französisch schrieb, einer Pariser Zeitschrift rasch einen Originalbeitrag liefern sollte, wandte er sich häufig an den gutmütigen Nerval, „le bon Gérard", der ihm seinen deutschen Text dann rasch in sein betörend melodiöses Französisch übertrug.

Die Rheinreise von Dumas und Nerval fand im August und September 1838 statt. Nerval hatte mit Dumas ein Treffen in Frankfurt vereinbart, das er jedoch hinausschieben mußte, weil ihm schon auf der Anreise das Geld ausgegangen war. Da er auf Baden-Baden neugierig war, legte er die fünfzig Kilometer von Straßburg zu Fuß zurück. Lange Fußmärsche schreckten Nerval nicht. Auf seiner zweiten Deutschlandreise im Spätfrühling 1854 hat er wahrscheinlich die weite Strecke von Leipzig über Weimar nach Forbach in Lothringen auf Schusters Rappen zurückgelegt. Seine Reiseeindrücke veröffentlichte Nerval in Pariser Zeitschriften.

Der Bericht über seine Rheinreise von 1838 erschien erst 1852 in Buchform. Das Werk trug den Titel „Lorely" und gliederte sich in die Abschnitte „Vom Rhein zum Main",

„Erinnerungen an Thüringen, Rhein und Flandern" und „Holländische Feste". Es erregte wenig Interesse; Napoleon III. hatte die Macht an sich gerissen und verstand es, die Aufmerksamkeit der Franzosen täglich von neuem auf sich zu lenken, die Zeit der romantischen Rheinreisen war vorbei.

Gérard de Nervals Bericht ist darum so interessant, weil der Dichter in Baden-Baden einen ganz irrealen Ort, mehr oder weniger eine Kunstschöpfung sieht: „Die Straße, die nach Baden-Baden führt, ist geradlinig wie eine Eisenbahntrasse, die Landschaft, die wir durchqueren, einzigartig, alles ist bergig oder ganz flach, keine Hügel und keine Bodenerhebungen. Die Feldwege säumen Obstbäume, der General Bugeaud hätte seine Freude daran. Herrliche Wiesen. Streckenweise folgen wir dem Rhein, der zur Linken seine Schlangenlinien zieht. Als wir etwa die Hälfte des Fußmarsches hinter uns haben, erscheint am Horizont Fort Louis. Dann führt die Landstraße durch mehrere, recht häßliche Dörfer. Nun nähern wir uns endlich jenen violetten Bergen, die so nahe vor uns lagen, als wir sie vom Straßburger Festungswall herab betrachteten. Das sind die echten Schwarzwaldberge, und doch hat ihr Anblick nichts Erschreckendes. Aber wann werden wir Baden-Baden entdecken, die Hotelstadt, die an einem Berghang liegt, auf dem ihre Häuser immer höher klettern, wie eine Herde, die in der Ebene kein Futter mehr findet? Wird das berühmte Halbrund stattlicher Gebäude nicht schon vor unserer Ankunft auftauchen? Nein; wir werden von Baden-Baden nichts sehen, bevor wir dort ankommen.

Eine lange Allee italienischer Pappeln drängt sich wie ein Bühnenvorhang zwischen uns und diesen wunderbaren Theaterprospekt, der wie eine gestellte Szene aus einer Schäfer-Oper wirkt. Von einer anderen Stelle aus muß man dieses große Schauspiel genießen: Nehmt Eintrittskarten für das Kurhaus, bezahlt Euer Abonnement, laßt Euch eine Loge reservieren! Hier erst, mitten in den Wandelgängen Benazets, zu den Klängen eines Orchesters, das den ganzen Tag im Freien spielt, habt Ihr das ganze Baden-Badener Panorama, sein Tal, seine Berge. Allerdings nur, wenn der liebe Gott den Kronleuchter hell genug anzündet und die Kulissen ordentlich beleuchtet mit seinen schönen Sommersonnenstrahlen.

Dann, um der Wahrheit die Ehre zu geben und weil sich dieser Eindruck allsogleich aufdrängt: Die Natur wirkt hier ganz und gar künstlich. Die Bäume sind ausgeschnitten, die Häuser nur gemalt, die Berge sind weite, auf Gerüste gespannte Leintücher. Die Bauern sind Theaterbauern und kommen vom Schnürboden herab. Am Bühnenhimmel sucht man unwillkürlich einen Ölfleck, der die Menschenhand verraten und die Illusion zerstören könnte. Gerade hier denkt man an Heinrich Heine, der als Kind fest glaubte, alle Abende kämen Dienstboten, um die Wiesen wie Teppiche einzurollen, um die Sonne abzuhängen und die Bäume in einen Schuppen einzusperren. Und am frühen Morgen, bevor irgendein Mensch aufgestanden ist, werde alles wieder an seinen Platz gestellt, nachdem dienstbare Geister die Wiesen abgebürstet, die Bäume abgestaubt und die Himmelslampe wieder angesteckt hätten.

Übrigens stört nichts die Ruhe dieser kleinen, romanhaften Welt. Nicht auf einer gepflasterten, schmutzigen Straße gelangt man dorthin, sondern auf den Sandwegen eines englischen Gartens. Zur Rechten Gebüsche, ausgehauene Grotten, Einsiedeleien, sogar ein kleiner Teich, ein äußerst wertvoller Schmuck, wenn man bedenkt, welchen Seltenheitswert hier Wasser besitzt, verkauft man es doch im ganzen Land glasweise; zur Linken ein Bach (ohne Wasser), überwölbt von herrlichen Brücken, gesäumt von grünen Weiden, die nichts lieber möchten, als ihre Zweige in ihm zu baden. Bevor man die letzte Brücke überquert,

70

die zur Großherzoglichen Post führt, stößt man auf Baden-Badens eigentliche Geschäftsstraße, die Kolonnade. Eine breite Kastanienallee, in ihr die prächtigsten Auslagen: sächsische Leinwand, englische Spitzen, böhmisches Glas, Porzellan, Ware aus Indien, und so weiter. Alle Herrlichkeiten, die uns versagt sind, und die die Damenwelt Straßburgs sosehr entzückt, daß sie Zollfrevel begeht, gegen den unsere Behörden mit Eifer einschreitet . . .

Es ist Abend geworden. Undeutliche Gruppen irren durch die Laubgänge und eilen flüchtig über die Rasenhänge der Hügel. Im Kurhaus, das einen weiten, von Orangenbäumen eingefaßten Vorplatz hat, gehen die Lichter an, seine weißen Galerien heben sich ab vom prächtigen Hintergrund seiner Salons. Links liegt das Café, rechts ist das Theater, dazwischen erstreckt sich der riesige Ballsaal, dessen Kronleuchter so groß ist wie der in der Pariser Oper. Die Innenarchitektur ist vielleicht ein wenig klassisch, die Bildsäulen haben etwas Akademisches, die Vorhänge erinnern an das Kaiserreich, aber das Ganze ist glanzvoll und in der Menschenmenge, die sich da zusammendrängt, herrscht ein vornehmer Ton. Das Orchester spielt deutsche Walzer und Sinfonien; ein kleiner Mißklang sind die Rufe der Croupiers im Nachbarsaal . . .

Am Samstag, wenn der große Ball stattfindet, teilt man den Gesellschaftssaal durch eine Trennwand in zwei ungleiche Räume; der wesentlich größere ist für die Tänzer. Eingelassen werden nur Personen, die den Ball subskribiert haben. Sie können sich schwer eine Vorstellung machen von der Riesenzahl weißer Schultern – russischer, deutscher und englischer –, die ich an diesem Abend gesehen habe. Ich glaube kaum, daß irgendeine Stadt in Europa mehr Schönheiten zu bieten hat als Baden-Baden an diesen Gala-Abenden. Was das Aussehen angeht, so wetteifern Engländerinnen und Russinnen miteinander, während die Französinnen und die Deutschen lebhafter sind und größeren Wert auf gute Umgangsformen legen. Don Juan hätte hier in einer Stunde sein Register wie einen Menüplan zusammengestellt, um danach alle, die er eingetragen hat, der Reihe nach zu verführen.

Was soll ich noch von diesem Ball erzählen? Glücklich die Länder, in denen man im Sommer tanzt, während eine süß duftende Luft durch die Fenster dringt."

Gérard de Nerval verließ Baden-Baden Mitte September 1838, nachdem Alexandre Dumas ihm das für die Weiterreise benötigte Geld geschickt hatte. Er nahm die Post bis Iffezheim. Das Dorf in der Rheinebene hatte einen kleinen Hafen am Rhein, der Anlegestelle der neuen Dampfschifflinie Straßburg-Mannheim war. Die Fahrt mit dem Dampfschiff war unbequem, verkürzte aber die Reisezeiten beträchtlich; Nerval war schon in zwei Tagen in Frankfurt, wo ihn Dumas erwartete. Eine noch bedeutendere technische Errungenschaft als das Dampfschiff war die Eisenbahn. 1845 wurde, wie schon erwähnt, Baden-Baden Bahnstation. Sieben Jahre später, als Nervals „Lorely" erschien, legte man die Strecke Paris-Straßburg schon in zwanzig Stunden zurück. Das Zeitalter der Postkutsche ging zu Ende, die Zukunft gehörte dem Salon- und Schlafwagen. Honoré de Balzac, der 1845, von Bad Cannstadt kommend, eine Woche in Baden-Baden verbracht hatte, war noch auf ein Pferdegespann angewiesen. Eugène Delacroix, der im Spätsommer 1855 für fünf Wochen im „Holländischen Hof" abstieg, benutzte schon die Eisenbahn, die den Rhein bei Kehl auf einer Holzbrücke überquerte.

Krise und Dualismus: Edouard Benazet
und Augusta von Preußen

Aus zwei Gründen unterbrach das Jahr 1848 die stürmische Entwicklung Baden-Badens: Jacques Benazet starb und in Paris brach die Februarrevolution aus. Die Unruhen griffen auf Frankfurt und Berlin über, auf Wien und Budapest. Auch im Großherzogtum Baden rumorte es erheblich. Am 13. Mai 1848 proklamierten die badischen Demokraten in Offenburg die Republik. Großherzog Leopold floh ins Elsaß, in Karlsruhe bildeten bewaffnete Freischaren eine provisorische Regierung. Auch in Baden-Baden erklärten sich viele für die Republik und forderten die Einberufung eines deutschen Parlaments, Schwurgerichte und die Pressefreiheit. Von Frankfurt aus bat Großherzog Leopold das verbündete Preußen und Württemberg um Hilfe. Preußische Truppen besetzten das Land und nahmen die von den Republikanern verteidigte Festung Rastatt. Im August 1849 kehrte der Großherzog nach Karlsruhe zurück. Über die badischen Demokraten erging ein strenges Gericht. Viele landeten im Zuchthaus, andere wurden hingerichtet. Zahlreiche Anhänger der Revolution wanderten in den folgenden Jahren nach Amerika aus. Preußische Truppen hielten das Großherzogtum bis November 1850 besetzt. Badische Regimenter wurden zur Umerziehung in preußische Garnisonen verlegt. Die Bundesfestung Rastatt bekam eine österreichische Besatzung.

Die Preußen zogen wieder ab. In Karlsruhe versuchte ein neues Kabinett, die Staatsfinanzen zu sanieren; der Bürgerkrieg hatte Baden ruiniert. Im benachbarten Frankreich machte sich der Prinz-Präsident Louis Napoleon im Dezember 1851 durch einen Putsch zum Alleinherrscher; die Nation bestätigte am 21. und 22. November 1852 in einem Plebiszit mit überwältigender Stimmenmehrheit das Kaisertum Napoleons III. Der Diktator gelobte seinem Volk, er werde eine Friedenspolitik betreiben: „l'Empire c'est la Paix". Die großherzogliche Regierung schloß 1852 mit Edouard Benazet einen über fünfzehn Jahre laufenden Pachtvertrag für die Baden-Badener Spielbank. Dem jüngeren Benazet gefiel der klassizistische Stil seines Vaters nicht, den alle Kurhaus-Besucher ungehindert betreten konnten. Der Millionärssohn war in Paris aufgewachsen und kannte alle führenden Vertreter des „Beau Monde", der Lebewelt, zu der auch der Kaiser und sein Halbbruder, der Herzog von Morny, gehörten. Er wußte, daß viele Spieler ein Casino mit Clubcharakter wünschten, mit Spielsälen, von denen das große Publikum und erst recht die müßigen Gaffer ausgeschlossen waren. So ließ der neue Pächter das nie gut besuchte Theater im rechten Kurhausflügel abreißen und an seiner Stelle ein Casino mit größeren und noch prunkvolleren Räumen einrichten.

Der Pariser Innenarchitekt Charles Séchan, lange Zeit Chefdekorateur der Großen Oper in der rue Le Pelletier, inszenierte die Enfilade der neuen Spielsäle als historisches Schauspiel im Geschmack der jetzt Frankreich regierenden neuen Schicht. Der Spielbankbesucher betrat, nachdem er eine Rezeption durchschritten hatte, zunächst einen mit einer Glaskuppel und Marmorbecken geschmückten Wintergarten, dann den Roten Saal mit seinem prunkvollen Kamin. Es folgte ein intimes Boudoir in den Farben gold und creme, der „Salon Pompadour", dessen Hauptzierde eine große Spiegelgarnitur war. Der Rundgang endete im Grünen Saal, der Ballsälen in Florenz und im Schloß von Fontainebleau nachempfunden war. Schwere Kronleuchter erhellten den Grünen Saal, wenn hier an Ballabenden die Roulette-Tische beiseite geräumt wurden; das Orchester spielte in einer Muschel, die von der Decke herabschwebte. 1855 wurde die neue Spielbank Edouard Benazets mit einer Reihe rauschender Feste eröffnet, über die die Zeitungen ganz Deutschlands berichteten.

Als der „Kartätschenprinz" Wilhelm von Preußen im Revolutionsjahr 1849 seine in Baden-Baden untergebrachten Truppen inspizierte, logierte er bei einem Privatmann, der direkt neben dem Kurhaus ein stattliches Wohnhaus besaß. Dem Kriegsministerialsekretär Johann Friedrich Meßmer kam der Hausgast ungelegen; er hatte nicht nur Sympathien für die jetzt überall verfolgten Freischärler, sondern hielt in seiner „Maison" auch Waffen verborgen. Prinz Wilhelm fand jedoch an seinem Vermieter Gefallen und kam von nun an jedes Jahr wieder. Seine Frau, Prinzessin Augusta von Sachsen-Weimar, schwor auf ihre Baden-Badener Kräuterkur.

Politisch setzte das Großherzogtum Baden nach den unangenehmen Erfahrungen, die Großherzog Leopold mit eigenen, aufmüpfigen Untertanen gemacht hatte, ganz auf die preußische Karte. 1856 wurde in Karlsruhe die Vermählung des neuen Großherzogs Friedrich mit Prinzessin Luise von Preußen, der Tochter Wilhelms und Luisens, gefeiert. Fast vierzig Jahre lang ging um den 22. März herum am Fahnenmast neben der Maison Meßmer die preußische Königsflagge hoch; dann wußten die Baden-Badener, daß Wilhelm – seit 1858 Prinzregent, seit 1861 König von Preußen, ab 1871 Deutscher Kaiser – oder die energische, scharf urteilende Augusta in ihrer Sommerresidenz eingetroffen waren. Der Hohenzoller gefiel sich im jetzt weltbekannten Erholungsort in der Rolle eines bescheidenen Privatmannes, unternahm Spaziergänge in der Allee, ritt aus, fütterte Rehe und zeigte sich in der Bundesfestung Rastatt. Allerdings beaufsichtigte er von der Maison Meßmer aus auch die Berliner Regierungsarbeit und empfing in seinem Feriendomizil Minister, Staatssekretäre, Generäle und Gesandte. Otto von Bismarck besuchte schon in den Jahren, in denen er preußischer Gesandter in Frankfurt war, mehrmals den künftigen König in seiner Sommerresidenz.

Da alle europäischen Souveräne um 1860 viele Monate im Jahr Ferien machten und diese häufig in Badeorten verbrachten, verlagerte sich die Politik in den Sommermonaten aus den Hauptstädten in die Bäder. Ein Nachhall feudaler Gepflogenheiten war, daß jeder Herrscher, ob konstitutionell oder nicht, ein Lieblingsbad hatte. König Wilhelm von Preußen bevorzugte Baden-Baden und Bad Ems, wo er die preußische Rheinprovinz vor der Tür hatte, Kaiser Franz Joseph weilte am liebsten in Bad Ischl, die französische Kaiserin Eugénie hielt sich gern in Biarritz auf, der Herzog von Morny lancierte, nachdem er dort zuvor viel Bauland aufgekauft hatte, das Seebad Deauville. Zar Alexander II. richtete sich Jalta auf der Krim als Feriensitz her, kam aber auch, seinen württembergischen Verwandten zuliebe, nach Bad Wildbad. Die beherrschenden politischen Themen waren seit dem Pariser Frieden von 1856, der den Krimkrieg beendet hatte, die deutsche und die italienische Frage. Über die Zukunft dieser beiden Nationen wurde auch in den Baden-Badener Hotelsalons jahrelang heftig debattiert. Zur Lösung der deutschen Frage berief Napoleon III. im Juni 1860 einen Fürstentag ein. Die Gipfelkonferenz in Baden-Baden führte, wie so viele politische Treffen auf höchster Ebene, zu keinem greifbaren Ergebnis.

Der Spielbankpächter Jacques Benazet hatte nach 1838 zehn Jahre lang patriarchalisch über den Badeort im Oostal regiert, als unangefochtener Alleinherrscher. Nach 1850 änderten sich die Machtverhältnisse – zwanzig Jahre lang war die „Sommerhauptstadt Europas" eine Doppelmonarchie. Von der Maison Meßmer aus beäugte und kommentierte – nicht immer gnädig – die gescheite Halbrussin Augusta von Preußen das Badeleben. Nur dreihundert Meter von ihr entfernt, saß im Kurhaus Edouard Benazet, vom Scheitel bis zur Sohle der perfekte Kavalier und smarte Geschäftsmann der neuen napoleonischen

Ära, auf seinem Direktionssessel – Freund der tonangebenden Dandys, der Halbwelt, der Pariser Bühnenstars, Operndiven und der reisenden Virtuosen. Um Königin Augusta, die natürlich die Spielsäle im Kurhaus nicht betrat und sich von Benazet auch nicht zu Gala-Abenden einladen ließ, scharte sich ein Kreis von Hofdamen, unerreicht in ihrem Klassendünkel und in ihrer Sippentreue. Jeder Baden-Baden-Besucher von Rang machte Königin Augusta respektvoll seine Aufwartung und suchte dann Benazet auf, mit der Bitte, ihn mit Hortense Schneider oder Augustine Brohan bekanntzumachen. Zwischen den beiden Protagonisten der Baden-Badener Saison bestand ein geheimer Wettkampf. Augusta schenkte der Stadt nichts außer ihrer Huld und der Gunst ihres Besuchs; Benazet, der nach Anerkennung dürstete wie Napoleon III. nach außenpolitischen Erfolgen, rechtfertigte seine Spielbankgewinne durch großzügige Gaben. 1858 führte er in Baden-Baden den Turfsport ein. Da das Oostal für eine Rennbahn zu schmal war, verlegte er die Pferderennen in die Rheinebene. Bei Iffezheim hatte sein Neffe Jacques Dupressoir, ein leidenschaftlicher Jäger, den landschaftlich eindrucksvollsten Punkt ausfindig gemacht. Der Spielbankier kaufte das Gelände an und ließ an der Bahn eine Zuschauertribüne sowie zwei Pavillons – für fürstlichen Besuch und für die Rennleitung – errichten. Der Pariser Jockey Club, dem die bekanntesten Vertreter der internationalen Lebewelt angehörten, übernahm das Patronat über die Iffezheimer Bahn und überwachte die ersten Begegnungen zwischen französischem und deutschem Vollblut.

Ein Jahr später, im August 1859, weihte Kapellmeister Miloslaw Könnemann mit seinem Kurorchester den neuen Musikpavillon auf der Promenade ein. Auch er war ein Geschenk Benazets an seine Wahlheimat. Der Entwurf zu der reizvollen, heute leider verschwundenen Eisenkonstruktion stammte wiederum von Charles Séchan, das Holzgitterwerk war eine Arbeit des Baden-Badener Zimmermeisters Dieterle, der schon bei der Ausstattung der Spielsäle mitgeholfen hatte. In den Jahren 1860–62 finanzierte Edouard Benazet den Bau eines neuen Theaters, das der Pariser Architekt Charles Derchy entwarf. Der Bauherr ließ es der Maison Meßmer recht anzüglich vor die Nase setzen; es nahm Augusta auf ihrem Balkon die halbe Aussicht. Zur Einweihung des Theaters schrieb Hector Berlioz die Oper „Beatrix und Benedict" und dirigierte die Uraufführung am 9. August 1862. Auf Einladung Edouard Benazets gastierten von nun an in Baden-Baden Pariser Bühnen von Rang – das Théâtre-Français, die Italienische Oper, das Palais-Royal-Theater und die von Jacques Offenbach geleiteten Bouffes-Parisiens.

Um 1860 erreichte die Baden-Badener Belle Epoque ihren Höhepunkt. Die Stadt war jetzt das mondänste europäische Gesellschaftsbad. Die französischen Namen der Luxushotels am Saum der Oos – „Hotel de la Cour de Bade", „Hotel de la Cour de Russie", „Hotel de la Cour de France", „Hotel de l'Europe", „Hotel de la Cour d'Angleterre", „Stéphanie-les-Bains" – legten Zeugnis ab vom geschäftlichen Ehrgeiz ihrer Besitzer, die nicht nur Fürsten bei sich empfingen, sondern selbst Hoteliers-Dynastien bildeten. Französisch gaben sich auch die einfacheren Gasthöfe in der Umgebung des Leopoldplatzes, an der Sofienstraße und in der Altstadt: das „Eichhorn" nannte sich „Hotel de la Licorne d'or", der „Ritter" „Hotel du Chevalier d'or" und die „Sonne" „Hotel du Soleil". Bauphysiognomisch glich sich Baden-Baden den Pariser Vororten im Seinetal an, in denen die Begüterten ihre Sommerwohnungen hatten – Passy, Auteuil, Louveciennes, Saint-Germain.

Das neue Baden klebte nicht mehr, wie noch von Gérard de Nerval geschildert, am Hang des Schloßbergs. Die

Stadt war über den Ring ihrer abgetragenen Mauern weit hinausgewachsen und dehnte sich bis Lichtental aus (das noch immer Beuern hieß). Die Talsohle füllte sich mit Privathäusern. Hinter der neuen protestantischen Stadtkirche, zu deren Bau der Spielbankpächter wiederum einen stattlichen Beitrag leistete, entstand ein neues Viertel, dessen frostiger Dünkel jeden Hauch von fränkisch-alemannischer Gemütlichkeit verscheuchte. Noch in abgelegenen Seitentälern – etwa im Tiergarten-Viertel – wuchsen Atelierwohnungen und elegante Cottage's aus der Erde.

Edouard Benazet verbrachte, wie sein Vater, den Winter in Paris oder im Süden, um sich zu erholen und neue Anregungen zu holen. Im Frühjahr kehrte er an seinen Schreibtisch zurück. Das Pariser Druckhaus Hachette druckte das Baden-Badener Veranstaltungsprogramm. Um 1865 erschienen im Badeort drei von Benazet gegründete Zeitschriften: die „Illustration de Bade", die „Chronique de Bade" und der „Mercure de Bade". Alle diese Blätter waren reich illustriert und sind heute eine ikonographische Fundgrube; man kann in ihnen die Bräuche und Bedürfnisse der Oberen Zehntausend des Zweiten Kaiserreiches gut studieren, natürlich auch die Frisuren und Krinolinen der Damen, die in den Tuilerien und am Hof von Compiègne verkehrten und einen Teil des Sommers in Baden-Baden verbrachten. Zu ihnen gehörte die Gräfin Stéphanie de Tascher de la Pagerie, die in ihren Erinnerungen „Mon Séjour aux Tuileries" (Paris, 1893) nicht ohne Zurückhaltung die Festlichkeiten und Bälle der Baden-Badener Sommersaison 1858 geschildert hat, auch einen Zusammenstoß mit der taktlosen Fürstin Egon von Fürstenberg.

Benazets Zeitschriften wurden in Baden-Baden redigiert, aber in Straßburg, wo zweisprachige Setzer zur Verfügung standen, gedruckt. Der wichtigste publizistische Helfer des Spielbankpächters war der Marseiller Kaufmannssohn Joseph Méry, den wir schon als Mitarbeiter der „Europa" kennengelernt haben. Méry, geboren 1797, hatte als brillanter Feuilletonist in Frankreich einen nicht ganz so bekannten Namen wie Jules Janin, Theophile Gautier und der Spötter Alphonse Karr, war aber doch dank seiner unzähligen Artikel jedem französischen Zeitungsleser ein Begriff. Er hatte 1820 seine ersten Gedichte in der Marseiller Zeitschrift „Le Phecéen" veröffentlicht und war mit siebenundzwanzig Jahren nach Paris gegangen. Zusammen mit Béranger und Heine gehörte er zu den ersten, die dem von den letzten Bourbonen mit Schweigen übergangenen Kaiser huldigten; sein Versepos „Napoleon in Ägypten" und schwungvoll-bissige Satiren gegen die nächsten politischen Mitarbeiter Karls X. machten ihn rasch bekannt.

Nach Marseille zurückgekehrt, schrieb er den ersten seiner sechzig Romane, „Die grüne Mütze", und italienische Reiseeindrücke, „Scènes de la vie italienne" (1837), die an Lebhaftigkeit mit denen Alexandre Dumas' wetteiferten. Méry war ein unermüdlicher Schreiber, ein unerschöpflicher Causeur und ein leidenschaftlicher Schach- und Glücksspieler. Als die Pariser Spielsäle 1838 aufgehoben wurden, zog es ihn in die deutschen Casinos; er hielt sich in Aachen, Ems, Schwalbach und Wiesbaden auf, reiste bis nach Hamburg und Stockholm und folgte in den 1850er Jahren einem Ruf Edouard Benazets nach Baden-Baden.

Der Südfranzose stand nicht nur auf gutem Fuß mit allen seinen provenzalischen Landsleuten, die sich in Paris als Literaten durchgesetzt hatten, mit Léon Gozlan, dem Bewunderer Balzacs, mit Nestor Raqueplan, der zeitweise die Große Oper leitete, mit Eugène Guinet, der das Buch über Baden-Baden geschrieben hatte, mit Amédée Achard und den einst berühmten Komödiendichtern Henri Meilhac und Ludevic Halévy, den beiden Offenbach-Librettisten, die sich so gern in Baden-Baden aufhielten; er war auch eng befreundet mit Alexandre Dumas und Gérard de Nerval und hatte gute Beziehungen zu zeitgenössischen Stars wie der Rachel. Er liebte Baden-Baden fast so sehr wie Marseille. Seine in Baden-Baden entstandenen Erzählungen verraten romantische Freude an der „couleur locale" und viel Detailwissen – eine hat die Klosterruine Allerheiligen im Schwarzwald zum Schauplatz, eine andere schildert das Büßerleben der Markgräfin Augusta Sibylle in Schloß Favorite. Die mondäne Zeitschrift „l'Illustration de Bade" füllte Méry, dem man auch Libretti zu Opern von Rossini und Verdi verdankt, wohl auf Weisung Benazets, dem Diskretion über alles ging, nicht mit Gesellschaftsklatsch und Spielbank-Eindrücken, sondern vorwiegend mit kulturhistorischen Skizzen und pittoresken Bildern aus dem Großherzogtum Baden. Mit persönlichem Engagement verfocht der Marseiller, der 1866 in Paris starb, die Sache der deutsch-französischen Freundschaft. In seiner „Hymne an den Rhein", die 1865 in der Vertonung des Komponisten Ernest Reyer im Kurhaus uraufgeführt wurde, erteilte er der Kunst den Auftrag, die beiden Völker zu einen.

Der Korso der Kurtisanen

Dank der Bemühungen Edouard Benazets war Baden-Baden um 1865 der sommerliche Korso Europas. Unter den Eichen und Mammutbäumen der Lichtentaler Allee ergingen sich schon am frühen Morgen Könige und Botschafter, Amazonen trabten am Herrensitz vorüber. Snobs lenkten eine Schimmel-Troika. Im Umkreis der Trinkhalle spazierten Engländerinnen, das Milchglas in der Hand, in ihren heitersten Toiletten, der russische Adel traf sich im Kurpark, der Promenade; unter den Kolonnaden hatten einst wandernde Händler Handschuhe und böhmische

Geigen feilgeboten, jetzt verkaufte hier der weltbekannte Juwelier Mellerio Schmuck von unschätzbarem Wert. An warmen Spätsommerabenden soupierten die Mitglieder des Pariser Jockey Clubs im Licht der Gaskandelaber vor dem Kurhaus; ihre Freundinnen bedeckten unterdessen Benazets Roulettetische mit Zwanzig-Franken-Stücken. Der Napoleon d'or war die in Baden-Baden am meisten geschätzte Währung.

In der Hochsaison gaben sich jetzt 60 000 Besucher ein Stelldichein im Tal der Oos. Die Stadt bot in ihren Umrissen schon das uns heute vertraute Bild: Sie war eine Villensiedlung im Grünen mit nur wenigen Verkehrsachsen und Durchfahrtsstraßen. Die meisten Häuser in den neuen Vierteln gehörten Ortsfremden und waren Zweitwohnungen. Gewöhnlich umgab sie ein Garten mit einem Dienerhaus und Stallungen, oder ein größerer Park. Eine Eigentümlichkeit Baden-Badens waren die vielen Chalets; man zählte etwa hundert Schweizerhäuser. Die klassizistischen Schlösser auf den Anhöhen um Baden-Baden waren in russischem Besitz. Die in Baden-Baden tätigen Architekten bauten wie zwei Jahrzehnte später ihre Kollegen in Cannes und Arcachon – nach den Vorstellungen und Wünschen ihrer Kunden, die reich und kapriziös waren. So prägte eine verwirrende Stilvielfalt die Bautätigkeit; man kann in den verschiedenen Baden-Badener Stadtvierteln Schlösser im Tudor-Stil entdecken, Villen mit maurischen Elementen, Hôtels particuliers im Louis Treize-Stil und englische Landhäuser. In Alleenähe hatte der französische Pressemagnat Emile de Girardin seinen Sommersitz. Wie er kaufte sich das spätere Akademie-Mitglied Maxime Du Camp in Baden-Baden an.

Es ging turbulent zu in der Schwarzwald-Sommerfrische, die sich jetzt offiziell Baden-Baden nannte, damit sie niemand mit stillen Nestern wie Baden bei Wien oder Baden bei Zürich verwechselte. Die Gäste kamen nicht mehr allein aus Moskau, Berlin und Paris, sondern auch, wie der Fremdenliste des „Badeblatts" zu entnehmen, aus Südamerika, Java, Persien, von Mauritius und St. Helena. Da die Herren nach der strengen damaligen Mode abends alle Frack trugen, fielen die Damen in ihren von der Kaiserin Eugénie wieder lanzierten Krinolinen im mondänen Treiben besonders auf. Ein elegantes Abendkleid von Worth kostete ohne den obligaten Kaschmirschal leicht 10 000 Franken, also zweihundert Monatsgehälter eines Landarbeiters. Die Hauszeitschrift der Spielbank, die „Illustration de Bade" schrieb: „Die Promenade von Baden-Baden ist das Longchamp der internationalen Damenmode. Die vier Ecken des Globus steuern Originelles, Elegantes, ja sogar Bizarres bei. Sie finden hier den erlesenen Geschmack und die höchste Eleganz, die in Paris herrschen. Alle Flüsse strömen ins Meer und alle hübschen Frauen gehen nach Baden-Baden."

Vom Hochbalkon der Maison Meßmer aus beobachtete Königin Augusta von Preußen die Luxusentfaltung auf der Promenade und äußerte ihr Mißfallen. Sie selbst empfing bei sich nur die allerhöchsten Kreise und beendete ihre Soireen Punkt zehn Uhr. Um diese Zeit fingen die Bälle Edouard Benazets gerade an. Adlige Damen aus Norddeutschland waren darüber empört, daß bei der Wagenparade in der Lichtentaler Allee die Luxus-Kokotten aus dem Pariser Trinité-Viertel ihnen den Rang abliefen. Baden-Baden sei das El Dorado der Halbwelt, las man immer häufiger in Romanen und Zeitungsartikeln.

Zu Lebzeiten des älteren Benazet waren die beiden bekanntesten europäischen Kurtisanen die Tänzerin Lola Montez, die Freundin des Bayernkönigs Ludwig I., und die ‚Kameliendame' Alphonsine Plessis gewesen. Die zur Gräfin Landsfeld erhobene Schottin, die eigentlich Maria Dolores Gilbert hieß, kurte ohne ihren Beschützer in Baden-Baden. Alphonsine Plessis, die Tochter eines Kesselflickers aus der Normandie, war mit Baron von Stackelberg liiert, dem ehemaligen russischen Gesandten am Hof von Neapel. Er war ein Habitué Baden-Badens. Alphonsine's Anmut, ihre tadellosen Manieren und die Fama von ihrer erotischen Intensität lockten viele Männer an, unter ihnen Franz Liszt und Alexandre Dumas fils. Im Februar 1846 heiratete Alphonsine Plessis, die sich Marie Duplessis nannte, in London den Grafen Edouard de Perregaux. Sie war um diese Zeit schon lungenkrank. Renommierte, aber unwissende Ärzte verschrieben ihr eine Kur in Spa oder Baden-Baden. Sie besuchte beide Orte im Spätsommer 1846. Ihr Zustand verschlimmerte sich. Sie starb im Winter 1847, gerade dreiundzwanzig Jahre alt. Franz Liszt schrieb mitleidsvoll: „Wenn ich an sie denke, erklingt in meinem Herzen ein geheimnisvoller Akkord aus einer antiken Elegie."

Zufall oder nicht – die große Zeit Baden-Badens, die beiden Jahrzehnte des Zweiten Kaiserreichs, war auch die große Zeit der Kurtisanen. Nie zuvor hatte in Europa die ihre Reize vermarktende Frau eine vergleichbare gesellschaftliche Rolle gespielt. Es gehörte in einigen Schichten nahezu zum guten Ton, sich für eine Kokotte zu ruinieren. Daß das süße Leben der Pariser Roués und ihrer Mätressen gerade im Zeitalter Napoleons III. in aller Munde war, hatte drei Ursachen. Erstens glitt Frankreich, worauf schon hingewiesen wurde, nach 1851 in eine Hochkonjunktur hinein, die erst 1867 abflachte und zwei Jahre später in eine Rezession umschlug; diese Rezession ist die tiefere Ursache des Zusammenbruchs des Zweiten Kaiserreichs wie der Baden-Badener Badeherrlichkeit. Zweitens knebelten seit den frühen 1850er Jahren Maulkorbgesetze die Pariser Presse. Es war unmöglich, an der Person des Kaisers und seiner abenteuerlichen Außenpolitik Kritik zu üben. Indem nun die gewitzteren Pariser Journalisten das amoralische Leben der Luxuskokotten und ihren Konsumrausch anprangerten, schlugen sie der Zensur ein Schnipp-chen; indirekt kritisierten sie das Regime und seine Reprä-sentanten. Drittens war in den 1860er Jahren offenkundig, daß Preußen mehr als nur die Vormacht in Deutschland anstrebte. Wenn zahlreiche preußische Publizisten das französische Dirnenunwesen geißelten und bei dieser Ge-legenheit auch gern die französisch geleiteten Spielbanken in Baden-Baden und Bad Homburg als Lasterhöhlen be-zeichneten, so hatte diese moralische Entrüstung einen po-litischen Hintergrund: wer Paris als ein heilloses Sünden-babel darstellte, wer andeutete, Frankreich sei innerlich brüchig und die französische Oberklasse haltlos und deka-dent, der untermauerte den Berliner Anspruch auf eine Führungsrolle auf dem europäischen Kontinent.

Nahezu alle namhaften Pariser Kokotten, die inter-national bekannt waren, verbrachten einen oder mehrere Sommer in Baden-Baden. Sie folgten dem Beispiel der Montez und der Plessis und trugen Künstler- bzw. Kriegs-namen. Die Tischlerstochter Marie-Ernestine Antigny nannte sich Blanche d'Antigny. Die aus Rom stammende Giulia Beneni, die ihre Pariser Wohnung gelegentlich Da-men der Gesellschaft für heimliche Rendezvous überließ, war als La Barucci bekannt; zu ihren Verehrern gehörte Napoleon III. und der Herzog von Windsor, der spätere König Edward VII.. Eine besonders auffallende Erschei-nung war die Engländerin Cora Pearl, die eigentlich Eliza Emma Crouch hieß und um 1835 in Plymouth als Tochter eines Musiklehrers zur Welt gekommen war. Einen Auf-enthalt Cora Pearls in Baden-Baden hat Heinrich Berl in seiner Biographie Napoleons III. geschildert: „Im Som-mer hielt ein ganzer Troß von Wagen und Pferden, livrier-ten Lakaien und geschminkten Zofen seinen Einzug im Tale der Oos. Man zählte zwölf Reit- und Wagenpferde und ein halbes Dutzend Equipagen. Eine Schar von jun-gen Kavalieren und alten Roués begleitete in respektvoller

Entfernung den Zug. Draußen am Eingang des Tiergartens machte der glanzvolle Aufzug halt. In diesem Landhaus würde die hohe Dame für den Sommer residieren. Die Lakaien beeilten sich, die Wagentür zu öffnen. Die Dame trug ein Reisekleid im Stil der Kaiserin Eugénie. Sie schritt halb kokett, halb würdevoll durch die geschmückten Tore ihrer Residenz. Wer diese vornehme Herrscherin war?

Einige kannten sie: es war Madame Cora Pearl, die Lorette vom Seinestrand, die ihre Hofhaltung zwischen Paris und Baden-Baden wechselte, und die alles in den Schatten stellte, was das Paris des Zweiten Kaiserreichs repräsentierte – nicht zuletzt den Kaiser selbst. Ging in Paris und Baden-Baden nicht das Wort, daß sie in ihrem Schlafgemach mehr Prinzen empfangen habe als Napoleon in den Tuilerien? Madame Cora wußte, daß Liebe kein Gegenstand sei, den man verschenkte. Zehntausend Francs war eine Norm für die hohe Aristokratie. Ein regierender Herzog schenkte ihr eine massiv silberne Schüssel, angefüllt mit Juwelen und Gold. Aber Madame Cora war gewohnt, daß man ihr mindestens kleine Schlösser verehrte.

An den Spieltischen zu Baden verlor sie das Geld so leicht, wie sie es in ihren Gemächern gewonnen hatte. Allein in einer Ecke wartete ein Kavalier, der noch nicht vollkommen ausgeplündert war.“

Mit Miss Pearl wetteiferte auf Edouard Benazets Festen die Kokotte Léonide Leblanc, die man „Mademoiselle Maximum“ nannte. Sie hatte, wie einst die Kameliendame Alphonsine Plessis, keine Schule besucht. Mit vierzehn Jahren entwich sie ihrem proletarischen Zuhause in Paris und nahm sich ein Zimmer in Belleville. Der Direktor des Theaters von Belleville engagierte sie für jugendliche Rollen. Eines der ersten Stücke, in dem sie auftrat, war eine Komödie über den großen Verführer des französischen Rokoko-Zeitalters, den Herzog von Richelieu. Die

Hauptrolle spielte ein authentischer Bühnenstar, Virginie Déjazet. Am Ende der Aufführung überreichte Léonide im Namen aller Kollegen der Déjazet einen Blumenstrauß, der so groß war, daß sie ihn kaum schleppen konnte. Sie bot dabei einen so niedlichen Anblick, daß das Publikum frenetisch applaudierte. Die Déjazet bemerkte: „Das Kind hat alles, was man braucht, um in einer Kutsche ans Ziel seiner Wünsche zu gelangen!" Sie irrte sich nicht, wenn auch ein bissiger Zeitungsschreiber später schrieb: „Fräulein Léonide fuhr nicht mit der Kutsche, sondern mit der Eisenbahn, und zwar im Liegewagen."

Léonide Leblanc eroberte Paris von den Brettern her. Mit siebzehn Jahren gehörte sie bereits zum Ensemble der damals angesehensten Pariser Privatbühne, des Variétés-Theaters. Von den Variétés wechselte sie zum Vaudeville im Börsen-Viertel und zum Gymnase. Direktor Montigny vom Gymnase war von ihr so beeindruckt, daß er ihr sogleich einen Dreijahres-Vertrag gab. Léonide kannte um diese Zeit schon den führenden jungen Bühnenautor (das war Victorien Sardou) und den prominentesten Kritiker (er hieß Francisque Sarcey), aber es genügte ihr nicht, „la Coqueluche", der Keuschhusten, sprich: Liebling von Paris zu sein. Sie dürstete nach Abenteuern und ging auf Reisen.

1861 kam sie zum erstenmal nach Baden-Baden. 1863 gewann sie in Homburg 270 000 Francs. Im Spätsommer sprengte sie in Baden-Baden zweimal die Bank, was ihr ungeheure Publizität eintrug. Sie war um diese Zeit die Geliebte des schon genannten Herzogs von Aumale, der sich von der pikant-knabenhaften Alice Ozy getrennt hatte. Der Herzog war, wie sein von Franz Xaver Winterhalter gemaltes Porträt beweist, einer der schönsten Männer seiner Zeit. Überdies war er als ein Orleans und Anwärter auf den französischen Thron neben Victor Hugo der bekannteste französische Emigrant.

In diesem Jahr hatten die Baden-Badener Hoteliers mehr Sorgen als Einkünfte. Preußen bezwang Österreich bei Königgrätz und liquidierte den Deutschen Bund. Das Großherzogtum Baden war in einer heiklen Lage, seine Sympathien waren mit Österreich, aber das badische Heer war preußisch organisiert und wurde von preußischen Generalen befehligt. Im Oostal fanden sich im Sommer nur 35 000 Gäste ein. Großherzog Friedrich schloß mit dem siegreichen Preußen ein Bündnis. In Paris forderte die bürgerliche und republikanische Linke vom Kaiser Rache für die Schmach von Sadowa. Die führenden Zeitungen schürten von nun an die antipreußische Stimmung. Am politischen Himmel zogen Gewitterwolken auf.

Während des Krieges 1870/71 ging die Leblanc nach England und trat in Wohltätigkeitsveranstaltungen zugunsten französischer Kriegsgefangener auf. Die Dritte Republik gestattete dem Herzog von Aumale die Rückkehr. Léonide Leblanc unterhielt jetzt einen Salon und trat im Pariser Odéon in der „Hochzeit des Figaro" von Beaumarchais in der Rolle des Cherubin auf. Die Gräfin spielte Marie Colombier. Diese Marie Colombier – auch sie gleichzeitig Schauspielerin und Kurtisane – und nicht Joseph Méry war die Chronistin der letzten, wilden Jahre der Baden-Badener Belle Epoque.

Marie Colombier stammte, wie Léonide Leblanc, aus kleinen, ja obskuren Verhältnissen. Ihre Mutter stammte aus dem Weiler Auzances im Departement Creuse. Dort ließen sich nach 1840 viele politische Flüchtlinge aus Spanien nieder, Anhänger von Don Carlos. Einer von ihnen, ein gewisser Martinez, verführte Fräulein Colombier, die, mit Schande beladen, nach Paris aufbrach. Ihre Tochter Marie ließ sie in Auzances zurück, wo sie bei ihrer Großmutter aufwuchs. Später durfte sie nach Paris nachkommen. Ihre Mutter gab ihr eine erstklassige Berufsausbildung; Marie absolvierte das Konservatorium und verließ es mit einem ersten Preis im Fach Tragödie. Die Weichen für eine glänzende Theaterlaufbahn waren gestellt. Aber Marie verfiel dem Konsumrausch ihrer Zeit. Sie wollte 20 000 Franken im Monat ausgeben, nicht als Debütantin an der Comédie-Française oder am Odeon 12 000 Franken in drei Jahren verdienen. Sie war intelligent, jung, hübsch; sie nahm sich Liebhaber, die ihr den Luxus bieten konnten, den sie brauchte. Auf das Theater verzichtete sie nicht ganz. Eine Saison lang spielte sie in dem Kostümstück „Die Jugend König Heinrichs IV.". Dann trat sie im Gaîté-Theater auf. Der Melodramatiker Adolphe d'Ennery hatte Miltons „Verlorenes Paradies" für die Bühne bearbeitet. Marie Colombier übernahm die Rolle der Eva; sie trat als eine der ersten Pariser Schauspielerinnen nackt, nur mit einer blonden Perücke bekleidet, vors Publikum, und erregte Sensation. Ganz Paris sprach von der blonden Eva der Gaîté.

Marie Colombier hat drei Bände Erinnerungen hinterlassen. Im ersten Band, den sie „Fin d'Empire" überschrieb, schilderte sie ihren ersten Baden-Baden-Aufenthalt im Sommer 1864. Nichts, meint sie in ihrem Buch, könne von dem Überschwang der Baden-Badener Spätsommertage eine Vorstellung geben; man habe sich damals alljährlich in der ersten Septemberhälfte in einem Rausch des Vergnügens befunden: „C'était la fantaisie et la folie des kermesses de jadis, revivant pour quelques jours sous le ciel clément de Bade." Im Badeort, so Marie Colombier, seien alle Rangunterschiede weggefallen und die Etikette habe keine Rolle gespielt – die Frauen von Stand hätten von den Kokotten zu lernen versucht, wie man sich vorteilhaft zurechtmacht, die Dienerinnen der Liebe seien so hoheitsvoll wie Fürstinnen aufgetreten. Die Damen von Welt hätten bei ihrer Ankunft im Schwarzwald ihre Prüderie und ihren Kastenstolz abgelegt und mit Künstlerinnen und Kurtisanen freundschaftlich verkehrt. Alles habe sich verschworen, „um aus Baden-Baden den wundersamen Ort zu machen, an dem die Prinzen mit den Bacchantinnen unerhört üppige, unglaublich extravagante Feste feierten".

Marie Colombier nennt die Namen der Lebemänner, die sich 1864 an der Oos trafen. Die aktivsten Viveurs seien August Herzog von Hamilton und sein Bruder, Carlo Marquis Douglas gewesen. Zwei Einheimische also: August und Carlo waren zwei Enkel der Großherzogin Stephanie, deren jüngste Tochter Marie den schwerreichen Schotten William Douglas geheiratet hatte; Augusts und Carlo's hübsche Schwester Marie wurde fünf Jahre später die Gattin des Fürsten Albert I. von Monaco.

Zum Kreis um Hamilton und Douglas gehörten auf französischer Seite der Herzog von Richelieu, der Herzog von Clermont-Tonnerre, der Fürst von Talleyrand-Périgord, der Herzog von Montmorency sowie Guy, Louis und Léon Turenne. Den napoleonischen Adel vertraten Paul Daru, Prinz Murat und der Herzog von Rivoli. England war durch den Prinzen von Wales vertreten, durch den Herzog von Marlborough, der kein größeres Vergnügen kannte, als sich bei Mondlicht nackt an ein Fenster zu legen und Flöte zu spielen, und Lord Carrington. Zu Augusts und Carlo's österreichischen Freunden zählte Erzherzog Victor, ein jüngerer Bruder Kaiser Franz Josephs. Der Habsburger fiel durch seine vorstehenden Hasenzähne auf, sein Begleiter Fürst Esterhazy durch seine Turfleidenschaft. Über unbegrenzte Barmittel verfügte der bayerische Fürst von Thurn und Taxis, während Fürst Hohenlohe und die drei preußischen Radziwills – Sigmund, Karl und Leo – kürzer treten mußten. Das Hauptkontingent der Baden-Badener Fêtards stellte das Zarenreich. Marie Colombier kannte die meisten von ihnen von Paris her – den Fürsten Trubetzkoi, den Fürsten Narischkin, den Fürsten Urusow, den Fürsten Menschikow, der vierspännig fuhr, und seinen Schwager Fürst Gagarin, der am Oosufer ein Landhaus besaß, das heute ein Café ist. Vorwiegend in Paris lebte der wegen seiner Obszönität berüchtigte Graf Demidow.

Alle diese verwöhnten Söhne aus gutem Hause waren, wenn sie Ende August in Baden-Baden aufkreuzten, entschlossen, das Städtchen auf den Kopf zu stellen. Die Halbweltdamen, die ihnen dabei Gesellschaft leisteten, waren Cora Pearl, Caroline Letessier, Giulia Barrucci, Blanche d'Antigny, die Zola zu seinem Roman „Nana" inspirierte, die reizende Léontine Massin, die Wassilij Narischkin aushielt, die Gioia, eine prachtvoll gewachsene blonde Lombardin, die die Geliebte des Kronprinzen Umberto von Savoyen war und Fräulein Marconnet, die derselbe Umberto zur Gräfin von Bari mit der Anrede „Königliche Hoheit" machte.

Marie Colombier beschreibt in „Fin d'Empire" einige der Feste und Orgien, an denen sie teilgenommen hat. Ihr Bericht zeigt, daß Edouard Benazet der eigentliche Nutznießer der vergnügten Baden-Badener Nächte war; auf den Bällen im Spielcasino waren Marie und ihre Freundinnen in ihrem Element. Spielverluste der Damen trugen als Kavaliere ihre Begleiter, Gewinne wurden sofort unter den Kolonnaden in Schmuck angelegt. Der Champagner floß, und bei Tagesanbruch warfen die beschwipsten Millionärssöhne die Orangenbäume vor dem Kurhaus um. Carlo Douglas, den Hut voller Goldstücke, die er beim Roulette gewonnen hatte, klopfte betrunken an die Tür der Maison Meßmer und rief: „Aufmachen! Ich bin reich! Ich will mit meiner Tante schlafen!" Die Tante war Königin Augusta von Preußen.

1867 blühte der Welttourismus wie nie zuvor. Nahezu alle gekrönten Häupter reisten nach Paris und besuchten dort die Zweite Weltausstellung und Jacques Offenbachs kleines Bouffes-Parisiens-Theater. Baden-Baden trauerte um Edouard Benazet, der auf einer Erholungsreise an der Riviera gestorben war. Die Spielbankpacht übernahm sein Neffe Jacques Dupressoir, ein ehemaliger französischer Offizier, doch stand schon fest, daß das Casino im Kurhaus spätestens 1872 aufgehoben würde. 1868 trugen sich 56 000 Gäste in die Baden-Badener Hotelbücher ein, 1869 sogar 62 000; es war das beste Ergebnis in der Geschichte des Erholungsorts. Das Jahr 1870 begann vielversprechend. Jacques Dupressoir hatte bei Hachette in Paris einen reizenden, mit über achtzig Gravüren geschmückten Führer drucken lassen. Das Baden-Badener Programm für die Saison sah zehn Gastspiele der Pariser Italienischen Oper vor, neun Aufführungen des Odéon-Theaters, zehn weitere Opernabende und zwölf Ballettaufführungen. Jacques Dupressoir hatte an nichts gespart und nur die besten Künstler eingeladen – aus Paris und Mailand, Madrid und Lissabon, London und Moskau.

Doch die glanzvollen Soiréen fanden nicht statt. Im Januar hatte Napoleon sich von vertrauten Mitarbeitern trennen und ein liberales Kabinett bilden müssen. Im Frühjahr erschütterten Streiks, die ersten seit langer Zeit, die französische Provinz. Bismarck betrieb die Kandidatur eines katholischen Hohenzollern für den spanischen Thron. In Frankreich fühlte man sich eingekreist und bedroht. Thiers, Favre und Gambetta forderten den Krieg gegen Preußen. „Wir werden ein Volk von achtunddreißig Millionen Gefangenen sein", schrieb Edmond About in einer Pariser Abendzeitung, „wenn sich diese Nachricht als wahr erweist. Sie wird falsch sein, wenn dies unser Wille ist. Aber ist die französische Regierung noch eines Willens fähig?" Edmond About war einer der geschätztesten Modeautoren; sein Roman „Trente et Quarante", ein Bestseller auch in Deutschland, spielte großenteils in Baden-Baden. Napoleon, desillusioniert und krank, beugte sich dem Druck der Kriegspartei, zu der auch die Kaiserin

Eugénie gehörte. Sein Gesandter Benedetti stellte König Wilhelm von Preußen beim Morgenspaziergang auf der Promenade von Bad Ems. Der König ließ sich auf kein Gespräch ein und verwies den Diplomaten an die Regierung in Berlin. Bismarck formulierte den Text der Emser Depesche Wilhelms so, daß der Konflikt unausweichlich wurde. Napoleon III. ließ Drohungen Taten folgen und erklärte Preußen am 19. Juli 1870 den Krieg. Am 2. September kapitulierte die Festung Sedan, und der Kaiser der Franzosen ging in deutsche Kriegsgefangenschaft.

Aus Baden-Baden flohen die französischen, russischen, englischen Sommergäste. Es war mehr als nur die Saison verloren. Im Herbst 1872 verließ Jacques Dupressoir den Ort seines Wirkens. Letzter Spieltag war der 31. Oktober 1872, der letzte Wurf brachte die Ziffer neun und die Farbe rot. Der riesige Aubusson-Teppich im Roten Saal wurde eingerollt. Die Croupiers-Elite wanderte nach Monte Carlo aus. Sechzig Jahre lang schliefen die Benazet-Säle im Kurhaus wie Dornröschen. Baden-Baden war von nun an nur noch ein Heilbad unter vielen.

„Ich bin zu einem Zigeunerdasein verurteilt"

Russen in Baden-Baden

Der Rastlose: I. S. Turgenjew

Dem Namen Turgenjew begegnet man schon in altrussischen Chroniken. Ein Urahn des Dichters, Iwan Sergejewitsch Turgenjew, wurde vom falschen Zaren Demetrius enthauptet. Ein anderer, Jakow Turgenjew, schnitt am Neujahrstag des Jahres 1700 auf Geheiß Peters I. den versammelten Bojaren die Bärte ab. Ein Nachkomme des Bartabschneiders diente der Zarin Anna als Page und war später Staatsrat. In den Jahren nach Napoleons Sturz machten sich zwei Turgenjews als behutsame politische Reformer einen Namen. Sergej Nikolajewitsch, der Vater Iwans, war Kürassieroffizier, ein gutaussehender Mann. Sein Grundbesitz war bescheiden; er besaß nur einhundertdreißig Seelen. Die viel ältere Warwara Petrowna Lutowinowa heiratete er ihres Reichtums wegen – ihr gehörten zwanzig Güter mit mehr als fünftausend Leibeigenen. Das ungleiche Paar, I. S. Turgenjew hat es in seiner Novelle „Erste Liebe" beschrieben, lebte auf Schloß Spasskoje unweit von Mzensk an der Ssuscha.

Die Turgenjews hatten drei Söhne, die zuerst Ammen anvertraut, dann von Privatlehrern erzogen und endlich nach Moskau ins Internat des Herrn Weidenhammer geschickt wurden. Iwan Sergejewitsch bezog mit fünfzehn Jahren die Universität Moskau, studierte Literatur und Philosophie und verbesserte seine Kenntnisse des Russischen, Englischen, Französischen und Deutschen. Die vielen Reisen von Mzensk nach Moskau und St. Petersburg führten dazu, daß sich der hochgewachsene Junge mit den träumerischen blauen Augen, den hohen, „tatarischen" Backenknochen und dem weizenblonden Schopf früh entwurzelt fühlte. Das Gefühl, allein dazustehen, wurzelte auch in Iwans Abscheu vor der launischen und autoritären Mutter, die wenig Liebe gab.

Das Gefühl des Fremdseins und der Entwurzelung, aus dem die große bürgerliche russische Literatur hervorging, teilte Iwan mit vielen jungen Standesgenossen. Die russische Oberschicht war um 1840, wenn es irgend ging, auf Reisen. Beständig wechselte man vom Landgut in die Stadtwohnung und wieder zurück. Überall umgaben sich die Adligen mit Ausländern – mit englischen Fräuleins, deutschen Gutsverwaltern, französischen Erziehern, welschschweizerischen Vorleserinnen und Gesellschaftsdamen. Häufig tat die Herrschaft so, als beherrsche sie die Sprache der Dienstboten und der Bauern, das Russische, nur noch mit Mühe; bei Tisch gingen die Grundbesitzer mitten im Satz aus der Landessprache ins Französische oder Deutsche über. Ein Hauptthema der Unterhaltungen waren Erbschaftsprobleme; da die Güter meist ganz zerstreut lagen und die Familien auch Onkel und Tanten, Großonkel und Großtanten, Neffen und Nichten umfaßten, waren die Erbschaftsregelungen kompliziert; sie nährten in den Sippen heftige Auseinandersetzungen und sich über Jahrzehnte hinschleppende Feindschaften. Auch war um diese Zeit noch in den liberalsten russischen Familien die Erziehung Dressur, ein Abrichten nach rein äußerlichen Gesichtspunkten. Die Folgen waren in vielen Adelsnestern fühlbar: Die Söhne waren verstört, machten im Pupertätsalter heftige seelische Störungen durch, wandten sich von ihren Eltern ab und suchten sich anderswo Idole. Iwan Turgenjew begeisterte sich als Student in Petersburg für Alexander Puschkin, in dem er die Poesie inkarniert sah. Puschkin, bekannte er dreißig Jahre später, sei für ihn in seiner Jugend, wie für viele seiner Altersgenossen, so etwas wie ein Halbgott gewesen. Er begegnete dem Vorbild nur zweimal – einmal in der Wohnung eines Freundes, ein anderes Mal bei einem Konzert. Nach den Begegnungen stand sein Ziel fest – er wollte nicht Gutsherr, sondern Literat und Dichter werden, zuvor aber Westeuropa kennenlernen. 1838 ging Turgenjew nach Berlin, wo er Vorlesungen über Geschichte, klassische Philologie und Philosophie belegte: „Ich stürzte mich Hals über Kopf in das ‚deutsche Meer‘, das mich reinigen und erneuern sollte, und als ich endlich aus seinen Wellen wieder auftauchte, war ich ein ‚Westler‘ geworden und blieb es für immer.“

Als Hegelianer kehrte Iwan S. Turgenjew 1841 nach Moskau zurück, bestand dort die philosophische Magisterprüfung mit „sehr gut“ und träumte nun von einer Dozentur. Als die angestrebte Berufung nicht erfolgte, nahm er im Petersburger Innenministerium eine unbezahlte Beamtenstelle an. Er versah seinen Dienst nach dem Urteil seiner Vorgesetzten „sehr schlecht und nachlässig“, fehlte häufig unentschuldigt und nahm schon 1845 seinen Abschied. Dem sechsundzwanzigjährigen Kollegiensekretär im Ruhestand I. S. Turgenjew wurde gnädigst die Ausreise nach Deutschland gestattet. Den Vorwand für die Dienstaufkündigung bot ein Augenleiden, das Turgenjew in Deutschland oder in den Niederlanden kurieren wollte. Tatsächlich litt der junge Rentier aber an Liebeskummer, und dies schon seit dem Herbst 1843, als er im Petersburger Bolschoi-Theater die spanische Sängerin Pauline Viardot-Garcia gehört und kennengelernt hatte.

Da Iwan Turgenjew von 1845–83 mit dem Ehepaar Viardot eine recht pariserische „ménage à trois“ führte, ziemt sich ein Wort über Monsieur Louis Viardot. Er gehörte dem Jahrgang 1800 an, entstammte einem großbürgerlichen Haus, hatte Jura studiert und 1823 an der militärischen Intervention Frankreichs in Spanien teilgenommen.

Der distinguierte Pariser lebte als Privatgelehrter seinen Neigungen. Er sammelte alte Bilder, schrieb ein grundlegendes Werk über die maurische Kultur in Spanien, übersetzte den „Don Quijote" ins Französische und übernahm 1838 aus Liebhaberei die Direktion des Pariser „Théâtre Italien", das damals neben dem Teatro San Carlo in Neapel und der Scala in Mailand das beste Opernhaus der Welt war. Die Primadonna der Bühne, die Malibran, war zwei Jahre zuvor im Alter von nur achtundzwanzig Jahren gestorben. Seither spielte ihre jüngere Schwester Pauline die Rosina, die Anna, die Norma und die Cenerentola. Die Malibran, Prototypus der romantischen Diva, hatte sich verströmt und war ihren Leidenschaften erlegen. Pauline war aus ganz anderem Holz als ihre Schwester. Bei ihr überwog die ratio das Gefühl, sie hatte Familiensinn, liebte Kinder, pflegte Freundschaften und Beziehungen, war nicht nur Künstlerin, sondern auch Intellektuelle und Frau von Welt. 1840 heiratete sie den grandseigneurialen Viardot. Er gab die Intendanz ab und kümmerte sich fortan um die Karriere seiner Frau. Die Viardots führten ein exemplarisches Familienleben. Sie besaßen eine Stadtwohnung in Paris und einen Landsitz in der Brie, Schloß Courtavenel. Wenn die Koloratursopranistin auf Gastspielreisen ging und in London oder Berlin auftrat, hütete Louis Viardot den Nachwuchs, die vier Kinder, die sie ihm geboren hatte.

Pauline Viardot-Garcia war dreiundzwanzig Jahre alt und auf dem Höhepunkt ihrer Laufbahn, als sie in St. Petersburg ihr erstes Gastspiel gab und ihr der Ministerialbeamte Turgenjew vorgestellt wurde. Für die verwöhnte Sängerin war der junge Kanzlist, Verfasser bläßlicher Poeme, keine aufregende Bekanntschaft; das „Tout-Paris" lag ihr zu Füßen. Turgenjew aber weihte der temperamentvollen Spanierin sogleich einen wahren Kult. Frau Viardot war über den Eifer ihres neuen Verehres gerührt; sie lud ihn nach Frankreich ein. Der russische Bär verbrachte den Sommer 1844 in Paris und Courtavenel, kehrte im Mai des folgenden Jahres, nun schon Kanzleisekretär a. D., zu den Viardots zurück und hielt sich bis 1850 im westlichen Ausland auf. Auf Schloß Courtavenel entstand der größere Teil der Skizzensammlung „Aufzeichnungen eines Jägers", die ihn in seiner Heimat als Schriftsteller bekanntmachte.

1850 hielt sich Iwan Sergejewitsch längere Zeit in Rußland auf, weil seine Mutter schwer krank war. Ende November starb Warwara Petrowna in ihrem Moskauer Heim. Turgenjew an Pauline Viardot: „Meine Mutter ist gestorben, ohne für irgend etwas vorgesorgt zu haben; sie hat die vielen Existenzen, die von ihr abhingen, man kann sagen: auf der Straße liegenlassen; wir müssen nun tun, was sie hätte tun sollen. Ihre letzten Tage sind sehr traurig gewesen. – Behüte Gott uns alle vor einem solchen Tod. Sie suchte nur, sich zu betäuben: am Abend vor ihrem Tod, als das Röcheln der Agonie schon begann, spielte auf ihren Befehl im Nebenzimmer ein Orchester Polkas. Man schuldet den Toten Respekt und Mitleid, deshalb werde ich Ihnen nichts weiter schreiben." Iwan fuhr nach Spasskoje und nahm das Gut in Besitz. Er war nun ein wohlhabender Mann. Die Ernte in Spasskoje erbrachte selbst in schlechten Jahren den Gegenwert von 25 000 Franken; davon konnte ein Junggeselle mit Kind (Turgenjew hatte von einer Leibeigenen eine Tochter Pelageja, die er „Paulinette" rief und in Frankreich erziehen ließ) gut leben. 1852 verurteilte das autokratische Regime Zar Nikolaus I. Iwan Sergejewitsch wegen eines Artikels über Gogol, der liberale Ansichten enthielt, zu einer einmonatigen Haftstrafe. Nach ihrer Abbüßung wurde er auf sein Gut verbannt, durfte Petersburg nicht betreten und auch nicht ins Ausland reisen. Besseres hätte ihm nicht widerfahren können. Obwohl ihm in Spasskoje ja nichts abging – außer Teegesprächen mit Pauline und Jagdpartien mit Monsieur Viardot – galt er nun allen Regimegegnern als politisch Verfolgter; eine Gloriole umgab ihn, seine Erzählungen und Romane stießen auf wachsendes Interesse. Das Schicksal, Rußland nicht verlassen zu dürfen, teilte der Dichter mit vielen Standesgenossen, denn Rußland stand ja im Krieg mit England, Frankreich und dem Osmanenreich. Nach dem Ende des Krimkriegs gehörte Iwan Sergejewitsch zu den ersten, die einen Paß beantragten und auch erhielten. Ab Sommer 1856 lebte er im Westen, meist in Frankreich, wo er die Gastfreundschaft der Viardots in Anspruch nahm. Es begannen glückliche Jahre: Er war frei, Gut Spasskoje verwaltete ein Verwandter, und die Viardot-Kinder sahen in ihm einen Spielgefährten. „Es geht mir hier sehr gut", schrieb er am 25. September 1856 von Schloß Courtavenel aus einem Bekannten, dem Grafen Leo Nikolajewitsch Tolstoi: „Ich bin mit Menschen zusammen, die ich aufrichtig liebe, und von denen ich geliebt werde." Auch der Empfänger dieses Briefes, der den Westen noch nicht kannte, trug sich mit Reiseplänen und setzte sie im folgenden Jahr in die Tat um.

Für den Grafen Leo Tolstoi war das Reisen eine Erfahrung neben vielen anderen – keineswegs die wichtigste. Iwan Sergejewitsch Turgenjew hingegen verschrieb sich nach 1856 dem Reisen – das Unterwegssein wurde sein Lebensinhalt. Der Verfasser von „Ein Adelsnest" liebte seine russische Heimat – aber nur aus der Ferne. Er brauchte den Westen, er wollte deutsche, französische, englische Laute hören, die Geräusche der Eisenbahnen und Dampfschiffe entzückten ihn, häufiger Ortswechsel entsprach seinen innersten Neigungen. Wer reist, auch mit Tochter, Gouvernante, Diener, Hund, ist mit sich allein; da sind zuviele Eindrücke, die die Mitreisenden nicht im gleichen Augenblick und in der gleichen Form haben. Auch muß einer, der unterwegs ist, unablässig kleine Entscheidungen treffen, hier ein Gepäckstück aufgeben, dort ein Zimmer vorbestellen oder einen notwendigen Gegenstand kaufen. Planen, umdisponieren – Turgenjew genoß diese Tätigkeiten. Sie stimulierten ihn. Sie scheuchten ihn aus seiner angeborenen Schlaffheit auf. Mit Lust, das verraten seine Briefe, traf er Verabredungen an diesem und jenem Ort. Das Hauptvergnügen des Reisens war jedoch das Ankommen, den Genuß von Bequemlichkeit nach einer strapaziösen Fahrt, das Wechselbad von Eintreffen und Weiterfahren. Aber bei aller Ungebundenheit und Muße, die er auf Kosten seiner nicht mehr leibeigenen, aber durch Pachtverträge an ihr Dorf gebundenen Muschiks besaß, wäre Iwan Sergejewitsch doch unzufrieden, ja unglücklich gewesen, hätte sein ambulantes Leben nicht einen festen Punkt gehabt – die Liebe zu Pauline Viardot.

1861 wurde die Sängerin vierzig Jahre alt. Ihre Stimme war nicht mehr der drei Oktaven umspannende Mezzosopran, der einst die Kritiker und das Publikum der großen Opernhäuser begeistert hatte. Pauline brach ihre Bühnenlaufbahn ab und widmete sich mit der ihr eigenen Energie neuen Aufgaben: Sie trat als Konzertsängerin auf, scharte Schülerinnen um sich und komponierte. Da sie das Verblassen ihres Ruhms nicht in Paris erleben wollte, überredete sie ihren Mann dazu, aus Frankreich wegzugehen. Louis Viardot, stets Kavalier, deckte den Rückzug seiner Frau mit der Behauptung, er könne als Republikaner den Talmiglanz des Second Empire nicht länger ertragen. Im August 1853 ließen sich die Viardots in Baden-Baden nieder. Sie erwarben unweit der Lichtentaler Allee im Tiergartenviertel ein zweistöckiges, hölzernes Schweizerhaus, das ein Engländer 1857 für sich erbaut hatte. Das Cottage umgab ein großer Garten. Für das leibliche Wohl der sechsköpfigen Familie – Louis, Pauline und die Kinder Louise, Claudie, Marie-Anne und Paul – sorgten vier deutsche Dienstboten.

Pauline hatte Iwan Sergejewitsch aufgefordert, gleich-falls nach Baden-Baden zu ziehen. Er folgte diesem Ruf mit der ruhigen Treue eines Bernhardiners. Zunächst mie-tete sich der Romancier bei dem Ofensetzer Georg An-stett, Schillerstraße 277, ein. Georg und Minna Anstett zogen sich in das Obergeschoß ihres anspruchslosen Do-mizils zurück und überließen Turgenjew und seinem Be-diensteten die Zimmer im Erdgeschoß. Neben der Maison Anstett war ein kleines Freigelände; hier stand ein hüb-sches Holzhaus, eine Datscha, die Iwan Sergejewitsch zum Sinnieren und Träumen benutzte – zwei Beschäfti-gungen, denen er sich bei seiner Neigung zur Wehmut gern und ausgiebig hingab.

Baden-Baden war 1863 ein Ort der Kontraste. Im Haus Anstett gab es keinerlei Luxus, aber wenn ihn die Lust dazu überkam, konnte Turgenjew im nahen Hotel „Sté-phanie-les-Bains" wie in guten Pariser Lokalen speisen. Zu den Viardots auf dem anderen Oosufer waren es zu Fuß nur etwa sieben Minuten: Iwan Sergejewitsch machte den Weg täglich, meist schon am frühen Nachmittag. Tags-über tollten die Viardotkinder im Garten herum und scheuchten Enten, Hühner und Tauben, abends nach dem Essen hielt Pauline Cercle. Es kam hochgestellter Besuch; die Hausherrin parlierte in vielen Sprachen, Monsieur Viardot hielt sich im Hintergrund, gab aber stets eine gute Figur ab. Die Harmonie der „ménage à trois" störte kein Mißton. Louis Viardot besaß eine Bildersammlung und unterrichtete Turgenjew über neue Strömungen der fran-zösischen Malerei; er hatte Russisch gelernt und bemühte sich, Turgenjews Romane in Frankreich bekanntzuma-chen. Im Frühherbst waren Viardot und Turgenjew Gäste von Monsieur Dupressoir, der „directeur de chasse". Dann jagten sie im Umkreis der Iffezheimer Rennbahn Fasanen, und Iwan Sergejewitsch vergaß für ein paar Stun-den seine Kreuzschmerzen und Melancholieanfälle.

Das Leben in der Kleinstadt stellte die unruhige und mondäne Pauline vor Probleme. Sie war nicht ganz ausgefüllt. Wie gern hatte sie viele Menschen um sich! Aber das Schweizerhaus war zu eng für viele Gäste. So ließ Louis Viardot auf dem Gartengelände eine Orgelhalle, auch Tonhalle genannt, errichten. Hier gab sie nun in der Saison Hauskonzerte. Nichts hatte in Baden-Baden einen größeren Ruf als die Matinéen bei Madame Viardot. Sie selbst sang Arien von Gluck, den sie besonders schätzte, ihre Schülerinnen trugen Kompositionen von Mozart, Rossini und dem jungen Gounod vor. In der Tonhalle drängten sich nur illustre Gäste – dafür sorgte Pauline, die nur einlud, wer einen Namen hatte – die Kaiserin Eugénie (trotz ihrer angeblichen Antipathien gegen Napoleon III.), das preußische Königspaar, den Großherzog und seine zierliche, resolute Frau, die Herzogin von Hamilton, Stephanie's Tochter, Graf Bismarck, Richard Wagner, Gustave Doré, Theodor Storm, die „fine fleur" der kosmopolitischen europäischen Adelsgesellschaft. Unter den Konzertbesuchern saßen einige Male auch, stumm und gehemmt, der vergessene Herwegh und der liebenswürdige Journalist und Zeichner Ludwig Pietsch, der die Profile aller Anwesenden auf den mitgebrachten Skizzenblock warf. Die Frauen trugen auf schweren Frisuren, die viel zu ihrer sinnlichen Ausstrahlung beitrugen, leichte Hüte aus Stroh mit malerischen Bändern; die hellen Toiletten gaben sich ländlich-einfach und waren sündhaft teuer.

In Paris, Wien und Berlin triumphierten die Offenbach-Operetten; auch im Baden-Badener Theater wurden die musikalischen Schwänke, Fabeln und Satiren des quicken Rheinländers gern gespielt. Pauline, die stets mit der Zeit ging, schrieb zum Amüsement ihres Kreises kleine Salonoperetten. Sie wurden in einem kleinen Theaterchen uraufgeführt, das der mit den Plänen seiner Frau stets einverstandene Monsieur Viardot neben der Orgelhalle hatte er-

richten lassen. In ihren „Erinnerungen" schilderte Eugenie Schumann, eine Tochter Clara Schumann-Wiecks, eine
Premiere im Baden-Badener Tiergartenviertel: „Ein großes Ereignis war der Bau eines hübschen, kleinen Theaters
im Garten der Villa. Vermutlich sollten die zahlreichen
Schüler dort die ersten Bühnenstudien machen oder aber
veranlaßte stets reger Tatendrang den Bau; jedenfalls ver-
lebten Mitwirkende und Zuhörer in demselben reizende,
unvergeßliche Stunden. Madame Viardot schrieb selbst die
Musik zu mehreren Operetten mit Texten von Turgenjew,
wobei sie die verschiedenen Rollen den Mitwirkenden auf
den Leib zuschnitt. Ich erinnere mich reizender Duette
für die zarten Stimmen der beiden Mädchen, einer komi-
schen Arie für den achtjährigen Knaben Paul, einzigen
Sohn des Hauses, die er mit solcher Virtuosität und Keck-
heit vortrug, daß er die Zuhörerschaft elektrisierte. In der
Operette ‚l'Ogre' spielte Turgenjew den Menschenfresser,
die Schüler wirkten teils als Solisten, teils den Chor bil-
dend mit. Seitwärts, am Klavier, saß Madame Viardot und
leitete von dort die ganze Vorstellung. Alles riß sich um
eine Einladung zu diesen Aufführungen."

Im Tiergartenviertel schaltete und waltete Pauline Viardot-Garcia wie eine Herrscherin, aber ihr Reich endete an
der Oos. Auf der anderen Seite des Flüßchens, im Vorort
Lichtental, residierte, gleichfalls in einem Landhaus, eine
andere weltbekannte Künstlerin – die Pianistin Clara
Wieck, die Witwe des 1856 in einer Heilanstalt in Ende-
nich bei Bonn verstorbenen Komponisten Robert Schumann. Pauline las die wichtigsten Neuerscheinungen,
sprach mehrere Sprachen, besaß in Paris eine Stadtwohnung, die sie nicht benutzte und ließ bei den besten Cou-
turiers arbeiten; es fiel ihr nicht schwer, die Frau von Welt
und überlegene Persönlichkeit zu spielen. Clara Wieck
stand allein und lebte von den Einnahmen ihrer Konzerte,
war also, was damals überaus selten war, ganz selbständig.

Die Klaviervirtuosin stand der Viardot an Energie und Umsicht nicht nach, war aber obendrein noch von einem starken, ja verbissenen Ehrgeiz, den sie, wie ihre Lebenstüchtigkeit, ein wenig tarnen mußte; sie interpretierte in ihren Konzerten ja fast nur romantische Musik, so erwartete das Publikum von ihr Überschwang und Gefühlsseligkeit, die ganz und gar nicht in ihrer Natur lagen. Auch Clara war, wie Pauline, von einer großen Kinderschar umgeben, auch vor ihrem Haus fuhren Luxusequipagen mit königlichen Wappen vor, und auch sie hatte einen Hausfreund. Er hieß Johannes Brahms und wohnte etwa sieben Gehminuten von ihr entfernt in einem schindelgedeckten Haus, Lichtental Nr. 136, heute Maxilmilianstraße 85.

Die Sächsin und die Spanierin hätten sich als Rivalinnen ignorieren oder verabscheuen können; sie waren so klug, Freundschaftsgefühle zu heucheln, besuchten sich gegenseitig und zogen dabei eine große Schau ab, wie Eugenie Schumann in ihren Erinnerungen festhielt: „Eines Tages, als ich gerade bei meiner Mutter war, wurde Madame Viardot-Garcia gemeldet. Ich hatte sie wohl als Kind öfters gesehen, aber an diesem Tag sah ich sie zum ersten Mal als Erwachsene, und empfing von ihrem Wesen den bleibenden Eindruck. Herein trat eine hochgewachsene, elegante Dame, nach der neuesten Mode, aber dunkel, gekleidet. Sie lief auf meine Mutter zu, umarmte sie stürmisch und küßte sie auf beide Wangen und schickte den Kuß in die Luft, wobei sie ausrief: ‚Mein Klärchen! Mein Klärchen!' Das war mir etwas Neues; mit gespannter Aufmerksamkeit betrachtete ich sie; ich sah ein längliches Gesicht, ein Paar dunkler, fast chinesisch geschlitzter, kurzsichtiger Augen, eine wohlgeformte, gerade Nase mit auffallend großen Nasenlöchern, und einen sehr beweglichen Mund, der sich während der Unterhaltung und beim Lächeln oft zuspitzte und der rechts und links grübchenartige Vertiefungen zeigte. Unter dem Hute sah schwarzes, krauses

Haar hervor, an den Ohren hingen große, goldene Reifen. Schön war das Gesicht nicht, ich fand es sogar häßlich, aber es hatte einen fremdartig prickelnden Reiz, der den Blick nicht wieder losließ. Selbstsicher und weltgewandt trat sie auf, lebhaft und energisch in jeder Bewegung, geistvoll und eigentümlich ihre Ausdrucksweise! Unverwüstlicher Lebensdrang, Lust am Leben, an Tätigkeit und Bewegung sprachen aus der ganzen Erscheinung."

Gern erging sich Turgenjew im Park hinter dem Viardotschen Schweizerhaus, den ein kleiner Bach durchfloß und der an ein steil aufragendes Stück Wald grenzte. Die Viardotkinder tollten mit Hunden und Puppen durch das Gebüsch. Iwan Sergejewitsch ertappte sich dabei, daß sein Blick häufig, allzu häufig auf der elfjährigen Claudie haftete, einem charmesprühenden kleinen Mädchen, das die klugen, manchmal ironischen Antworten einer Pariserin gab. Claudie zeichnete gern; ihr Vater sorgte dafür, daß sich ihr Talent entwickelte. Für die muntere Viardottochter war der noch nicht fünfzigjährige russische Dauerbesucher ein Greis; schneeweißes Haar umrahmte sein faltiges Gesicht mit den breiten Backenknochen.

Von Turgenjew ging eine große, innere Ruhe aus, milde betrachteten seine mattblauen, hinter einem Kneifer verborgenen Augen das Weltspektakel, die Schopenhauerschen Alpträume, die ihm die Nächte verdüsterten, behielt er für sich. Die sinnlichen Erregungen, die ihn in seiner Jugend beunruhigt hatten, hatte er in sich unterdrückt: Er wollte passiv und reif sein, ein Mann ohne Passionen, aber mit Anschauungen. In Erregung geriet der gichtige Hüne nur, wenn russische Besucher an seine Tür klopften und von ihm wissen wollten, warum er sich im Schwarzwald erhole, anstatt der geistige Führer der Studenten von Moskau und Petersburg zu sein, die immer nachdrücklicher Reformen forderten. Oder wenn Kollegen wie F. M. Dostojewski, die ihm Geld schuldeten, ihm grob kamen und ihn mit ihren in seinen Augen rückständigen, panslawistischen Ideen peinigten.

Obwohl er oft erst spät in der Nacht, mit einer kleinen Laterne bewaffnet, das Haus Viardot verließ und in die Schillerstraße zurückstapfte, zwang er sich zu regelmäßiger Schreibtischarbeit. Mit „Väter und Söhne" (1862) hatte er sich in seiner Heimat endgültig durchgesetzt – die Anklage gegen den Nihilismus der jungen Generation fand ein starkes Echo. Im Haus Anstett schrieb Turgenjew den Roman „Dunst". Er wählte Baden-Baden zum Schauplatz der Handlung und porträtierte die in ihrer Mehrheit adligen russischen Sommergäste, die er traf, wenn er von der Schillerstraße am „russischen Baum" unter den Kolonnaden vorbei zum Marxschen Lesesaal ging: „Übrigens nahm alles seinen gewohnten Gang. Das Orchester im Pavillon spielte das Potpourri aus ‚La Traviata', einen Walzer von Strauß und die russische Romanze ‚Skazite ej', die der gefällige Kapellmeister selbst instrumentiert hatte. In den Spielsälen drängten sich um die grünen Tische dieselben schon allen bekannten Figuren, mit jenem stumpfen, aber zugleich gierigen, weder Verwunderung noch Bestürzung verratenden Ausdruck, den das Spielfieber selbst den aristokratischen Zügen zu verleihen pflegt; ein halbdicker, mit geckenhafter Eleganz gekleideter Gutsbesitzer aus dem Gouvernement Tambow schüttete mit fiebriger Hast Geldhaufen auf alle Quadrate des Rouletts . . . Am russischen Baum versammelten sich wie gewöhnlich unsere liebenswürdigen Landsleute; modisch und üppig gekleidet kamen sie heran und begrüßten sich gegenseitig hoheitsvoll oder auch ungezwungen, wie es sich eben für Persönlichkeiten schickt, die die höchste Stufe der Bildung ihrer Zeit erklommen haben. Doch nachdem sie zusammengekommen waren und sich gesetzt hatten, wußten sie nicht mehr, worüber sie reden sollten, und so unterhielten sie sich, indem sie abgedroschene Redensarten zum Besten

106

gaben oder äußerst anzügliche Späßchen aufwärmten."

Der Roman „Dunst" mißfiel in Rußland. Turgenjew wurde in Zeitschriften scharf angegriffen. Bisher war er auch nur ein Sommergast gewesen, ein russischer Grundbesitzer, der den Ertrag seiner Ernten im Ausland verzehrte. Nicht anders als die unter dem russischen Baum miteinander plaudernden Staatsräte und Generalinnen profitierte er von einem System, das ihm legalen, unbegrenzten Devisentransfer und den Bauern ewige Armut bescherte. Jetzt aber empfand er sich mehr und als nicht mehr zum System gehörig – ohne doch im Westen festen Fuß gefaßt zu haben. Es war kein gutes Gefühl, das ihn da öfters heimsuchte und reizbar machte, wenn er mit russischen Intellektuellen zusammenkam. Mit I. A. Gontscharow, dem Dichter und Weltreisenden, der ihn in Baden-Baden besuchte, verstand er sich gut, auch mit dem Lyriker F. I. Tiutschew und seinem bewährten Freund P. W. Annenkow. Aber zu einem ernsten Zusammenstoß kam es 1867 mit Fjodor Michailowitsch Dostojewskij.

Der Autor der „Armen Leute" hatte das Luxusbad im Tal der Oos auf seiner ersten Europareise im Jahr 1862 kennengelernt. Sein Interesse galt vor allem den Spielsälen Edouard Benazets – Dostojewskij war ein ebenso engagierter Glücksspieler wie der junge Leo Tolstoi. Im Sommer 1863 kehrte er des Roulettes wegen nach Baden-Baden zurück. Auf seiner dritten Auslandsreise 1865 lieh er bei Turgenjew, um Spielschulden zurückzuzahlen, fünfzig Rubel. 1867 führte ihn die Hochzeitsreise mit seiner zweiten Frau Anna Grigorjewna noch einmal in den Schwarzwald. Sie waren vor Gläubigern ins Ausland geflohen und reisten vier Jahre lang durch Deutschland, die Schweiz, Österreich und Italien. Baden-Baden war nur eine Zwischenstation. Das Paar stieg zunächst im bescheidenen Gasthof „Le Chevalier d'or" ab; der Dichter trug sich als „Leutnant mit Gattin aus Petersburg" in die Fremdenliste ein. Das war am 4. Juli 1867. Dann mieteten sie über einer Schmiede in der Gernsbacher Straße zwei Zimmer. Dostojewskij verbrachte den Tag und die Abende im Kurhaus, verlor, borgte, verlor erneut, versetzte, was er nur versetzen konnte, bei Pfandleiher Moppert: seinen Pelz, ein Paletot, ein grünes und ein fliederblaues Kleid, eine Spitzenmantille. Die neunzehnjährige Anna Grigorjewna unternahm Spaziergänge, während ihr Mann am Spieltisch saß und alle Höhen und Tiefen der Spielerexistenz durchmaß. Sie war kaum weniger heftig als ihr Fedja, machte ihm grimmige Vorwürfe, wenn er mittellos nach Hause kam und schrieb, als sie Baden-Baden verließen, zornig in ihr Tagebuch: „ich war glücklich, daß wir endlich von dieser verfluchten Stadt abreisen konnten."

Vor der Abfahrt kam es jedoch in der Schillerstraße zwischen Dostojewskij und Turgenjew noch zu einer scharfen Auseinandersetzung, die viele Male geschildert worden ist, neuerdings von dem Sowjetrussen Leonid Zypkin in seinem Buch „Sommer in Baden-Baden" (1983). Dostojewskij zu Turgenjew: „Sie haben Rußland nie gekannt und nie verstanden." Turgenjew schlug, das kalt glitzernde Pincenez vor den Augen, hart zurück: „Ich mag ihren Kwas-Patriotismus nicht." Ein Schlag unter den Gürtel, Dostojewskij, der sich mühsam zum bürgerlichen Schriftsteller hochgearbeitet hatte, ertrug Anspielungen auf seine Zuchthaus-Vergangenheit nicht. Er höhnte: „Sie sollten nach Paris fahren, sich dort ein Teleskop kaufen und Rußland durch diesen Apparat betrachten." Das Zerwürfnis zwischen Dostojewskij, der sich das Heil der Welt von einer religiösen Erneuerung der Orthodoxie und der unverbrauchten Sinnesart der Slawen versprach, und dem Westler und Kosmopoliten Turgenjew ist in die russische Literaturgeschichte eingegangen.

Die materielle Lage I. S. Turgenjews war Mitte der 1860er Jahre sehr günstig. Die Ernten in Spasskoje erbrachten viel Geld, der Mietzins, den der Romancier Frau Anstett zu entrichten hatte, war bescheiden. Um standesgemäßer aufzutreten und Pauline Viardot und ihre Besucher zu beeindrucken, erwarb er im Juni 1864 am Tiergartenweg unmittelbar neben dem Anwesen der Viardots ein Gartengrundstück. Den Pariser Architekten Olive, der sich in Baden-Baden auskannte, beauftragte er mit dem Bau eines Hauses. Olive errichtete eine schloßähnliche Villa im Louis Treize-Stil. Der Mittelpunkt des kleinen Palais war ein anmutiger, echt französischer Empfangssalon im Erdgeschoß. Zur Villa Turgenjew, die schon nach einigen Monaten im Rohbau stand, gehörten ein Park mit kleinem Teich, Remisen und Stallungen.

Gegen Ende 1865 fing Iwan Sergejewitsch in seinen Briefen an, über Geldschwierigkeiten zu klagen. Hatte er sich beim Bau seines „château enchanté" finanziell übernommen? Ließ ihn der Verwalter von Gut Spasskoje im Stich? Wohl kaum – nur hatte Turgenjew zu lange eine nicht seßhafte Existenz geführt, um jetzt noch an eigenem Immobilienbesitz Geschmack zu finden. Das Schlößchen am Tiergartenweg vertrug sich nicht mit seiner Selbsteinschätzung. Schon 1865 hatte er in einem Brief an den Publizisten A. W. Druschinin geseufzt: „Ich bin zu einem Zigeunerdasein verurteilt und werde mir offensichtlich nirgendwo ein Nest bauen." Im gleichen Jahr bekannte er der Gräfin Tolstoi mit geheucheltem Kummer: „Sehen Sie, es ist bitter für mich zu altern, ohne das volle Glück gekostet und ohne mir ein ruhiges Nest gebaut zu haben!" Nun war das Nest beinahe fertig, und Turgenjew hatte nur eine Sorge – es wieder loszuwerden. Louis Viardot, großzügig wie immer, kaufte es ihm für 108 000 Franken ab. Die Viardot'sche Domäne war jetzt lang wie ein Straßenzug; nichts ist von ihr übriggeblieben als die Villa Turgenjew und ihr Park, die heute einem Besitzer von Supermärkten gehören.

Der Krieg 1870–71 bedeutete auch das Ende der Tiergarten-Idylle. Als sich der Sieg Preußens über das Zweite Kaiserreich abzeichnete, verließen die Viardots ihr behagliches Heim und warteten das Ende der Feindseligkeiten in London ab. Turgenjew folgte ihnen auf Umwegen; seine alte Reiselust hatte ihn wieder gepackt. Nach der Niederschlagung des Commune-Aufstands kehrten die Viardots nach Paris zurück. Von hier aus gab Louis Viardot im Frühjahr 1871 einem Karlsruher Anwalt die Weisung, die Baden-Badener Liegenschaften zu verkaufen. Der Moskauer Importeur Hermann Achenbach erwarb den ausgedehnten Grundbesitz mit beiden Häusern für nur 125 000 Franken. Viardot verlor eine beträchtliche Summe, aber das focht ihn nicht an.

In ihrer Pariser Stadtwohnung in der rue de Douai unterhielt die noch immer rege Pauline Viardot ein kleines Privatkonservatorium; ein Stockwerk über ihr hatte Turgenjew ein „pied-à-terre", in dem er Literaten, Studenten und Schauspielerinnen empfing.

1873 erwarb Louis Viardot bei Bougival am Steilufer der Seine eine prachtvolle Diréctoire-Villa als Sommerresidenz. Das Besitztum „Les Frênes" lag zwischen den „Chaussée", der alten Ausfallstraße seineabwärts, und einem riesigen, mit Baumriesen bestandenen und von Efeu durchwachsenen Park, der dem Wäldchen oberhalb der Quettigstraße im Baden-Badener Tiergartenviertel glich. Den Park schützte eine Mauer; unten am Ufer malten Renoir und Berthe Merisot, in der benachbarten bescheidenen Villa „l'Arlésienne" komponierte Georges Bizet. „Les Frênes " wurden Turgenjews letzte Heimat. Hinter dem Haus ließ er sich wieder als buen retiro nach allzu anstrengenden Kamingesprächen eine hölzerne Datscha errichten. Der Bau, heute ein Turgenjew-Museum, war von bemerkenswerter Häßlichkeit.

„Neuland" (1877), Turgenjews sechster und letzter Roman, fand in Rußland wenig Anklang. Obwohl das Werk Begriffe wie Kapitalismus, Sozialismus, Proletariat und Kommunismus in die russische Literatursprache einführte, wurde es von den Sozialrevolutionären abgelehnt; die Kritik warf dem im Ausland wohnenden Autor Unkenntnis der gesellschaftlichen Verhältnisse in Rußland vor. Turgenjew gingen diese Angriffe nicht unter die Haut. Er saß als Kuckuck im fremden Nest, hatte in Pauline eine treue, tätige Freundin, nahm Anteil an allen Familienangelegenheiten der Viardots, verkehrte, ob seiner Weltläufigkeit und grandseigneurialen Bonhomie geschätzt, ja verehrt, mit den besten Köpfen Frankreichs und hegte für die bildhübsche Claudie Viardot, die einen jungen Pariser namens Chamarot geheiratet hatte, eine platonische, aber unergründlich heftige Leidenschaft. Seine letzten, schattenhaften Prosaskizzen nannte er nicht unzutreffend „Senilia". Er starb, wenige Monate nach Louis Viardot, im September 1883. Nicht Pauline Viardot, sondern Claudie Chamarot begleitete seine sterblichen Überreste nach Petersburg. Seine Beisetzung war eine eindrucksvolle Demonstration des Interesses der Russen an Literatur; am Trauerzug nahmen etwa vierhunderttausend Menschen teil. Pauline Viardot erreichte ein hohes Alter und verschied 1910 in Paris. Um diese Zeit war das Schweizerhaus der Viardots in Baden-Baden längst einem Pensionsneubau gewichen, der Tiergartenweg, in Fremersbergstraße umgetauft, nur noch eine von Villen gesäumte Durchgangsstraße.

Der Spieler: L. N. Tolstoi

Tolstoi war neunundzwanzig Jahre alt, als er 1857 zum ersten Mal nach Westeuropa fuhr, und blickte trotz seiner Jugend schon auf vielfältige Erfahrungen zurück. Er hatte seine Eltern früh verloren, als Minderjähriger Gut Jasnaja

Poljana im Gouvernement Tula geerbt, sich als junger Fähnrich an Strafexpeditionen im Kaukasus beteiligt und später im Krimkrieg Artilleriegefechte und Nahkampf miterlebt. Seine mit den Buchstaben L. N. gezeichneten autobiographischen Skizzen „Kindheit" und „Knabenjahre" hatten die Leser von N. A. Nekrassows Zeitschrift „Der Zeitgenosse" bewegt. Sensation erregten im gleichen Blatt zwei Reportagen Tolstois über die Kämpfe vor Sewastopol. „Der Bericht Tolstoi's über Sewastopol ist einfach wunderbar", schrieb Turgenjew an I. I. Panajew. „Ich habe geweint, als ich ihn las, ich habe Hurra gerufen!" Der Schriftsteller N. A. Pissemski meinte argwöhnisch: „Dieser kleine Offizier wird uns alle in die Tasche stecken!" Der neue Zar Alexander II. befahl, „Sewastopol im Dezember" ins Französische zu übersetzen; die Zarin weinte bei der Lektüre. Seinen dritten Bericht aus dem Kampfgebiet, der im Januar 1856 im „Zeitgenossen" erschien, unterschrieb Tolstoi mit seinem Namen. Er konnte zufrieden sein; kaum hundert Seiten Prosa hatten ihn berühmt gemacht. Der Oberleutnant quittierte den Dienst, übersiedelte nach Petersburg und lernte in einer knappen Woche alle dort lebenden prominenten Literaten kennen – Gontscharow, Tiutschew, Sollogub, Drushinin, Ostrowskij. Lange fesselten die Petersburger Debatten um wissenschaftlichen Fortschritt und russische Seele den Exoffizier nicht, der ungestüm wie ein Eber und launisch wie eine Diva war; es zog ihn nach Jasnaja Poljana zurück. Seine Tante und seine Brüder überredeten ihn dazu zu heiraten, aber die Frau, die sie ihm zugedacht hatten, war nicht nach seinem Geschmack – zu oberflächlich und nicht allzu hübsch. Die fast Verlobten wechselten kühle Briefe, ein Raunen ging durch die Salons von Tula, Leo Nikolajewitsch hielt es für ratsam, die Tapete zu wechseln und fuhr ins Ausland. Sein erstes Ziel war Paris. Trotzig und blasiert, nutzte er den Aufenthalt in der Lichterstadt nicht etwa, um mit Franzosen Verbindung aufzunehmen und Sehenswürdigkeiten zu bestaunen, sondern um Englisch- und Italienischunterricht zu nehmen und mit seinem Bruder Sergej im Bois de Boulogne zu reiten. Mit der unnachsichtigen Feststellung, es gebe in Paris keine wertvollen Menschen und es fehle dem französischen Volk an Poesie, reiste er Ende März 1857 nach Genf weiter. Turgenjew, mit dem er sich in der französischen Hauptstadt mehrfach getroffen hatte, schrieb kopfschüttelnd an seinen Freund P. W. Annenkow (der sich später in Baden-Baden niederließ): „Ein sonderbarer Mann. Ich bin noch nie seinesgleichen begegnet. Ich werde nicht aus ihm klug. Eine Mischung aus Dichter, Kalvinist, Fanatiker und ‚Barin‘. Er erinnert an Jean-Jacques Rousseau, aber er ist anständiger, sehr moralisch und zugleich wenig sympathisch."

In der Schweiz hakte Tolstoi im Eiltempo alle Touristenziele ab: Clarens, Interlaken, Grindelwald, Saanen, den Rigi. In Luzern stieg er im besten Hotel, dem prächtigen „Schweizerhof", ab und lud, angeblich aus Mitleid, tatsächlich aber, um Aufsehen zu erregen, einen verwachsenen Straßensänger zum Champagner in den Speisesaal ein. Als englische Hausgäste protestierten und ein Ober ihm Vorhaltungen machte, bekam der Graf einen Wutanfall: „Habt Ihr Schweizer kein Gleichheitsempfinden?" (das sagte der Gutsbesitzer, der in Jasnaja Poljana seine Muschiks eigenhändig zu verprügeln pflegte). Tolstoi mußte den „Schweizerhof" verlassen. Er fuhr ohne rechtes Ziel weiter – nach Zürich, Schaffhausen, Friedrichshafen, Stuttgart. Im Zug nach Stuttgart lernte er einen französischen Bankier namens Ogier kennen, der die Schönheit des Modebads im Schwarzwald, Baden-Baden, rühmte. Kurzentschlossen begleitete ihn der künftige Autor der „Anna Karenina" ins Oostal. Zunächst bereute er den Abstecher nicht. Auf der Promenade vor dem Kurhaus wimmelte es von Standesgenossen und Bekannten: Fürst Obolenskij, Fürst Nikolaus Trubetzkoi, Oberhofmarschall Graf Olsufiew, Fürst Menschikow, Graf Orlow-Denisow, Graf Bobrinskij, Graf Narischkin, die beiden Fürsten Gortschakow, Staatsrat Smirnow, Gräfin Stolypin, Fürstin Scherbatow . . . der Zar selbst war nicht weit, er besuchte im württembergischen Wildbad seine Mutter. Am 12. Juli ging Leo Nikolajewitsch in die neuen Spielsäle Edouard Benazets. Am 13. notierte er in sein Tagebuch: „Roulette von morgens bis abends. Habe verloren, aber gegen Abend meine Verluste wieder wettgemacht." Am darauffolgenden Tag: „Roulette bis sechs Uhr abends. Alles verloren." Bankier Ogier brachte ihn in sein Hotel, den „Holländischen Hof" in der Sophienstraße, zurück, blieb bei ihm bis drei Uhr morgens und sprach mit ihm über Literatur, Politik und Liebe. Am nächsten Tag lieh Tolstoi von Ogier zweihundert Rubel und verlor sie nachmittags im Casino. Seine Barschaft war erschöpft. Er traf den Schriftsteller B. J. Polonski und knöpfte ihm zweihundert Franken ab. W. P. Botkin, ein anderer Berufskollege, schickte aus Luzern eine größere Summe. Tolstoi nahm ein Bad, ging ins Kurhaus und vermerkte am gleichen Abend im Tagebuch: „Alles verloren!" (16. Juli). Zwei Tage lang erging er sich mit leeren Taschen und grimmiger Laune im Ort: „Von lauter Lumpen umgeben! Und der größte Lump bin ich!" So das Tagebuch vom 18. Juli. Am nächsten Tag – nach westlichem Kalender der 31. Juli – traf Iwan S. Turgenjew zu seinem ersten, dreitägigen Besuch in Baden-Baden ein und stieg gleichfalls im „Holländischen Hof" ab. Die beiden Freunde umarmten sich; Tolstoi beichtete sein Pech und bat Turgenjew um finanzielle Hilfe. Turgenjew borgte dem jüngeren bereitwillig den gewünschten Betrag. Tolstoi kehrte unverzüglich ins Reich Monsieur Benazets zurück und sah nach hartem Kampf am grünen Tisch alle seine Goldstücke auf jenem Teil des

Filzbelags landen, auf dem die Croupiers den Gewinn der Bank stapeln. Der Dichter der „Kindheit" stand auf und verließ den Spielsaal. Der blauäugige Riese Turgenjew, dem Exzesse fremd waren, schüttelte den Kopf über soviel Leidenschaft und rückte erneut Geld heraus. Im Hotel fand Tolstoi einen Brief seines Bruders vor. Sergej teilte ihm mit, ihre Schwester Maria habe sich von ihrem Mann getrennt. Das war eine unangenehme Nachricht; Familien-affären waren Leo Nikolajewitsch zuwider. Er spürte, daß er gebraucht wurde, nahm Abschied von Turgenjew und fuhr über Frankfurt, Dresden und Berlin nach Rußland zurück.

„Don Giovanni mit 3½ Mann im Orchester"

Theater in Baden-Baden von 1800 bis 1985

Jeder noch so kleine Hof hielt es im späten 17. und frühen 18. Jahrhundert für seine Pflicht, eine Bühne, wenn möglich als Dreispartentheater mit festem Opern-, Sprechbühnen- und Balettheater, zu unterhalten. Die Theaterbauten in Erlangen, Celle und Schwetzingen erinnern noch heute an diese Zeit. In den führenden Residenzen Wien, Berlin und München wurde im Schloß selbst gespielt; Räumlichkeiten standen hier in jeder gewünschten Größe zur Verfügung. Markgraf Ludwig Wilhelm von Baden, der Feldherr der Habsburger, verlegte 1705 seine Residenz aus dem zerstörten Baden-Baden in die Rheinebene, nach Rastatt. 1771 kam Baden-Baden durch Erbvertrag an Baden-Durlach; die Residenz der vereinigten Markgrafschaft, des späteren Großherzogtums, war Karlsruhe. Baden-Baden besaß also nie ein Residenztheater und nahm am Aufschwung des deutschen Theaters um 1780, als selbst die kleine kurfürstliche Residenz Bonn sich eines Hof- und Nationaltheaters rühmte, nicht teil. Die Theaterbegeisterung der deutschen Intellektuellen führte damals in dem weiten deutschsprachigen Raum zwischen Aachen und Mitau, der Residenz der Herzöge von Kurland, zu vielen Theatergründungen. Der alemannische Raum zwischen Luzern und Straßburg stand ganz zurück. Baden-Baden besaß seit 1765 sein erstes Promenadehaus, das neben der Wohnung des Wirts auch einen größeren Saal enthielt, der für Tanzveranstaltungen gedacht war, sich aber auch für anspruchslose Theateraufführungen eignete. Hier gastierten von Zeit zu Zeit Wanderbühnen, die die damaligen Kassenschlager nachspielten. 1802 wurde das Promadehaus erweitert; der Karlsruher Baudirektor Friedrich Weinbrenner vergrößerte den Tanzsaal zum Berg hin, stattete ihn mit einer Orchester-Estrade und sogar mit einer von Säulen getragenen Loge aus. Vier Jahre später wurde das Land Baden Großherzogtum und die Stadt eine der großherzoglichen Sommerresidenzen. Der Aufstieg setzte ein. Sogleich leistete sich die 2500-Seelen-Gemeinde „zur Beförderung des Vergnügens" auch ein neues Theater. Es lag, wie das bisherige, in den Kuranlagen auf dem rechten Oosufer und war ganz aus Holz – ein nüchterner, aber nicht reizloser Zweckbau, der 1 500 Gulden gekostet hatte. Der vielbeschäftigte Friedrich Weinbrenner lieferte wiederum den Plan – seinen klassizistischen Vorstellungen zuliebe umgab das neue Haus eine Säulenfront, auf der der flache Dreiecksgiebel ruhte. 1810 wurde das Kurtheater eingeweiht: die Denglersche Truppe aus Freiburg gab Kotzebue's „Johanna von Montfaucon" und diverse Singspiele.

Carl Maria von Weber, der Ende Juli nach Baden-Baden kam, hätte sich gern als Klaviervirtuose produziert, fand aber im ganzen Ort keinen brauchbaren Flügel und mußte sein Konzert absagen. Weber war mit dem Verleger Cotta befreundet, der, wie erwähnt, den „Badischen Hof" besaß. Der geschäftüchtige Schwabe überredete den Komponisten dazu, für das „Morgenblatt" einen Bericht über Baden-Baden zu schreiben. Weber entsprach seiner Bitte und brachte einen Artikel zu Papier, dem zu entnehmen ist, daß der Erholungsort im Oostal im Spätsommer 1810 so überfüllt war, daß viele Gäste sich mit einem Strohlager begnügen mußten, und daß die Denglersche Truppe Mozarts „Don Giovanni" „mit 3 1/2 Mann im Orchester" zur Aufführung brachte. Im übrigen rügte der Schöpfer des „Abu Hassan" die geringe Sicherheit des Baden-Badener Komödienstadels: „Ich gehe mit einer gewissen Angst vor Feuer oder Wasser hinein, denn unbegreiflich ist es, wie die Stadt so wenig getan, und ihren Besuchern ein so aus ein paar Brettern dünn zusammengeheftetes Häuschen hinstellen konnte, dessen Stiegen dem freundlichen Sonnenlicht den Eingang verstatten, und dessen einzige vorhandene Tür bei vorkommender Feuersgefahr den Ausgang erschweren möchte."

Die sommerlichen Theatergastspiele aus Freiburg, Straßburg und Karlsruhe trugen sich finanziell nicht selbst. Die Stadt finanzierte sie größtenteils aus Spielbankmitteln. Seit 1808 besaß Baden-Baden ein staatlich konzessioniertes Casino im ehemaligen Jesuitenkollegium vor der Stiftskirche. Die Spielbankabgabe wanderte in den sogenannten „Bad-Fonds", aus dem man fortan kleinere Beträge auch für kulturelle Zwecke abzweigte. Groß war das Interesse der Baden-Badener und ihrer Sommergäste an Theateraufführungen jedoch anfänglich nicht. Aloys Schreiber bemerkte in seinem Baden-Baden-Führer: „Die Nachtbälle in den Badhäusern (=Badehotels) ziehen sich selten über die Mitternachtsstunde hinaus, und dies ist sehr zu billigen, denn nicht wenige kranke oder schwache Kurgäste werden durch den Lärm der Musik und durch das laute Gewühl der lebenslustigen Menge schmerzlich in ihrer Ruhe gestört. Das Theater wird nicht häufig besucht. Viele lockt der milde Abend in die schöne Natur, ein großer Teil aber sitzt gebannt am Spieltisch, wo das Fatum mitunter den Stoff zu einer Tragödie webt.

1816 – Baden-Baden hatte nun schon einen Ruf als „Fürstenbad" – gastierte eine Freiburger Truppe unter Direktor Schäffer, zu der auch die Eltern des Komponisten Albert Lortzing gehörten. Im Sommer 1824 gab das Französische Theater in Straßburg unter der Leitung von Madame de Coquebert Ende Juli und Anfang August drei Vorstellungen; Mitte Juli führte eine deutsche Operntruppe Webers „Freischütz" auf. In der Saison 1826 spielte eine Freiburger Gesellschaft viermal wöchentlich. Sie bot Opern wie „Don Giovanni", „Titus", „Johann von Paris" und „Aschenbrödel", aber auch Operetten und Singspiele, die gerade in Mode waren, wie „Die Wiener in Berlin".

Das Schauspielrepertoire beherrschte noch immer der sieben Jahre zuvor ermordete August von Kotzebue und Frau von Weissenthurn, deren Lustspiele heute nicht einmal mehr der Theaterhistoriker kennt. Zum Namensfest des Großherzogs Ludwig wurde das Festspiel mit Gesang und Tanz „Die Pilgerinnen" gegeben. Eine weitere patriotische Huldigung war die Oper „Badische Grenadiere" von Wenzel Müller. Im Sommer 1828 fanden Gastspiele einer Truppe unter Direktor Franz Eisenhut statt; er führte unter anderem die beiden Erfolgsopern „Der Freischütz" und „Die weiße Dame" auf, daneben gängige Kost wie „Maurer und Schlosser" und „Die Schweizerfamilie".

Die Wanderschauspieler, die die Aufführungen in den deutschen Badeorten bestritten, gaben ihr Bestes, aber man darf ihre Leistungen nicht mit den Maßstäben messen, die man damals an Aufführungen in Paris, London oder Wien anlegte. Böse Kritiker taten gerade dies und schrieben dann Verrisse, die die Sommergäste mit Vergnügen lasen und auf die die Ensemblemitglieder mit Entrüstung reagierten. Ein anonymer Mitarbeiter des „Morgenblatts" äußerte sich im Sommer 1825 über eine Baden-Badener Aufführung der „Zauberflöte" mit einigem Sarkasmus: „Das Theater macht, wie gesagt, keine glänzenden Geschäfte, obgleich sich der Direktor nach Kräften anstrengt und manchmal in einer Woche drei große Opern zum besten gibt. Ein einziges Mal ließ ich mich zu einem Besuch verleiten. Es wurde Mozarts ‚Zauberflöte' gegeben, doch schon bei dem Erscheinen des Herrn Tamino, der einem Schäfer aus der Umgebung von Baden glich, wurde uns alle Illusion genommen. Von den drei Nymphen war die erste ein 13jähriges kerngesundes Bauernmädchen, die zweite eine Schönheit in reiferem Alter, aber ohne Stimme, während die dritte, wenn nicht sechzig, so doch siebzig Jahre zählen mochte. Einige kleine Unfälle abgerechnet, lief die Vorstellung so ziemlich ohne Störung ab, und das Ensemble war besser, als ich gefürchtet hatte."

Seit 1822 wurde an der Stelle des abgerissenen Promenadehauses Weinbrenners „Maison de Conversation" errichtet, das heutige Kurhaus, das Hofrat Schreiber alsbald als Hauptanziehungspunkt für Gäste und Einheimische rühmte: „Der nächste Lustort für die Kurgäste ist das neue Konversationshaus. Es liegt auf der Promenade, wo sich unter schattigen Kastanienalleen in den Sommermonaten die elegante Kurwelt einzufinden pflegt. Die Mitte des neuen Gesellschaftshauses bildet der große, prächtige Gesellschafts- und Spielsaal, der im Innern prachtvoll ausgeschmückt ist. Von dem Peristyl des Saales aus hat man eine herrliche Aussicht gegen die Stadt. Links an dieses Hauptgebäude reiht sich eine Halle, die das gewöhnlich sehr schlecht besuchte Theater damit verbindet. Freilich ist.es auch etwas klein und auf kein großes Publikum berechnet. An drei Seiten des Hauptsaals stoßen Speise-, Spiel- und Gesellschaftszimmer, und die vordere Seite gibt dem Ganzen etwas Großartiges." Das „gewöhnlich sehr schlecht besuchte" Theater im rechten Kurhausflügel bildete im Grundriß ein Rechteck und faßte mit seinen zwei Rängen und einer Galerie immerhin 600 Zuschauer. Es wurde am 15. Juni 1830 mit einem Prolog von Aloys Schreiber eröffnet.

Von Baden-Baden aus leitete Karl Spindler ab 1832 den bei C. F. Müller in Karlsruhe erscheinenden „Zeitspiegel", zu dessen Mitarbeitern auch der Wiener Schriftsteller Eduard Duller gehörte. Duller, dem man den noch heute fesselnden Roman „Der Antichrist" verdankt, übersiedelte nach Baden-Baden, wo er zeitweise mit Wilhelm Chezy und dessen jüngerem Bruder Max zusammenlebte. Die beiden Schriftsteller mieteten eine Vierzimmerwohnung, in der sich die in Baden-Baden auftretenden Schauspieler wie zu Hause fühlten. Direktor Eisenhut brachte Dullers in Wien uraufgeführtes Schauspiel „Meister Pilgram" heraus, Wilhelm Chezy malte die Dekorationen. Duller verliebte sich in die Nichte Eisenhuts. In Trier wurden die beiden ein Paar. Später lebte Eduard Duller in Frankfurt und Darmstadt.

Bedeutend war das Baden-Badener Theaterleben auch in den kommenden Jahren nicht. Im Winter 1837 schrieb die Zeitschrift „Europa" in ihrem Saisonrückblick auf das Badener Kultur- und Gesellschaftsleben (wohl aus der Feder Wilhelm Chezys): „Legt man einen billigen Maßstab an die Leistungen der hiesigen Bühne, so kann man seine Zufriedenheit ausdrücken. Die Gesellschaft bildet eine gutes Ensemble, und kleine Stücke werden oft besser gegeben, als ich sie in großen Städten sah. Nichtsdestoweniger wird das Theater von Fremden wenig besucht, dafür opferte aber die hiesige Einwohnerschaft der Kunst, so daß sich der Direktor zu beklagen keine Ursache hat, zumal er 1 500 Gulden Zuschuß aus der Spielkasse erhält. Hätte Baden in den Sommermonaten auch das größte und vollkommenste Theater, die fremden Zugvögel würden es nicht fleißiger besuchen, als bisher geschehen. Diese Erscheinung zeigen alle Badeörter. Der größere Teil der Fremden hat daheim gute Bühnen, größere Stücke haben sie dort schon über dieselben ziehen sehen. Und wer mag am schönen Sommerabend im geschlossenen Raum eingesperrt sein, wenn er nach Baden gekommen ist, sich der schönen Natur zu erfreuen?"

Das schon früher von den Einwohnern geäußerte Verlangen nach einer Theater-Wintersaison wurde im Herbst

1838 immer allgemeiner. Das „Badwochenblatt" sprach sich sehr dafür aus. In der Nummer 81 las man: „Als Bewohner eines Badeorts sind wir gewohnt, unsere Wünsche denen der Fremden natürlich nachzusetzen. Wenn wir daher nur ganz bescheiden für uns ein gutes Theater während des Winters wünschen, so wird dieser Wunsch dringend, ja Bedürfnis für die hier noch während der rauhen Jahreszeit residierenden Fremden, deren Zahl seit einer Reihe von Jahren, Gottlob, nicht unbedeutend war. Zu ihrer Unterhaltung brauchen wir ganz besonders ein Theater im Winter."

Jacques Benazet, der im Herbst dieses Jahres die Spielbank im Kurhaus übernahm, ging auf das Verlangen der Bürger von Baden-Baden ein. Ab November 1838 gab es in der Quellenstadt auch in der kühlen Jahreszeit Theateraufführungen. Die Ganzjahres-Spielzeit sollte die Logiergäste daran hindern, in das damals noch kleine und gemütliche Mannheim abzuwandern. Dort hielt im Winter die Großherzogswitwe Stephanie Hof; das Nationaltheater lockte mit einem interessanten Spielplan. Ob Benazet der Ältere schon daran dachte, ein eigenes Ensemble nach Baden-Baden zu engagieren, weiß man nicht. Sicher ist, daß er sich einen aufstrebenden Badeort nicht ohne ein tägliches Konzertprogramm vorstellen konnte und darum ein Kurorchester gründete, das bald siebenundvierzig Musikern eine feste Existenz bot.

1855 fiel das Weinbrenner-Theater im rechten Kurhausflügel dem Bau der neuen Spielsäle Benazets des Jüngeren zum Opfer. Einige Jahre lang wurde der Theaterbetrieb auf einer Salonbühne in den neuen Spielsälen aufrechterhalten; der heutige Rote Saal des Casinos diente als Zuschauerraum. Der Spielbankdirektor nahm Rücksicht auf den Kunstgeschmack seiner Klientel; er lud hauptsächlich Operndiven und -ensembles nach Baden-Baden ein. Der Erholungsort wurde, wie später Monte Carlo, eine Heimat des Bel canto. Viele Male gastierten die Stars der Pariser Großen Oper, der Opéra-Comique und der Italienischen Oper. Es ist wohl auch kein Zufall, daß die einzige Baden-Badenerin, die sich um die Mitte des 19. Jahrhunderts als Künstlerin einen Namen schuf, eine Sängerin war.

Anna Zerr war eines von zwölf Kindern eines armen Baden-Badener Musikers. Die Großherzoginnen Stephanie und Sophie vermittelten ihr eine erstklassige Ausbildung; Jacques Benazet nahm sich in Paris ihrer an und stellte sie auf einer Soirée den Musikkennern der französischen Hauptstadt vor. Für die sich um diese Zeit in Deutschland behutsam entwickelnde neue Kunstrichtung „Regie" interessierten sich die fashionablen Baden-Badener Sommergäste so wenig wie die kleinbürgerliche Einwohnerschaft. Wien, Weimar und Meiningen waren dem Luxusbad weit voraus, das sich an den Singspielen Clapissons und später, wie Ems, an den Musiquetten Offenbachs ergötzte.

Edouard Benazet sah bald ein, daß sein Salontheater im Spielsaal nur ein Provisorium war. Baden-Baden benötigte ein festes Theater mit mindestens 500 guten Plätzen. Schon 1856 bat Benazet den Pariser Innenarchitekten und Cicéri-Schüler Charles Séchan um den Entwurf für einen Theaterbau. Séchans Vorschläge fanden wenig Beifall. Auch der Architekt Derchy hatte mit den von ihm eingereichten Entwürfen kein Glück. Im April 1860 genehmigte Karlsruhe einen weiteren Plan, den Charles Couteau vorgelegt hatte.

Couteaus Theater wurde auf dem sogenannten Tummelplatz erbaut, der vor dem „Hotel Meßmer" lag. Nebenan entstand ein Theatermagazin mit Malersaal und Räumen für eine ständige Kunst-Verkaufsausstellung. Eingeweiht wurde das Theater am heutigen Goetheplatz, ein eleganter, wohlproportionierter Bau im neubarocken Pariser Stil, am 6. August 1862 mit einem Gastspiel der Karlsruher

Hofbühne, dem „Nachtlager von Granada" des populären badischen Komponisten Konradin Kreutzer. Drei Tage später folgte eine Eigenproduktion, die Oper „Beatrice und Benedikt", die Héctor Berlioz eigens für die Einweihung des neuen Hauses komponiert hatte und die unter seiner Leitung von Pariser Sängern musterhaft dargeboten wurde. Der Vorstellung vor einem Gala-Publikum gingen ein Prolog in französischer Sprache und Carl Maria von Webers „Jubelouvertüre" voraus. Es war ein großer Tag für Baden-Baden und Edouard Benazet, der den Theaterbau als Privatmann finanziert hatte.

Seit 1862 gehörte das Theater mit seinem hübsch angelegten Vorplatz zum Stadtbild. In einem Reiseführer aus dem Jahr 1867 liest man: „Statt des früher in einem Flügel des Konversationshauses befindlichen Theaters ward in den Jahren 1860–62 mit ungewöhnlichem Kostenaufwand ein neues Theatergebäude aufgeführt, durch dessen Vollendung die Stadt um eine wirkliche Zierde reicher geworden. Dem ‚Englischen Hofe' gegenüber aufgeführt, trägt die freie Lage wesentlich dazu bei, daß das ausgedehnte Gebäude einen günstigen Eindruck nicht verfehlen kann. Im Giebelfelde der Front macht sich eine Skulptur von Ludovic Durand bemerkbar: Poesie, Musik und Malerei in allegorischer Vereinigung. Die Ausstattung des Zuschauerraums ist reichlich an dekorativem Schmuck, wie ihn reicher kaum ein anderes Gebäude der Neuzeit aufzuweisen haben dürfte."

Aus dem gleichen Reiseführer von Hippolyt Schreiber, einem Sohn von Aloys Schreiber, erfährt man, daß in den 1860er Jahren die Karlsruher Hofbühne in Baden-Baden monatlich vier Vorstellungen gab.

Die Franzosenzeit ging, wie schon gesagt, 1872 mit der Schließung der Spielbank zu Ende. Die ihrer Haupteinnahmequelle beraubte Stadt, die jetzt 10 000 Einwohner hatte, mußte sich wieder auf den Ruf ihrer Quellen besinnen. Die Stadtväter propagierten den Kurort, das Heilbad Baden-Baden. Das dreiköpfige Kur-Komitee gewann an Bedeutung; es war jetzt auch für das städtische Kulturprogramm verantwortlich. Im Dezember 1877 wurde im Quellenbezirk das „Friedrichsbad" des Architekten Karl Dernfeld eröffnet – ein stattlicher Palazzo aus weißem und rotem Sandstein, sechzig Meter breit, links und rechts in ein Halbrondell auslaufend und von einer siebzehn Meter hohen Kuppel gekrönt. Gleich nebenan entstand ein Damenbad, das den Namen der deutschen Kaiserin Augusta trug. Es wurde nach 1950 ohne viel Bedenken abgerissen. Man ging in der Zeit des „Wirtschaftswunders" auch mit stilgeschichtlich interessanten Bauten des 19. Jahrhunderts achtlos um und rettete beim Abbruch nicht einmal die luxuriösen Marmorbadewannen, die vergoldeten Messingduschen und -wasserhähne.

Das „Heilbad Baden-Baden" war, das wußten seine Initiatoren, eine Notlösung. Heilungssuchende brauchen Ruhe, die ihnen die Stadt, ihrer urbanistischen Anlage nach, nicht einmal im Zeitalter der Fiaker und Pferdedroschken geben konnte. Das Baden-Badener Quellwasser heilt Rheuma nicht wirksamer als zwanzig andere vergleichbare Thermen. Die Nobelhotellerie zehrt von Gästen, die viel Geld ausgeben können (und wollen), nicht von bedürftigen Arbeitsinvaliden, die sich gegen Ende des 19. Jahrhunderts noch nicht einmal einen Arzt, geschweige denn eine Kur leisten konnten.

Auch nach 1872 entstanden im Oostal noch Grandhotels und erstrangige Pensionen, aber die Zeit der Hochkonjunktur war vorbei. Wilhelm II. zog Wiesbaden Baden-Baden vor; als Kurorte entwickelten sich Homburg und Nauheim zu gewichtigen Konkurrenten. Erst um 1890 erreichte die Zahl der Baden-Baden-Besucher wieder die der letzten französischen Saison von 1869. Das einstige Luxusbad hatte viel von seinem Cachet verloren. Mehr und mehr ließen sich wohlhabende Pensionäre im Oostal nieder – Fabrikanten, die sich aus dem Geschäftsleben zurückgezogen hatten, Regierungsräte a. D., Universitätslehrer im Ruhestand. In massiven Villen mit klobigen Altanen und trutzigen Wehrtürmen suchten sie ihren Altersfrieden. Und Altersfrieden war es auch, der sich über die behäbig gewordene kleine Stadt senkte.

Dennoch darf man sich das damalige Baden-Badener Kulturleben nicht allzu dürftig vorstellen. Das Kur-Komitee bot in der Sommersaison, die noch immer von Anfang Mai bis Ende Oktober dauerte, ein vielseitiges Veranstaltungsprogramm. Man lese im „Badeblatt" vom 31. Oktober 1872 nach, was im Sommer dieses Jahres den Gästen geboten wurde: acht große Konzerte mit Vokal- und Instrumentalsolisten, zehn Matinéen mit klassischer Instrumentalmusik, drei musikalische Soiréen, sieben Extra-Konzerte, vierunddreißig Konzerte des Kurorchesters (das jetzt städtisch war) unter seinem beliebten, auch als Komponisten geschätzten Kapellmeister Miloslaw Könnemann, zehn Kurkonzerte, dirigiert vom Wiener Hofballdirektor Johann Strauß, sechsundfünfzig Militärkonzerte, eine Vorstellung der Pariser Italienischen Oper, zehn Vorstellungen des Karlsruher Hoftheaters, fünf Ballettaufführungen des Hofballett-Corps Stuttgart, dazu ein Bal paré, dreizehn Reunionsbälle und drei Kinderbälle. Auf Einladung des Kurkomitees kamen in den 1880er und 1890er Jahren viele illustre Sterne am internationalen Theaterhimmel zu kurzen Gastspielen nach Baden-Baden – die Duse und die Bernhardt, Kainz und Coquelin. Von Juni bis August gastierte eine Schauspieltruppe unter der Leitung des Straßburger Stadttheater-Direktors Prasch. Elsaß-Lothringen war als „Reichsland" dem Kaiserreich angeschlossen.

Im Baden-Badener Veranstaltungskalender dominierte, wie noch heute, eindeutig die Musik. Die aus fünfzig Musikern bestehende Kurkapelle leistete Schwerarbeit. Sie konzertierte während des Sommers morgens von 7–8 Uhr, nachmittags von 3–4 Uhr und abends von 8–10 Uhr. Der Musikkiosk im Kurgarten, ein Werk Charles Séchans, war der Hauptanziehungspunkt für die promenierenden Kurgäste. Der gußeiserne Pavillon mit seinem wertvollen Holzgitterwerk war ein typisches Stück Weltausstellungsarchitektur; selbst ein Johannes Brahms zögerte nicht, hier den Taktstock zu führen. Im Winter fanden die Kurkonzerte im großen Saal des Kurhauses statt. Ergänzt wurden die täglichen Darbietungen des Kurorchesters durch einen Zyklus von zwölf Abonnementskonzerten, Komponisten-, Solisten- und Kammermusikabende.

Um die Jahrhundertwende konnte man im Winter ein Abonnement auf die Vorstellungen des Karlsruher Hoftheaters eingehen, und diese Möglichkeit wurde genutzt, die Aufführungen waren in der Regel ausverkauft. In einem launigen Artikel – „Erinnerungen an den Olymp" – schilderte der Schriftsteller Rolf Gustav Haebler, der in der Kurstadt aufwuchs, die Ankunft der Theaterleute aus der Residenz: „Mit allzuviel Theater wurden um 1900 die Baden-Badener von großherzoglichen Hoftheater nicht überschüttet. In der Spielzeit, die wie heute von September bis Juni lief, kam einmal ein Karlsruher Thespiskarren in Form eines II. Klassewagens der Großh. Bad. Eisenbahn für die Akteure und das technische Personal, wenn Oper gespielt wurde, gab es noch einen zweiten Wagen für das Orchester, und außerdem trabte noch ein theatereigener Möbelwagen, mit den Requisiten beladen, von der Landeshauptstadt herüber."

Haebler verrät auch, wer damals ins Theater ging: in den Logen, im ersten Rang und im Parkett saßen die feinen Leute, die Haute-Volée aus Geheimräten, pensionierten Generalen, Villenbesitzern und Hoteliers, im zweiten Rang das gutsituierte Bürgertum, im dritten die kunstinteressierten Kleinbürger, und ganz oben, rechts und links auf dem Olymp, die Pennäler, die theaterbegeisterten Gymnasiasten und Oberrealschüler ...

Das größte Baden-Badener Bauprojekt vor 1914 war der seit langem notwendig Umbau des Kurhauses, in dessen rechten Flügel die jetzt schon seit dreißig Jahren nicht mehr benutzten Spielsäle ihren Dornröschenschlaf hielten. Die Stadt brauchte einen repräsentativen Festsaal, in dem auch Opernaufführungen und Tanzveranstaltungen stattfinden konnten. Im Theater am Goetheplatz waren die Bedingungen für größere Operndarbietungen nicht ideal.

Mit dem Plazet des Landtags, der Regierung und der Stadt ging der Architekt Professor August Stürzenacker 1912 an die Arbeit. Seine genial einfache Idee war die, die Kurhausachse zu verschieben. Weinbrenners „Maison de conversation", die links Restaurations- und rechts Gesellschaftsräume enthielt, war ein Bau ohne Tiefendimension. Wer das Kurhaus nach seiner Neugestaltung durch den Haupteingang betrat, sah sich im geräumigen, marmorverkleideten Foyer einem imposanten Treppenaufgang gegenüber. Stürzenacker hob das künstlerische und gesellschaftliche Leben Baden-Badens um ein Stockwerk, er verlegte es aus dem Kurhaus-Erdgeschoß in eine neugeschaffene Beletage. Hier entstanden, hintereinander gestaffelt, ein kleiner Konzert- und ein großer Bühnensaal. Der Konzertsaal umfaßte zweihundertundfünfzig Plätze und war für Vorträge, Kabarettabende, Kammerkonzerte und die damals beliebten Marionettenspiele des Puppenspielers Ivo Puhonny gedacht, der auch das Baden-Badener Gesellschaftsleben an feinen Fäden steuerte und die international bekannten Plakate der Baden-Badener Zigarettenfabrik August Batschari entwarf. Der Bühnensaal vereinigte die Funktionen eines Theater-, Opern- und Ballsaales. Die die beiden Säle trennende Wand konnte ent-

4   Gern in Baden-Baden zu Gast: Hector Berlioz.
(Zeichnung eines unbekannten Künstlers)

15 Schon zu Lebzeiten wurde die Kameliendame Marie Duplessis zur Legende. Die mit einem Grafen Perregaux verheiratete Kurtisane suchte in mehreren Bädern Zuflucht von ihrem erschöpfenden Leben. (Miniatur eines unbekannten Malers)

16 Das Theater am heutigen Goetheplatz wurde 1862 mit einer Uraufführung, der Oper „Beatrice und Benedikt" von Hector Berlioz, eingeweiht. Hinter dem Theater die „Maison Meßmer", der Sommersitz des preußischen Königspaars, links die erste Kunsthalle. (Stich der Zeit)

Baden-Badens Belle Epoque erreichte um 1860 ihren Höhepunkt. Die Pariser Lebewelt gab im Oostal den Ton an. Cora Pearl war „einer der hellsten Sterne am Firmament des Zweiten Kaiserreichs".

18   Eine Hauptbeschäftigung in den Badeferien:
das Briefeschreiben.

19   Beim Roulett. (Zeichnung eines unbekannten Künstlers)

Die Kurtisane Blanche d'Antigny, das Vorbild der Zolaschen „Nana". (Pariser Fotografie um 1870)

21   Iwan S. Turgenjew. (Zeichnung von Ferdinand Bac)

22   Das Haus Anstett in der Schillerstraße. Hier wohnte Turgenjew von
      1863 bis 1868. (Foto: Lilo Polomski)

23   Die Sängerin Pauline Viardot.

1 Mein Aussehen bei der Ankunft auf meinem Gut Spasskoje.

2 Zwei Wochen später fühle ich mich schon wohler; ich denke, daß ich bald wieder in Baden-Baden sein werde.

3 Jetzt weiß ich, daß ich Euch, so Gott will, in fünfzehn Tagen wiedersehe.

4 Und so werde ich strahlen, wenn ich im Bahnhof Baden-Baden aussteige!

24   Zeichnungen Turgenjews zu einem Brief an die Viardot-Kinder Claudie, Marianne und Paul.

25   Turgenjews „Datscha" in der Schillerstraße. Zustand im Jahr 1985. (Foto: Klaus Fischer)

6   Fjodor Michailowitsch Dostojewskij. (Zeitgenössisches Foto)

27   1868 erbaute sich Turgenjew in der heutigen Fremersbergstraße eine geräumige Villa. (Foto: Klaus Fischer)

28   Auch nach der Aufhebung der Spielbank blieb der Kurgarten der Mittelpunkt des geselligen Lebens in Baden-Baden. (Stich aus einer illustrierten Zeitschrift vor der Jahrhundertwende)

29   Gerhart Hauptmann und Frau beim Morgenspaziergang in der Lichtentaler Allee. Rechts
der Romancier Otto Flake. (Foto aus dem Jahr 1934)

30   Otto Flake. (Foto: Stadtbücherei Baden-Baden)

31   Marianne Flake. (Foto: Stadtbücherei Baden-Baden)

32   Die Iffezheimer Rennen, eine Gründung Edouard Benazets, feierten im Jahr 1958 ihren
hundertsten Geburtstag. Das in der Rheinebene gelegene Gelände gilt als einer der attraktiv-
sten Turfplätze der Bundesrepublik. (Foto: Ziegler)

33   Nur noch eine historische Erinnerung: der alte Markt. (Foto: W. P. Stein)

4   Blick auf die Altstadt. (Foto: W. P. Stein)

35   Als Naturkulisse unverbraucht: Partie an der Oos. (Foto: W. P. Stein)

fernt werden: Dann entstand der „Große Bühnensaal" mit etwa zwölfhundert Plätzen.

Die Arbeiten im Kurhaus wären nach dem Ausbruch des Ersten Weltkriegs sicherlich steckengeblieben, wenn sich Oberbürgermeister Reinhard Fieser nicht mit aller Energie für den Umbau eingesetzt hätte. Fieser hatte die richtige Einsicht, daß ein Kommunalpolitiker im Krieg leichter als in Friedenszeiten bauen kann – der Geldwert schwindet, somit bereitet die Finanzierung geringere Sorgen, die vorgesetzten Behörden sind mit wichtigeren Dingen beschäftigt, auch die Rechnungshöfe sind abgelenkt. So kam das kleine Wunder zustande: Während der Krieg in den Schützengräben in seine härteste und dunkelste Phase eintrat, konnte Baden-Baden die Fertigstellung seiner Kurhausbühne melden. Eingeweiht wurde der Bühnensaal (heute: Benazetsaal) am 1. September 1917 mit einer Festaufführung von „Figaros Hochzeit".

Die zweite Premiere war ehrgeizig: Carl Hagemann inszenierte mit den ersten Kräften des Mannheimer Nationaltheaters Wagners „Ring des Nibelungen". Die Bühnenbilder hatte Ludwig Sievert entworfen, am Dirigentenpult stand der junge Wilhelm Furtwängler. Bei den Proben für die Tetralogie wurde das Handikap der Stürzenackerschen Konstruktion deutlich – die Bühne des Bühnensaals war zwar sehr breit, aber nur acht Meter tief, Kulissen ließen sich hier kaum verwenden. Hagemann, der Mannheimer Intendant, machte aus der Not eine Tugend – er benutzte den Bühnenhorizont, der aus einer weichen und porösen Stuckmasse bestand, für Lichteffekte. Eine auf der Vorderbühne aufgebaute Gruppe von Beleuchtungskörpern mit Färbefiltern wurde zum wichtigsten inszenatorischen Vehikel. Ein helles Stahlblau erzeugte den nordischen Himmel, mit einem dunkleren, satten Blau war man im Süden, ultramarinblau ergab Nachtstimmung; für Sonnenaufgänge, Abendröte, Gewitter standen weitere Farbfilter zur

Verfügung. Die Darstellung der Götterburg, der Regenbogenbrücke im „Rheingold" und des brennenden Walhall in der „Götterdämmerung" erfolgte ausschließlich durch Lichtprojektionen – kein Wunder, daß die Presse die „Ring"-Premiere im Kurhaus Baden-Baden als ein künstlerisches Ereignis feierte. Sie war auch ein gesellschaftliches Ereignis, weil das Bayreuther Festspielhaus 1917 geschlossen war.

Oberbürgermeister Fieser war kein Freund des Gastspieltheaters; er strebte für Baden-Baden ein eigenes festes Ensemble an. Noch 1917 ernannte er den aus Metz kommenden Theatermann Dr. Hans Waag zum „Städtischen Intendanten", ein Posten, der etwa dem eines Kulturdezernenten und Veranstaltungsleiters entsprach. Im letzten Kriegsjahr 1918 setzte Reinhard Fieser gegen starken Widerstand im Stadtrat die Gründung der „Städtischen Schauspiele Baden-Baden" durch. Waag gelang es, eine kleine Schauspieltruppe zusammenzustellen. Im Kurhaus begannen die Proben zu Shakespeares „Sommernachtstraum"; am 28. September war Premiere. Wer in alten Zeitungen nachblättert, stellt fest, daß an diesem Tag das mit Deutschland und Österreich verbündete Bulgarien kapitulierte; das Baden-Badener Ernährungsamt kündigte eine weitere fleischlose Woche an, an jeden Bürger wurde die Wochenration Butter – 60 Gramm – und ein Hering ausgegeben. Stromsparen war erste Bürgerpflicht, die Geschäfte, die ohnehin leer waren, mußten um fünf Uhr nachmittags schließen. Das Theaterinteresse war stark, wie stets in mageren Zeiten; Fiesers Gründung kam im rechten Augenblick.

Schon die beiden ersten Spielzeiten der „Städtischen Schauspiele" signalisierten die Ziele, die Hans Waag sich gesetzt hatte. Im Winter beherrschten Klassiker-Inszenierungen den Spielplan, im Sommerprogramm dominierten Werke der Gegenwart. Waag spielte Shakespeare und

Schiller, Ibsen und Björnson, Hauptmann – mit Vorliebe selten aufgeführte Stücke des Schlesiers – und Sternheim. Auch badische Autoren wie Gött, Burte und von Scholz wurden vorgestellt. Mit seinem Repertoire suchte der Baden-Badener Intendant drei Publikumsschichten zu erreichen; die Einheimischen, die Zugezogenen (die meist Großstadt-Theatererfahrung hatten) und die Kurgäste. Die Bewohner Baden-Badens zogen Opern Werken der Sprechbühne vor. Waag ging auf diese Vorliebe ein und inszenierte im Bühnensaal, meist in Zusammenarbeit mit dem Bühnenbildner Ludwig Sievert, die am meisten geschätzten Repertoire-Opern. Zu diesen Aufführungen kamen die Dirigenten und Sänger aus Berlin, München, Frankfurt, Stuttgart, Mannheim und Karlsruhe; es begleitete das verstärkte Kurorchester, ein Klangkörper von bis zu achtzig Instrumentalisten.

Der Höhepunkt der alljährlichen Opernsaison waren die Monate Juli und August. Der Verfall der deutschen Währung machte Baden-Baden ab 1921 für ausländische Besucher zu einem attraktiven Reiseziel; wer über Dollars oder Schweizer Franken verfügte, lebte in den Hotelpalästen längs der Oos für wenig Geld wie ein Fürst. Die „gute Gesellschaft" der Inflationsjahre – amerikanische Millionäre, deutsche Bankiers und Industrielle, Spekulanten und internationale Hochstapler – war geschmacklich ebenso unsicher, wie es die blasierte Klientel des jüngeren Benazet um 1860 gewesen war. Wer keine Maßstäbe besitzt, lehnt künstlerische Neuerungen ab und huldigt prominenten Namen.

Hans Waag arrangierte sich mit dem „Star-System", das längst London, Paris, Berlin und die amerikanische Filmstadt Hollywood erobert hatte. Arthur Nikisch, Fritz Busch, Leo Blech, Bruno Walter und Hans Knappertsbusch dirigierten die Opernaufführungen im Großen Bühnensaal, es sangen Richard Tauber und Wilhelm Faßbinder; im Theater, das jetzt offiziell „Kleines Theater" hieß, gastierten Albert Bassermann, Hedwig Bleibtreu, Tilla Durieux und die Tänzerin Anna Pawlowa. Aber auch die Kenner kamen in diesen Jahren auf ihre Kosten. Hans Waag führte so schwierige Werke wie die „Josephslegende" des Grafen Kessler (mit der Musik von Richard Strauss) auf und lud ein Ensemble der Metropolitan Opera New York sowie Alexander Tairoffs Moskauer Kammertheater zu Gastspielen ein.

1926 wählte der Karlsruher Stadtrat Hans Waag zum Generalintendanten des Badischen Staatstheaters. Die Intendanz der „Städtischen Schauspiele Baden-Baden" übernahm der bisherige Dramaturg Dr. Hermann Grussendorf, der ab 1921 zusätzlich zu seiner Tätigkeit als Dramaturg ein dreimal wöchentlich erscheinendes, mehrseitiges „Bühnenblatt" herausgegeben hatte. Um die damalige in Baden-Baden geleistete Theaterarbeit zu würdigen, muß man daran erinnern, daß um diese Zeit keine einzige Bühne in Paris oder Wien eine eigene Zeitung herausgab.

Auch Grußendorf führte im Kurhaus hauptsächlich Klassiker – von Shakespeare bis Shaw – auf, riskierte aber auch gelegentlich eine Novität und spielte politisch nicht festgelegte Zeitgenossen wie Werfel oder Klabund. In die Ära Grußendorf fiel der bisher einzige Versuch, aus Baden-Baden eine Festspielstadt zu machen. Die Idee lag nahe: Salzburg verdankte seinen Festspielen volle Hotels und einen in der ganzen Welt bekannten Namen. Oberbürgermeister Fieser sah, daß nur die Gemeinde ein Festival veranstalten kann, die über geeignete Räumlichkeiten verfügt. Das Kleine Theater war aber vom Bauherrn als Salontheater konzipiert worden, die Akustik des Großen Bühnensaals genügte höheren Ansprüchen nicht und die geringe Bühnentiefe schreckte jeden Regisseur ab.

Es galt also zunächst, ein Festspielhaus zu bauen. Reinhard Fieser initiierte einen „Verein Symphoniehaus e. V.

Baden-Baden". Gerhart Hauptmann, der gern in Baden-Baden weilte, wo er sich in Knickerbockern in der Lichtentaler Allee erging und „Goethe in Marienbad" spielte (eine abendliche „Kalte Ente" behagte ihm allerdings mehr als die vergebliche Werbung um eine adlige Minderjährige), nahm den Vorsitz der Gesellschaft an. Sie trat im Mai 1928 mit drei Werbeveranstaltungen vor die Öffentlichkeit: Die Berliner Philharmoniker gastierten unter Wilhelm Furtwängler, der Pianist Edwin Fischer stellte sich ebenso in den Dienst der guten Sache wie die Berliner Singakademie mit ihren 280 Choristen. Im folgenden Jahr erlebte die westliche Welt ihre erste schwere, lang anhaltende Wirtschaftskrise. Vom Projekt „Baden-Badener Festspielhaus" wurde nicht mehr gesprochen. Erst 1976 war in den Zeitungen wieder von Plänen zum Bau eines großen, mit der funktionslos gewordenen Trinkhalle verbundenen Opern- und Kongreßsaals die Rede.

Salzburg war durch seine Festspiele längst die gute Stube der Republik Österreich geworden, das hundert Jahre alte Bayreuther Festspielhaus war noch immer ein kultureller Wallfahrtsort, auf den ganz Oberfranken stolz war, und das kleine Montreux zeigte, daß man sich mit einem großzügig konzipierten neuen Casino in der starken Konkurrenz der Kongreß- und Erholungsorte glänzend behaupten kann. Aber wenn kein energischer und reicher Privatmann wie Jacques Benazet Druck ausübt, faßt man in Baden-Baden nur zögernd Entschlüsse. Vordringlich war in diesen Jahren einer neuen wirtschaftlichen Rezession der Bau einer Therme. Die Zahl der Badegäste nahm immer stärker ab, „Friedrichsbad" und „Neues Augustabad" erwirtschafteten Verluste in Millionenhöhe. Die Neugestaltung des Bäderbezirks, die 1980 begann, verschlang die ohnehin zusammengeschmolzenen Guthaben der Bäder- und Kurverwaltung. Die Kurdirektoren, zu deren Aufgaben es gehört, das Baden-Badener

Veranstaltungsprogramm zu konzipieren und durchzu-
führen, waren musisch uninteressiert und inkompetent;
es fehlte ihnen die Einsicht, daß heute ein meerfern gelege-
ner Erholungsort nur durch Festspiele, durch zyklisch
stattfindende Veranstaltungen auf hohem Niveau seinen
verlorenen Nimbus zurückgewinnen kann. Baden-Baden
ist derzeit das einzige europäische Bad mit 50 000 Einwohnern, das seine Anziehungskraft ganz ohne spektakuläre
künstlerische Veranstaltungen, ganz ohne Festwochen zu
erhalten bestrebt ist.

Aus der Retrospektive fällt das Urteil nicht schwer; die
Jahre von 1921–29 waren die beste Zeit des Baden-Badener
Theaters. 1927 wurden die avantgardistischen „Baden-Badener Musiktage" ins Leben gerufen. Auf dem Programm
des Musikfestes, das sich nur drei Jahre halten konnte,
standen neue Kammer-, Chor- und Filmmusik, daneben
aber auch halbszenische Bühnenwerke, jene Mischgattung
also, für die sich die der „Neuen Sachlichkeit" verpflichte-
ten Texter und Tonschöpfer besonders interessierten.

Die ersten Baden-Badener Musiktage fanden im Juli
1927 statt und lockten zahlreiche bekannte Komponisten
und Interpreten in den Badeort – Paul Hindemith und
Hanns Eisler, Bela Bartok und Kurt Weill, Ernst Toch und
Darius Milhaud, Gustav Klemperer und Lotte Lenya. Im
Großen Bühnensaal begegnete man engagierten jungen
Kritikern wie Theodor W. Adorno, H. H. Stuckenschmidt
und Heinrich Strobel. Ein Festivalbesucher hatte für das
von Paul Hindemith geforderte frisch-vitale Musizieren
wenig Verständnis – der umstrittene Dichter der „Dreigro-
schenoper" Bert Brecht, der zur Uraufführung seines
Songspiels „Mahagonny" gekommen war. Für Brecht war
Kunst eine Waffe im Klassenkampf, Chorgesang vor blau-
ender Waldkulisse war ihm ein Greuel. Der „Mahagonny"-Autor erntete für sein gegen den Strich gebürstetes Musical Beifall und Buhrufe. Der eigentliche Trium-

phator der rasch in prätensiöser Langeweile versandenden Musiktage war Paul Hindemith einer der künstlerischen Repräsentanten der Weimarer Republik.

Die Finanznot des Jahres 1930 erzwang den Abbruch des Festspiel-Experiments. Als „Tage für Musik und Radiokunst" wurden die Musiktage fünfzig Jahre später wieder aufgenommen: Als Veranstalter fungierten jetzt neben dem Theater Baden-Baden und der Bäder- und Kurverwaltung der Südwestfunk, der sich 1946 auf dem „Funkhügel" im ehemaligen Tiergartenviertel etabliert hatte. Die Programmgestalter suchten an das Kunstpanorama der Jahre 1927–29 zu erinnern, aber auch neue Wege der Radiokunst zu erkunden.

Im Mittelpunkt des Mini-Festivals von 1977 stand die Uraufführung des Musikdramas „That Time" von Wolfgang Fortner und Samuel Beckett und ein Kieler Gastspiel mit Mauricio Kagels „Kleinem Staatstheater". 1978 setzten sich die Veranstalter für Hermann Reutters fast in Vergessenheit geratenes Kammer-Melodram „Saul" ein, das „ensemble 13 baden-baden" unter der Leitung von Manfred Reichert spielte den vollständigen Zyklus der „Sieben Kammermusiken" Paul Hindemiths. 1979 wies die Staatliche Kunsthalle Baden-Baden als Mitveranstalter auf den Hindemith- und Gieseking-Schüler Hans Otte hin, der sich seit 1955 um die Visualisierung von Kompositionen, um das Sichtbarmachen von Klängen und Tönen bemüht. Auf dem Programm standen eine Straßenaktion mit dem Bremer Ensemble für Visuelle Musik, ein „Biographie" betitelter „Klangroman", das Otte-Oratorium „On Earth", eine Hörspiel-Uraufführung und drei weitere Otte-Kreationen, darunter das im Weinbrenner-Saal des Kurhauses dargebotene Raumkonzert für akustische und elektronische Streichinstrumente „Einklang". Einziger Höhepunkt der Musiktage 1980 war das Schauspiel „Music Hall" von Thomas Rübenacker mit der Musik des

Karlsruher Nachwuchsgenies Wolfgang Rihm. Dann entschlief das arg geschrumpfte Wochenend-Festival – hauptsächlich darum, weil man nicht über Jahre hinweg von der Vergangenheit zehren kann, und weil nach Cage und Kagel kaum noch neue Realisierungen im Grenzbereich von Raum, Farbe, Klang und Rhythmus denkbar sind. Auch nahm der öffentlich-rechtliche Rundfunk in der Bundesrepublik den Kampf gegen Kabelfernsehen, neue Medien, Privat-TV auf und vergaß darüber seine Mäzenatenrolle als Förderer kecker künstlerischer Wagnisse.

Im Herbst 1929 gingen die guten Jahre des Baden-Badener Theaters zu Ende. Die Wirtschaftskrise erreichte Deutschland und zerrüttete Staats- und Gemeindefinanzen. 1930 erwog die Stadt die Auflösung des eigenen Ensembles. Es gelang dem damaligen Oberspielleiter Robert Klupp, die Öffentlichkeit für das Theater zu mobilisieren und die Existenz der Städtischen Schauspiele zu erhalten. Die Schauspieler verzichteten auf einen Teil ihrer Gagen, die Stadt kürzte ihren Zuschuß auf 40 000 Mark im Jahr. Unter der Leitung von Robert Klupp und Dr. Wolrad Rube spielte das Ensemble weiter. Freilich – der Spielplan glich jetzt dem jedes Sommertheaters zwischen Bad Salzuflen und Bad Ischl, aufgeführt wurden nur noch bewährte Schwänke und flotte Lustspiele der internationalen Produktion.

Das Baden-Badener Theater hatte aufgehört, ein geistiges Zentrum und eine gesellschaftliche Instanz zu sein; im Januar 1933, als die Nationalsozialisten im Reich die Macht übernahmen, standen auf dem Spielplan des Hauses am Goetheplatz – jetzt Adolf Hitler-Platz – die Kriminalstücke „Kopf in der Schlinge" und „Der Geisterzug", das Rührstück „Alt-Heidelberg" und das Märchen „Peterchens Mondfahrt". Nach der Entlassung Robert Klupps blieben die Städtischen Schauspiele bis zu ihrer kriegsbedingten Schließung im Jahr 1940 auf dieser Linie. Wie die

Kurkapelle, die jetzt „Städtisches Orchester" hieß und von einem Generalmusikdirektor geleitet wurde, Nazi-Feiern musikalisch umrahmen mußte, so leistete auch das Baden-Badener Theater hin und wieder einen Beitrag zur völkischen Erziehung – etwa mit einer Festaufführung des Dramas „Schlageter" von Hanns Johst. Als Kuriosum sei vermerkt, daß in der Spätzeit des schon stark erschütterten Dritten Reichs der in eine Lazarettstadt umgemodelte Kurort in den Genuß einer eindrucksvollen Opern-Stagione kam. Als Josef Goebbels 1944 den „totalen Krieg" proklamierte, wurde die Kölner Oper nach Baden-Baden evakuiert. Die Kölner Künstler zeigten ihr Repertoire und boten durchaus sehenswerte Aufführungen, während draußen in der Rheinebene alliierte Jagdbomber schon jedes fahrende Auto, jedes Pferdegespann beschossen.

Im April 1945 war für die Baden-Badener der Krieg zu Ende – französische Truppen besetzten ohne Kampf die Stadt, die, ihrer vielen unversehrten, leerstehenden Hotels wegen Sitz des französischen Oberkommandos wurde. Den Lebensmittelmangel in der Französischen Besatzungszone konnte das Gouvernement militaire nicht mildern; die Versorgung der Truppe hatte Vorrang, das von den Deutschen vier Jahre lang geplünderte Elsaß verlangte und erhielt Kompensationen. Geistige Kost gewährten die Kulturoffiziere den Besiegten gern. Schon im September 1945 wurde das Kleine Theater – jetzt „Theater am Goetheplatz" – wiedereröffnet; Albrecht Schoenhals und Anneliese Born spielten die Hauptrollen in Noël Cowards „Intimitäten". Der Große Bühnensaal im Kurhaus blieb französischen Theater- und Filmaufführungen sowie Siegesbanketten der Alliierten vorbehalten.

Nach einer Reihe von Gastspielen eröffnete der Kriminalschriftsteller Paul van der Hurk am 20. April 1946 die erste, nur den Frühling und Sommer umfassende Vorspielzeit des Baden-Badener Theaters mit „Kabale und Liebe".

Starken Eindruck hinterließ, wie überall, Jean Anouilhs Schauspiels „Antigone", das 1943 im besetzten Paris uraufgeführt worden war. Der Theaterhunger war in diesem zweiten Nachkriegsjahr so heftig, daß man auch im Hochsommer weiterspielte – am 8. August 1946 hatten Hauptmanns „Ratten" Premiere. Dann bereitete sich das Ensemble auf die erste volle Spielzeit 1946–47 vor, die – eine Verneigung vor der Besatzungsmacht – mit Racine's „Phädra" eröffnet wurde. Chefdramaturg Willy Grüb, der spätere Initiator der Schwetzinger Festspiele, postulierte für die kleine Bühne im unzerstörten Baden-Baden einen „Spielplan der Nationen": „Die dramatische Weltliteratur steht uns Deutschen wieder offen. Die Grenzen ihrer theatralischen Verständigung sind nicht mehr allzusehr durch politische Erwägungen, konfessionelle Bindungen oder durch Intoleranzen einer Weltanschauung umrissen ... ein Spielplan der Nationen ... soll deshalb dem Spielplan des Baden-Badener Theaters im bevorstehenden und allen folgenden Spieljahren sein bestimmendes Gepräge geben." Grüb trug sein Konzept eines weltoffenen, völkerverbindenden Theaters mit dem idealistischen Pathos vor, das viele „Männer der ersten Stunde" beseelte und Erinnerungen an den expressionistischen Aufbruch von 1918 weckte.

Am 1. Dezember 1946 übernahmen Willy Grüb und der bisherige Oberspielleiter Arthur Maria Rabenalt die Intendanz. Im Kleinen Bühnensaal des Kurhauses richtete Grüb im März 1947 Kammerspiele ein. Die Idee eines zweiten Hauses, eines Kontrastprogramms, tauchte also schon kurz nach Kriegsende auf und blieb bis heute ein Leitmotiv der kurstädtischen Theaterstrategie: Moderne, vielleicht riskante Stücke zeigte die Intendanz später im Theater-Foyer des Hauses am Goetheplatz, im „Goldenen Löwen" in Lichtental, im „Baldreit", einem alten Badgasthof, der neuerdings das Stadtmuseum beherbergt, von

1976–82 in der „Komödie am Leopoldplatz", danach im stillgelegten und in ein Bürgerhaus verwandelten Stadtbahnhof.

Insgesamt fanden in der ersten Nachkriegsspielzeit, die bis zum 13. Juli 1947 dauerte, in Baden-Baden 405 Aufführungen statt. Die Zahl zeigt, wie elementar in der frühen Nachkriegszeit der Drang nach Theatereindrücken war. Am Ende der Spielzeit 1946–47 ließ ein wenig einsichtiger Oberbürgermeister mit Willy Grüb die stärkste künstlerische Potenz die Baden-Badener Bühne verlassen. Seit Beginn des Spieljahrs 1947–48 leitete Franz Everth mit dem Titel eines Schauspieldirektors das Haus am Goetheplatz. Der Südwestfunk hatte nach den ersten Anlaufschwierigkeiten keine finanziellen Sorgen mehr, da die Hörer in dem weiten Sendegebiet pünktlich ihre zwei Mark Monatsgebühr zahlten, und konnte sich neben einem 120-Mann-Orchester auch ein eigenes künstlerisches Ensemble für Hörspielproduktionen leisten. Da man um 1950 im Hörspiel noch über den Äther verbreitetes Theater sah, lag den Hörspielregisseuren – Christian Böhme, Gert Westphal, Carl Peter Biltz – an einer engen Zusammenarbeit zwischen dem Südwestfunk und dem Theater. Die Baden-Badener Bühne kam so immer wieder zu Gästen, die ohne Gage auftraten, was für sie bald lebenswichtig wurde.

Die ersten Jahre des „Wirtschaftswunders" nach 1949 waren dem westdeutschen Theater nicht hold. Der Nachholbedarf an moderner ausländischer Dramatik war gedeckt, das Entzücken der Zuschauer an den Stücken von Sartre, Eliot, Giraudoux und Lorca ließ nach. Die Währungsreform im Juni 1948 führte dazu, daß die Stadtverwaltungen mit der harten DM sparsam umgingen, umgehen mußten, da die städtische Infrastruktur sich, seit 1939 nicht mehr gepflegt, in einem desolaten Zustand befand und nahezu alles, von der Wasserleitung bis zum Straßenbelag, erneuert werden mußte. Materielle Interessen dominierten gleichsam von einem Tag zum andern über kulturelle Bedürfnisse; Franz Everths Haus geriet ins Kreuzfeuer der Kritik, es werde zu wenig besucht, der Abonnementverkauf stagniere. Die Gegner eines eigenständigen Baden-Badener Theaters wiesen darauf hin, daß man ein breitgefächertes Veranstaltungsprogramm auch mit Gastspielen bestreiten könne. Eine Vielzahl von Tourneebühnen bot sich an, das feste Ensemble zu ersetzen.

Dem Baden-Badener Theater kam in dieser kritischen Lage zugute, daß es seit seiner Wiedereröffnung – obschon es „Theater der Stadt Baden-Baden" hieß – kein Stadttheater war. Es wurde – und wird – von der Bäder- und Kurverwaltung, einer öffentlich-rechtlichen Körperschaft getragen. Die größtenteils aus Spielbankeinnahmen finanzierte Bäder- und Kurverwaltung (BKV) trägt das Defizit der Bühne zu 75%, die Stadt zu 25%. Der Intendant des Theaters wird vom Verwaltungsrat der BKV ernannt und ist offiziell Abteilungsleiter der BKV, also dem Veranstaltungsleiter oder dem Gartenbaudirektor, der die Baden-Badener Parks und Gartenanlagen betreut, gleichgeordnet. Der Vorzug der Konstruktion ist, daß der Bühnenprinzipal sich nicht mit Gemeinderäten und Theaterausschüssen herumzuschlagen hat; der Nachteil, daß er ein geringeres Sozialprestige hat als ein Intendant in anderen vergleichbaren Mittelstädten.

Am 1. September 1949 übernahm der einer alten Schauspielerfamilie entstammende Hannes Tannert, ein gebürtiger Hamburger des Jahrgangs 1900, das Theater der Stadt Baden-Baden. Tannert hatte seine Laufbahn am Berliner Luisentheater begonnen, dann in vielen Städten die jugendlichen Helden und Bonvivants gespielt und war nach 1933 Intendant beziehungsweise Schauspieldirektor in Krefeld, Dortmund, Bremen und Stuttgart gewesen. In den sechzehn Jahren seiner Baden-Badener Intendanz

machte der kluge und geschickte, im Umgang mit bürgerlichen Honoratioren und Schauspielerkollegen gleicher-
maßen versierte Charmeur mit Durchsetzungsvermögen
weder Avantgarde- noch klassisches Bildungstheater. Dennoch gilt seine Ära in der Stadt als eine produktive und
beglückende Theaterzeit. Die Sonderheiten der Baden-Badener Szene waren Tannert stets bewußt: so mischte er in
seinen Spielplänen mit viel Fingerspitzengefühl Stücke,
die dem Unterhaltungsbedürfnis der Gäste und dem kon-
servativen Sinn des einheimischen Bürgertums und der
Pensionäre entsprachen.

Die Baden-Badener Ur- und Erstaufführungen lagen
meist im heiteren Genre – Komödien von Georges Feydeau
und Marcel Aymé, von Albert Husson und Alexandre Ri-
vemale. Colette's und Vicky Baums „Gigi" wurde in seiner deutschen Fassung in Baden-Baden aus der Taufe ge-
hoben, Marquerite Brefforts Musical „Irma la Douce" trat
von Baden-Baden aus seine Rundreise durch die deutsche
Theaterlandschaft an. In der Jubiläumsspielzeit 1962–63
zum hundertsten Geburtstag des Theaters spielte Tannert
Stücke von Giraudoux, Scribe, Wilde, Hauptmann,
Fabbri, Dürrenmatt, Sternheim, Charell, Roussin, Krasna,
Saroyan, Schnitzler, Goetz, Patrick, Reinecker und Maug-
ham. Dazu kamen eine Uraufführung – die Dramatisie-
rung des Romans „Der Großtyrann und das Gericht" von
Werner Bergengruen – und eine deutsche Erstaufführung
– Alfred de Mussets Komödie „Die Launen der Ma-
rianne", die der noch kaum bekannte Franzose Jean-
Pierre Ponnelle, der in Baden-Baden zur Schule gegangen
war, mit Margit Saad und Harald Leipnitz inszenierte.
Gern arbeitete Hannes Tannert mit dem in Geroldsau ansässigen Schauspielerpaar Albrecht Schoenhals und Anneliese Born zusammen, das in die badische Provinz einen
Hauch mondäner Überlegenheit brachte. Den Ton der ge-
hobenen Boulevardkomödie trafen der ehemalige Militär-

arzt und spätere Film- und Bühnenstar Schoenhals und seine überaus lebhafte Frau wie wenige in Deutschland; auch privat.

Tannert – das ist ihm hoch anzurechnen, weil es unüblich geworden ist – achtete darauf, daß sein Haus in jeder Spielzeit zwei oder drei neue Stücke herausbrachte. Die Überlegung, die diesem Tun zugrundelag, war einfach: Wenn in einem Land mit sechzig Millionen Einwohnern keine zehn Autoren mehr vom Stückeschreiben leben können, wird das Theater entweder gänzlich importabhängig oder sklerotisch. Tannert verschmähte – zu Unrecht – Genêt, Adamov und Beckett –, aber er gab hin und wieder einem wenig bekannten Autor wie Ulrich Becher oder Walter Erich Schäfer eine Chance. Ein Bühnenschriftsteller konnte sich bei Tannert sogar als Hausautor, als Dramaturg im ursprünglichen Wortsinne fühlen: der in Prag geborene Otto Zoff, Otto Falckenbergs Mitarbeiter an den Münchner Kammerspielen, zeitweise der Schwager Bert Brechts. Von Zoff, einem weißhaarigen alten Herrn mit milden Kinderaugen, führte Tannert drei Stücke auf: „König Hirsch" (nach Gozzi, 1957), „Die Glocken von London" (1958) und „Die Geschwister Erskine" (1961).

Tannerts Leistung bestand darin, das Unterhaltsame auf bühnenwirksame Formeln zu bringen. Dabei unterstützten ihn fähige Mitarbeiter, junge Schauspieler, die sich unter seiner Obhut rasch entwickelten. Stefan Wigger und Herbert Fleischmann, Karin Eickelbaum und Karl Georg Saebisch – für sie und viele andere war das Baden-Badener Theater das Sprungbrett.

Guten Kontakt hielt Tannert auch zum Publikum. 1949 gründete er zusammen mit Otto Beetz die Volksbühne, deren Ziel es war, möglichst breite Bevölkerungskreise durch die Vermittlung von verbilligten Theaterkarten für den regelmäßigen Besuch von Theateraufführungen zu gewinnen, 1952 zusammen mit dem Bühler Fabrikanten

Manfred Fischer die Patronatsgesellschaft für das Theater, die in eigener Regie viele Vorträge und Theatergespräche veranstaltete.

Soziologisch gesehen, war Tannerts vielgelobte Theaterarbeit auf das Amüsierbedürfnis einer Gesellschaft zugeschnitten, die in den 50er Jahren rasch wohlhabend wurde und sich auch im ästhetischen Bereich strikt an die politische Devise „Keine Experimente!" des ersten Bundeskanzlers Konrad Adenauer hielt. Daß sein Rezept des anspruchsvoll unterhaltenden, dabei komödiantisch inspirierten Theaters nicht übertragbar war, zeigte sich nach seinem Weggang 1965: Sein Nachfolger, Intendant Kurt Welke, hatte wenig Fortüne und verließ Baden-Baden schon nach zwei Jahren.

Dabei besaß Welke eine Fähigkeit, die Tannert abgegangen war – er ließ Mitarbeitern freie Hand. So kamen in den Tagen der außerparlamentarischen Opposition gegen die in Bonn regierende Große Koalition, in denen vor allem von den rebellierenden Studenten vieles in Frage gestellt wurde, in Baden-Baden einige höchst ungewöhnliche Theaterpremieren zustande, von denen die der polnischen Groteske „Der Schrank" (von Ignacy Witkiewicz) durch den genialischen Krakauer Regisseur Tadeusz Kantor wohl die memorabelste ist.

Kantors Inszenierung – in der Reihe „Das Experiment" im Februar 1966 – machte Gäste und Kritiker, die aus ganz Südwestdeutschland zusammengeströmt waren, mit dem „autonomen" Theater bekannt. Was aber war autonomes Theater? Kantors bündige Antwort: Ein Theater, das nicht einen literarischen Text reproduziert, sondern auch dem dichterischen Wort gegenüber Eigenständigkeit bewahrt. „Mein Theater", so der Pole damals, „erhebt Anspruch darauf, seine eigene, völlig unabhängige Realität zu besitzen." Um diese Realität herzustellen, führte Kantor den „Schrank" nicht auf der Bühne, sondern im Keller der

Staatlichen Kunsthalle in der Lichtentaler Allee auf, arbeitete mit Laiendarstellern, benutzte eine nur approximative Übersetzung des Witkiewicz-Textes und bastelte eigenhändig Dekorationen und Kostüme. Man kann behaupten, daß die „Schrank"-Aufführung in Baden-Baden die Zuschauer ähnlich elektrisierte wie in den frühen 50er Jahren die Uraufführung von Samuel Becketts „Warten auf Godot" die Habitués eines kleinen Privattheaters im Pariser Quartier Latin.

Von dem achtjährigen Wirken des Intendanten Dr. Günther Penzoldt, der sich mit dem „Aias" des Sophokles vorstellte und mit Lazare Kobrynski's „Die Dame mit dem Hündchen" verabschiedete, bleibt in Baden-Baden, bizarr genug, weniger die Erinnerung an erregende, künstlerisch schlüssige, vorwärtsweisende Theaterabende, als die an zahllose Kämpfe und Querelen, die der persönlich so stille, behutsame, meist verbindliche, stets gescheite ehemalige Gründgens-Dramaturg mit der Bäder- und Kurverwaltung, dem Rechtsträger des Theaters, austragen mußte, die zu Beginn der 70er Jahre ein neues Konzept für das Gesellschaftsbad und die Kongreßstadt Baden-Baden entwarf. Ein Konzept, in dem nach dem Willen einiger leitender Persönlichkeiten in Stuttgart wie im Badeort für ein eigenes Theaterensemble wie für ein eigenes Kurorchester kein Platz vorgesehen war.

Der Kampf um den Fortbestand des Theaters Baden-Baden (so hatte man das Theater der Stadt Baden-Baden umgetauft) erreichte seinen Höhepunkt im Frühherbst 1974. Ein Baden-Badener Kritiker schrieb damals in einer auswärtigen Zeitung, dem „Offenburger Tagblatt": „Das Theater Baden-Baden lebt in diesen Wochen und Monaten in einer eigenartigen Situation. Es ist gesund, erfreut sich regen Zuspruchs, hat ohne sich anzubiedern, sein Publikum hinter sich. Dennoch nährt es Sorgen um seinen Fortbestand. Vorerst sind es nur finstere Gerüchte, die die künstlerische Arbeit im Haus am Goetheplatz belasten. Seit Jahren fordern die Intendanz und die ihr verbundene Patronatsgesellschaft ein neues Kulissenhaus anstelle des baufälligen aus dem Jahr 1862, das jetzt noch neben dem Theater steht. Die Bäder- und Kurverwaltung legte vor etwa zwei Jahren einen Millionenbetrag für dieses Bauprojekt zurück, ein Architekt entwarf Baupläne. Dann hörte man plötzlich aus dem Finanzministerium des Landes Baden-Württemberg (der Staatssekretär im Finanzministerium ist, wechselnd mit dem Baden-Badener Oberbürgermeister, Vorsitzender des Verwaltungsrats der Bäder- und Kurverwaltung), vor dem Bau müsse man noch ein Gutachten einholen. Das Gutachten wurde bei dem Intendanten der Württembergischen Landesbühne Esslingen, Elert Bode, in Auftrag gegeben und vom Ministerium als Geheimpapier behandelt. Dennoch gelangte eine Kopie nach Baden-Baden. Siehe da: der Esslinger Intendant war gar nicht nach Nutzen und Zweck eines neuen Kulissenhauses, sondern danach gefragt worden, ob Baden-Baden sein eigenes Ensemble behalten oder dieses abgeschafft werden solle! Seit diesem mysteriösen Gutachten mißtraut der Baden-Badener Intendant Dr. Günther Penzoldt seinem Rechtsträger."

Der scheu konformistische Günther Penzoldt las daraufhin im „Staatsanzeiger für Baden-Württemberg" der BKV (Bäder- und Kurverwaltung) die Leviten: „Dort, im Verwaltungsrat der BKV, sieht man die Dinge mit anderen Augen. Dort ist der Bildungswert des Theaters – wie es scheint – ohne Stellenwert in den Bilanzen, dort wird – überspitzt gesagt – Shakespeare's ‚Hamlet' als Luxusartikel eingestuft. Nun wird, so absurd das auch scheint, ein Kulturinstitut wie ein Theater, das ja, wo auch immer und wie auch immer, subventioniert werden muß, in eine Gemischtwarenkette von Negativposten eingereiht und ist damit nichts als ein weiterer, lästiger Minuspunkt."

Von den sehr persönlich geführten Auseinandersetzungen und den Sorgen um mögliche Subventionskürzungen zermürbt, nahm Günther Penzoldt im Sommer 1976 einen Ruf nach Saarbrücken an; viele seiner besten Schauspieler folgten ihm. Penzoldts Programmschwerpunkt war nicht das Boulevardtheater gewesen. Sein Ehrgeiz richtete sich auf die Klassiker, von denen er manche in, wenn nicht brillanten, so doch respektablen Aufführungen auf die Bühne brachte. Sein „Hamlet" wurde von zwölftausend Zuschauern gesehen, das „Leben des Galilei" (Bert Brecht) von elftausend, „Romeo und Julia" von neuntausend. Mit Uraufführungen hatte Penzoldt eine weniger glückliche Hand, die von ihm herausgebrachten Musicals wurden selten andernorts nachgespielt.

Zum Nachfolger von Günther Penzoldt berief die Bäder- und Kurverwaltung den jungen Freiburger Dramaturgen Wolfgang Poch, der den Baden-Badenern bei Amtsantritt ein „Theater der Spezialitäten" versprach. Poch: „Ich will Theater für die Stadt, nicht gegen sie machen. Das heißt: ein lockeres, ein heiteres Programm, bei dem allerdings auch das ernste Wort nicht fehlen darf, kein Komödienstadl. Ich will anknüpfen an Hannes Tannert, den Spielplan also auf die anspruchsvolle Komödie, auf das Musical hin ausrichten."

Wolfgang Poch verließ Baden-Baden im Sommer 1983. Der überaus fleißige Theatermann mutete seinem kleinen, dreiundzwanzigköpfigen Ensemble bis zu fünfzehn Premieren pro Spielzeit zu; die Quantität ging auf Kosten der Qualität, viele Aufführungen waren hastig, ja flüchtig einstudiert und mißfielen. Es zeigte sich in den späten 70er Jahren immer deutlicher, daß gute Schauspieler zu den Gagen, die Baden-Baden bieten kann, kaum mehr zu engagieren sind. Poch achtete gewissenhaft darauf, möglichst hohe Kasseneinnahmen zu erzielen, um seinen Arbeitgeber zufriedenzustellen, und ließ darum die zeitgenössischen deutschen Bühnenautoren – von Botho Strauß bis Thomas Bernhard – ungespielt, ebenso das Problemstück des Auslands. Das erregte bei den jüngeren Theatergängern böses Blut. Poch antwortete ihnen mit einem Spruch von Gerhart Hauptmann: „Ein Zauberkasten ist diese Rumpelkammer, die man Bühne nennt. Sie zieht nicht nur Menschen, sie zieht auch Dämonen an. Heilige wie Teufel haben hier ihre Reverenz gemacht. Ich werde mir keineswegs anmaßen, die wahrhaft universelle Vielfalt des Theaters im Wort zu erschöpfen. Ich möchte nur noch die Besonderheit hervorheben, daß, um es in allen Tiefen, Höhen und Weiten lebendig zu machen, das Auge und Herz eines Kindes notwendig sind, überhaupt das uralte, ewige, niemals alternde Kind."

Als niemals alternde Kinder fühlten sich viele Baden-Badener Theaterzuschauer nicht, sie drängten auf Ablösung des Intendanten, dem man zwei Meriten nicht absprechen kann: er machte einige Jahre lang die „Komödie am Leopoldplatz" zu einer munteren, vielbesuchten Kleinkunstbühne und es gelang ihm, das Baden-Badener Orchester (das ehemalige Städtische bzw. Kurorchester) für das Theater nutzbar zu machen. So gingen unter Wolfgang Poch einige selten gezeigte Schauspiele mit Musik wie Molière's „Der Bürger als Edelmann" (mit der Musik von Lully) und Goethes „Egmont" (mit der Musik von Beethoven) in Szene. Im Herbst 1983 übernahm Dr. Frieder Lorenz die Intendanz des Theaters Baden-Baden. Lorenz war nach dramaturgischen Lehrjahren in Darmstadt und Münster Generalintendant der Städtischen Bühnen Münster. Er kam mit vielen neuen Schauspielern nach Baden-Baden, reduzierte als erste Maßnahme drastisch die Zahl der Premieren in seinem neuen Haus auf acht und verfocht in seiner ersten Spielzeit ein nicht immer publikumswirksames Theater mit literarischen Referenzen aus dem slawischen und romanischen Raum.

Die bildungsbürgerliche Idylle

Maler in Baden-Baden

Der Kleinmeister: Johann Stanislaus Schaffroth

Baden-Baden besitzt kein Kunstmuseum mit eigenem Bildbestand, wohl aber Stadtgeschichtliche Sammlungen, die im Torgebäude und im angrenzenden Marstall des Neuen Schlosses untergebracht sind, und ein Stadtmuseum im alten Badgasthof Baldreit in der Küferstraße. Pietätvoll wird hier ausgestellt, was zwei Jahrtausende im Oostal an historischen Spuren und Überbleibseln übriggelassen haben – die Reste römischer Steindenkmäler, mittelalterlicher Steinmetzarbeiten, alte eiserne Ofenplatten, Helme und Säbel der einstigen Bürgerwehr, alte Puppenküchen, Spielzeug, Orden, Brillen, einheimische Glaswaren und Porzellane längst eingegangener Manufakturen, dazu Kuriosa wie das „Klondyke", ein Pferderoulett. Zwei Kustoden bauten den Bestand langsam aus. Von Zeit zu Zeit veranstalten die Stadtgeschichtlichen Sammlungen Sonderausstellungen. Eine der ersten – im Spätsommer 1976 – war einem der frühesten in Baden-Baden tätigen Maler, Johann Stanislaus Schaffroth, gewidmet, von dem die Sammlungen zahlreiche Werke besitzen. Wer war Johann Stanislaus Schaffroth?

Der Name deutet auf Tiroler Herkunft. Vermutlich kam ein Schaffroth zu Beginn des 18. Jahrhunderts als Mitglied einer Gruppe wandernder Holzarbeiter in den Schwarzwald. Im Jahr 1739 ist der Name Schaffroth erstmals in Baden-Baden nachweisbar. Im Kirchenbuch der Stiftspfarrei steht zu lesen, daß dem Michael Schaffroth eine Tochter geboren wurde. Michael Schaffroth war „Misselmacher", also Holzhauer. Misseln waren Holzscheiter bis vier Meter Länge, die die Flößer über die Murg und Oos zum Rhein transportierten.

Michaels ältestem Sohn Gottlieb gelang ein bemerkenswerter sozialer Aufstieg: Er gehörte zu den Hofbediensteten des Markgrafen, war Maler und Restaurator, arbeitete viel für die Kirche und erwarb ein Haus in der Steinstraße, das heute noch steht. Sein Sohn Johann Stanislaus, geboren 1766, setzte den sozialen Aufstieg fort. Er heiratete die Tochter des Kommerzienrats Anton Dürr, der die Glashütte in Herrenwies und das Eisenwerk in Rotenfels besaß, studierte in Karlsruhe und Zweibrücken, Stuttgart und Dresden und kehrte dann – ein ernstblickender Mann von bäuerischem Wesen – in seine Heimatstadt zurück. Für die Laufbahn eines freischaffenden Künstlers war die Markgrafschaft Baden der Vorrevolutionszeit zu klein. Schaffroth ging also, wie sein literarisch ambitionierter Altersgenosse Aloys Schreiber, der spätere Hofhistoriograph des Großherzogtums, in den Schuldienst und unterrichtete ab 1790 an der Baden-Badener Gewerbeschule angehende Schreiner, Schlosser und Dreher in der Fertigkeit des architektonischen Zeichnens.

In Schaffroths erste Dienstjahre fielen die großen Kriegsstürme der Jakobinerzeit und die napoleonischen Feldzüge. Sie scheinen das Leben des jungen Zeichenlehrers nicht berührt zu haben. Während im Deutschen Reich die große nepoleonische Flurbereinigung Dutzende von Souveränen von ihren Thronen purzeln ließ, erfreute sich Johann Stanislaus Schaffroth seines schönen Hauses am Römerplatz, das er wohl mit der Mitgift seiner Frau gekauft hatte. Die Ehe mit der Rotenfelser Fabrikantentochter war, wie man im gravitätisch-frommen Deutsch seiner Zeit und seiner Klasse sagte, „mit sieben Kindern gesegnet". Nüchterner ausgedrückt: Frau Schaffroth gebar ihrem Mann die gewünschte Nachkommenschaft und starb dann, nach sieben Wochenbetten, mit sechsundzwanzig

Jahren an körperlicher Erschöpfung. Schaffroth heiratete zwei Jahre später wieder und zeugte mit seiner zweiten Frau Sabina, geborene Mühlfelder, einer Zugereisten, vier Kinder. Sein ältester Sohn kam im Befreiungskrieg um, eine Tochter starb ledig in Paris, eine andere Tochter heiratete einen dreißig Jahre älteren Onkel.

Schaffroth, das zeigen seine in Baden-Baden aufbewahrten Bilder, war kein bedeutender Maler. Im fehlte der Sinn für die Natur wie für die menschliche Schönheit, und er besaß nur wenig Humor. Seine Ölbilder und aquarellierten Federzeichnungen spiegeln den dumpfen Geist, der von 1800 in den südwestdeutschen Duodezstaaten herrschte. Für seinen engen Lebenskreis ist dieser Kleinmeister ein künstlerischer Zeuge, auf den man sich verlassen kann. Schaffroths Bilder sind unbeholfen und ohne lyrischen Schwung, aber Dokumente ersten Ranges – die Stadtansichten ebenso wie die Skizzen von alten Bauten aus Baden-Badens näherer Umgebung. Schaffroth hat die Stadt gezeichnet, bevor der Schwarm der Stahlstecher und Lithographen die kleine Sommerfrische im Oostal als lohnendes Motiv entdeckte. In schüchterner Annäherung an die herrschende romantische Richtung malte Schaffroth gern Ruinen. Der Ruinenliebhaber Schaffroth war, nicht nur als elffacher Vater, ein geplagter Mann. Jahrzehntelang kämpfte er um eine höhere Besoldung. Erst 1825 erhielt er das Baden-Badener Bürgerrecht, mit fünfundsiebzig Jahren durfte er endlich auch an der höheren Bürgerschule Unterricht erteilen. Mit siebenundsiebzig bat er 1843 um Pensionierung, doch das Ministerium in Karlsruhe wies das Ersuchen ab, mit der Begründung, man habe erst unlängst bei einer Visitation festgestellt, daß der Lehrer Schaffroth munter und anregend sei und mit gutem Erfolg wirke. Noch als Fünfundachtzigjähriger stand Johann Stanislaus Schaffroth vor seinen Schülern und gab Zeichenstunden wie vor sechzig Jahren. Die große europäische

Malerei hatte in diesem Zeitraum ihre Wendung von Fragonard zu Delacroix vollzogen – ob Schaffroth, der spröde Kleinmeister, ihn wohl wahrgenommen hat?

Carl Philipp Fohr und Karl Ludwig Frommel

In den Jahren 1810–15 wurde man auf Baden-Baden aufmerksam. Als wohl erster Künstler von Rang hat der junge Carl Philipp Fohr das kleine Bad besucht. Fohr, geboren 1795 in Heidelberg, war 1811 nach Darmstadt gegangen, wo die Erbprinzessin Wilhelmine, geborene Prinzessin von Baden, seine Gönnerin wurde. Sie erteilte ihm die ersten Aufträge und setzte ihm ein Jahresgehalt aus. Auf Einladung Wilhelmines weilte der hochbegabte Romantiker, den Benno Reifenberg mit Dürer verglichen hat, vom 24. Juni bis zum 22. Juli 1814 in Baden-Baden und erwanderte die Umgebung.

Fohr, hoch von Wuchs, aber vornübergebeugt gehend, war – obschon nicht eigentlich kräftig – ein zäher Spaziergänger; der Waldeinsamkeit galt seine Sehnsucht. Im Herbst und Winter schuf er nach den in seinem Skizzenbuch festgehaltenen Motiven Aquarelle. Sein Bild „Sägemühle im Geroldsauer Tal", eine Tuschpinselstudie, schenkte er der Erbprinzessin. Im Juli bezog der Künstler die Münchner Akademie und freundete sich dort mit S. Ruhl an, der ihn zur Illustration altdeutscher Stoffe anregte. Im Oktober 1816 übersiedelte Fohr nach Rom, verkehrte mit Deutsch-Römern, Nazarenern, traf sich mit Freunden in Café Greco. Im Juni 1818 ertrank der Maler beim Baden im Tiber. Seine hinterlassenen Bilder und Skizzen sind eine einzige Anrufung der Jugend, ihres Glanzes, ihrer noblen Eigenschaften – Ernst, Freundlichkeit, Mut, Grazie, Schwärmerei, Demut.

Für Fohr war die Kunst eine Religion. Von seinem Altersgenossen Karl Ludwig Frommel wird man dies nicht behaupten können: Er war ein tüchtiger Handwerker, fleißig und rechtschaffen. Von den Zeichnern, die im Biedermeier lebten, hat er am intensivsten für den aufstrebenden Erholungsort Baden-Baden geworben. Es ist ein Gebot der Höflichkeit, an sein Schaffen zu erinnern.

Karl Ludwig Frommel war der Ausbildung nach Maler und Kupferstecher. Er wurde 1789 in Birkenfeld im Hunsrück geboren. Birkenfeld war die Heimat der jüngeren Linie des Hauses Wittelsbach, die 1806 den bayerischen Thron bestieg, nachdem Max Joseph schon seit 1799 bayerischer Kurfürst gewesen war. Das Amt Birkenfeld war 1776 an die Markgrafschaft Baden gefallen. Karl Ludwigs Vater war der spätere großherzogliche Baurat Wilhelm Frommel. Die Familie zog 1799 nach Karlsruhe. Karl Ludwig besuchte dort das Gymnasium; einer seiner Lehrer, in den Fächern Latein, Griechisch und Hebräisch, war der aus dem Oberland stammende Prälat Johann Peter Hebel.

Der Kurswechsel der badischen Politik nach 1796, die Anlehnung an Frankreich, hatte für den jungen Frommel angenehme Folgen. Der bekannte Mannheimer Kunsthändler D. Artaria schickte ihn 1810 nach Paris; Frommel durfte interessante Ansichten der französischen Hauptstadt und ihrer Umgebung aquarellieren. 1812 bewilligte die badische Regierung dem Künstler, dessen Biederkeit Gewähr für die rechte Gesinnung gegenüber Dynastie und Staat und politisches Wohlverhalten bot, für fünf Jahre nach Italien. Gleich nach seiner Rückkehr aus dem gelobten Land der Kunst wurde Frommel im Jahr 1818 Vorstandsmitglied des Karlsruher Kunstvereins. Einen Monat später erhielt er einen Ruf an die Karlsruher Kunstakademie. Als Professor verfügte er über ein Jahresgehalt von 800 Gulden; er hatte in seinem Atelier vier Schülern unentgeltlichen Unterricht im Malen und Zeichnen zu erteilen und mußte der großherzoglichen Galerie ein Gemälde und eine größere Zeichnung pro Jahr liefern.

Der strebsame Frommel ruhte sich als wohlbestallter Kunstprofessor nicht aus. Schon 1824 ließ er sich Urlaub geben und fuhr nach London, um sich dort in die brandneue Technik des Stahlstichs einweihen zu lassen. Andere deutsche Staaten holten sich damals aus Großbritannien Spezialisten für den Eisenbahnbau, das Großherzogtum Baden leistete sich den Luxus, britische Kupferstecher, die das Stahlstichverfahren meisterten, nach Karlsruhe einzuladen. Frommel gründete zur Ausbeutung des neuen Mediums eine Art Manufaktur: „Die ersten Stahlstiche auf dem Kontinent erschienen aus meiner Schule, worin sich Gustav Müller, Poppel, Schütze, Hesselöhl, Hofmeister pp. auszeichneten.“

Man kann die Verbreitung des Stahlstichs und der Lithographie in Zusammenhang mit dem nach 1820 aufkommenden, zunächst rein englischen Mittelstandstourismus sehen. Die adligen Kavaliere des 17. und 18. Jahrhunderts hatten von ihrer Grand Tour nach Venedig, Rom und Neapel Originalgemälde italienischer Meister und großformatige Kupferstiche mit nachhause gebracht; im Schloß des Vaters erhielten die italienischen Veduten einen Ehrenplatz. Die Briten von 1820 reisten ebenfalls in den Süden, in die Campagna, die Toskana und nach Rom; weitere Hauptziele waren Paris, der Genfer See, das Berner Oberland, das Rheintal und der Schwarzwald. Nicht wenige englische Familien verbrachten den Winter in Florenz, Lausanne, Baden-Baden und Godesberg. Es war die Stunde der Stahlstecher; die Gäste von der Insel und in ihrem Gefolge Mittelstandsreisende aus anderen Ländern kauften begierig – als Mitbringsel oder Souvenir – Stiche. Die bevorzugten Motive waren Landschaften, Ruinen und imposante Bauten, Trachten und Einheimische mit pittoresken Berufen, also etwa Köhler, Flößer, Glasbläser. Die

Sujets wurden von den Künstlern, die sich an dem Boom beteiligten, „malerisch" behandelt, d. h. in der Tradition eines Poussin, Lorrain oder Hubert Robert ließen die Stahlstecher auf ihren Bildern alle zufälligen Details als unwichtig weg. Nur das Charakteristische, die Lokalfarbe zählte. Auf Frommels Stichen entstellt nie ein überflüssiger Gegenstand den harmonischen Gesamteindruck. Auch die abgebildeten Personen sind nur blasse Staffage.

Mit der Stahlplatte ließen sich weit mehr einwandfreie Drucke herstellen als mit der bisher üblichen Kupferplatte. Der Stahlstich eroberte die Alben und Almanache und das bürgerliche Interieur. Fünfzig Jahre später kam die Ansichtspostkarte auf, der Halbbruder der Daguerreotypie. Das Foto verdrängte Stahlstich und Litho aus Zeitschriften und Andenkenläden.

Mit seinen vielen Schülern verklärte Karl Ludwig Frommel in unermüdlichem Fleiß das Großherzogtum Baden zum „Musterländle", zur Idylle, in der es proper, allerdings auch eigentümlich leblos zugeht. Alles hat seine Ordnung – dafür sorgen nicht näher geschilderte, aber stets wachsame und wohltätige Behörden. Frommels künstlerische Manier, die Kunsthistoriker zwischen den klassizistischen Vedutenmalerei und einem noch zaghaft keimenden Realismus ansiedeln, eignete sich, weil ideologisch unvoreingenommen und quasi wertfrei, für nahezu alle im Land auffindbaren Motive – vom Wasserfall über den Eisenbahnviadukt bis zum Zuchthaus. Frommels ehrbare Ausgewogenheit trug ihm die Gunst der Großherzöge ein; Leopold, der erste aus der Seitenlinie Hochberg, ernannte ihn zum Direktor der großherzoglichen Gemäldegalerie in Karlsruhe. Seine Direktorentätigkeit übte Frommel achtundzwanzig Jahre aus. 1858 trat er auf eigenen Wunsch in den Ruhestand. Als Pensionär zog er für vier Jahre nach Lichtental. Frommel starb 1863 in Ispringen bei Pforzheim, wo sein Sohn Max Pfarrer war.

Baden-Baden hatte der Künstler erstmals im Jahr 1818, nach seiner Rückkehr aus Italien, einen längeren Besuch abgestattet. In den folgenden Jahren sah er sich im Oostal nach einem zweiten Wohnsitz um. 1843 erwarb er im stillen Gunzenbachtal ein Hofgut. Später fand er in Lichtental nahe der Aubrücke eine Wohnung, die ihm zusagte. Als Atelier diente ihm lange die St. Wolfgangskapelle in Lichtental. In seiner Baden-Badener Sommerfrische malte Frommel, der schon um fünf Uhr morgens vor der Staffelei stand und sich noch vor dem Abendessen beim Lampenschein mit Kohlezeichnen und Radieren beschäftigte, vor allem Landschaftsbilder. Auch der Ritterzeit und ihrer baulichen Hinterlassenschaft galt sein Interesse.

Ludwig Frommels erstes Heft mit sechs Ansichten von Baden-Baden erschien 1823; Aloys Schreiber, stets zur Stelle, wenn es galt, die Heimat zu feiern, hatte den geschmeidigen Begleittext verfaßt. Die Veduten zeigten das funkelnagelneue Konversationshaus, das Dagobertstürmchen im Schneckengarten neben dem Neuen Schloß, den Eingang in das Alte Schloß, die stärkste Quelle von Baden-Baden, den Ursprung, den Kirchhof und eine Baden-Badener Gesamtansicht. Die Serie fand überschwengliches Lob und verkaufte sich gut. Frommel hatte eine Marktlücke entdeckt, was ihn dazu ermunterte, von seiner Serie drei Ausgaben zu drucken – eine kleinformatige für ärmere Reisende, eine auf Chinapapier und eine Prachtausgabe auf Velin.

Das zweite Heft war Ende 1824 fertig und enthielt Ansichten des Gartenhauses der Großherzogin Stephanie auf dem Rettig, ein angeblich römisches Bad, eine Innenansicht des Dagobertstürmchens, das Alte Schloß, Ebersteinburg bei Baden und den Altar des Merkur auf dem großen Staufen. Dieses zweite Heft bestand schon nicht mehr aus Kupfer-, sondern aus Stahlstichen und trug Frommel von der Kritik die Anerkennung ein, er verstehe die Sprache der Natur und vermöge ihre Bedeutung zu erfassen. Der also gewürdigte Künstler ergänzte seine Panoramen daraufhin um zwei weitere Hefte, in denen er auch der romantischen Umgebung Baden-Badens – Rotenfels, Gernsbach und Forbach im Murgtal, Schloß Eberstein und Schloß Favorite – seine Reverenz erwies. Da Frommel einen Sinn für das Aktuelle hatte, schmückte er die 1843 erstmals publizierte Buchausgabe seiner vier Hefte mit einem Stich der soeben fertiggestellten Trinkhalle, deren Erbauer, der Karlsruher Baudirektor Heinrich Hübsch, zu seinen Freunden gehörte.

Welche Auflagenhöhe Frommels und Schreibers nächstes Gemeinschaftswerk, der Band „Baden und seine Umgebungen in malerischen Ansichten" erreichte, ist nicht bekannt. Sie dürfte bedeutend gewesen sein. Die Kunden der Marx'schen Buch- und Kunsthandlung im Kurhaus konnten das Werk auch mit französischem Text erstehen. Um 1845 brachte Karl Ludwig Frommel ein weiteres Album mit Baden-Badener Veduten heraus.

Französische Künstler in Baden-Baden

In den späten 1840er Jahren, als Baden-Baden das führende europäische Luxusbad geworden war, übernahmen französische Lithographen und Stahlstecher die visuelle Werbung für das Bad und den Schwarzwald: R. de Herzer, Jules Coignet, Eugène Lamy, vor allem aber Tony Johannot, der den von der Spielbankdirektion in Auftrag gegebenen Guide „Ein Sommer in Baden-Baden" (Paris 1847, Leipzig 1858) des kenntnisreichen Publizisten Eugène Guinot illustrierte. Das damalige Modebad Baden-Baden besuchten mehrere prominente französische Künstler. Der in Straßburg geborene Gustave Doré dürfte schon als Kind ins Oostal gekommen sein, gehörte später zum

Kreis der Viardot und malte aus dem Gedächtnis die Baden-Badener Spielbank. Eugène Delacroix hielt sich mehrmals in der „Sommerhauptstadt Europas" auf und hinterließ ein Heft mit Schwarzwaldskizzen. Daß auch Gustave Courbet nach Baden-Baden kam, weiß man erst seit der aufsehenerregenden Ausstellung „Les voyages secrets de Monsieur Courbet" im Winter 1984 in der Staatlichen Kunsthalle Baden-Baden. Der in Ornans in der Franche-Comté geborene Courbet übersiedelte 1840 nach Paris, wo er sich einer Malerei widmete, die mit vorzugsweise dem Alltag entnommenen Themen bewußt die akademischen Ideale verletzte. Dem Courbet-Forscher Klaus Harding von der Universität Hamburg gelang die Entdeckung eines Konvolutes von rund zweihundert Courbet-Zeichnungen, die sich in französischem Privatbesitz befinden und auf den bisher von Kritik und Kunsthandel fast gänzlich ignorierten „Fonds Reverdy" zurückgehen – Jean-Eugène Reverdy war Courbets Schwager, der Mann seiner Schwester Zoë hatte, als Courbet nach dem Strafgericht über die Führer der Pariser Commune in die Emigration ging, dessen Ateliers geräumt und nicht signierte Zeichnungen und Skizzen an sich genommen.

Als Klaus Harding der Baden-Badener Kunsthalle vorschlug, die wiederentdeckten Bilder auszustellen, löste die Anregung zunächst einmal Unruhe und Verwirrung aus. Die Kunsthistoriker schilderten Courbet als einen auf Realismus bedachten „ouvrier-peintre", der politische Debatten und Skandale schätzte und seine Gemälde in furiosem Arbeitstempo mit Spachtel und Palettmesser fertigstellte. Nur dreißig Zeichnungen waren von ihm bekannt, dazu noch drei im Louvre aufbewahrte Skizzenbücher. Jetzt kam ein umfangreicher Bestand an Kohle-, Bleistift- und Kreidezeichnungen hinzu.

Waren denn diese Zeichnungen von Courbet? Und war es glaubhaft, daß der als rauher Einzelgänger bekannte

Courbet schon zu einer Zeit, als es ihm finanziell keineswegs gutging, Modebäder wie Spa, Biarritz und Baden-Baden besuchte – wie ein betuchter Rentier? Warum schrieb er von diesen Reisezielen in keinem einzigen noch erhaltenen Brief? Dr. Katharina Schmidt, die Leiterin der Staatlichen Kunsthalle Baden-Baden, gewann erst Zutrauen zu der Theorie von Monsieur Courbets geheimen Reisen, als man bei Prüfung der Gästeliste des „Badeblatts" dreimal seinen Namen fand – in den Jahren 1842, 1844 und 1865, einmal mit dem deutlichen Hinweis „M. Courbet, peintre à Ornans". Der Maler wohnte in bescheidenen Altstadt-Gasthöfen, im „Goldenen Ritter" (heute „Löwenbräu") und in der gegenüberliegenden „Laterne".

Rund fünfzig der wiederaufgefundenen Courbetschen Blätter gestalten Baden-Badener Motive oder sind Landschaftsstudien aus der Baden-Badener Umgebung. Kannte man bisher keine Beispiele dafür, daß Courbet aquarellierte, so enthält der Fonds Reverdy nicht nur zahlreiche Blätter mit Lavierung, sondern auch im ganzen farbig angelegte Arbeiten – so eine Darstellung der Sala terrena im Schloß Favorite und eine Brunnenszene an der Trinkhalle. In Baden-Baden entstanden einige fein ausgeführte Porträts, Ansichten beliebter Ausflugsziele (Geroldsauer Wasserfall, Jagdschloß oberhalb von Baden-Oos), eine Darstellung des gotischen Kruzifixus von Niclaus Gerhaert (heute in der Stiftskirche) neben lyrisch gestimmten Landschaftsimpressionen, Genreszenen und Tierstudien.

Courbets Welt war nicht die des eleganten Publikums, das sich in jedem Spätsommer im Oostal ein Stelldichein gab. Der Maler mied den Trubel auf der Promenade und unter den Kolonnaden. Er erwanderte sich den Ferienort. Ihn fesselten Naturschauspiele wie die Battertfelsen, die ihn an seine Heimat erinnern mochten, mächtige Stämme und verstümmelte Äste im Wald und originelle architektonische Details. Er verschmähte es aber auch nicht, ein stadtbekanntes Baden-Badener Original zu zeichnen, den „Schlappergrafen" Alexander von Potocki.

Der Graf entstammte einer der bekanntesten polnischen Adelsfamilien, deren Stammschloß in Tulczyn im Gouvernement Podolien lag. Alexander Potocki hatte sich am Aufstand gegen Zar Nikolaus I. beteiligt und war nach dessen Niederschlagung nach Paris geflüchtet, wo viele polnische Emigranten lebten. In den frühen 1850er Jahren (Courbets Bild stammt aus dem Jahr 1856) war der Heimatlose häufig in Baden-Baden zu Gast; mehrmals wohnte er bei dem Bäcker Alois Weiss, Haus Nr. 79. Er gehörte zu den Gästen, die auch den Winter in Baden-Baden verbrachten. Seine materielle Lage war offenbar weit ungünstiger als die der russischen Bojaren, die sich um diese Zeit in den Seitentälern der Lichtentaler Allee imposante Villen bauten. Der Revolutionär Potocki fand aufgrund seines politischen Engagements Courbets Sympathie, aber auch, weil er demonstrativ vor der internationalen Gesellschaft Baden-Badens in Pantoffeln erschien und in der Aufmachung eines „Tippelbruders" durch die Lichtentaler Allee stapfte. In den Ruf eines Originals war Graf Potocki gekommen, weil er einmal im Jahr junge Baden-Badener Mädchen zu Kaffee und Schokolade einlud. Auf Courbets Zeichnungen umtanzen vier bezopfte Baden-Badenerinnen den kleinwüchsigen Grafen, der eine abgeschabte Jacke und Galoschen trägt. Beim täglichen Spaziergang in der Lichtentaler Allee zeigte sich Alexander Potocki meist mit der Zimmervermieterin Rosa Hilger, die die Baden-Badener Buben „Lichtputzscher" nannten, ihrer ungewöhnlich kräftigen Nase wegen. Die Lichtputzscher, die auch der elsässische Maler Auguste Risler, der Schwiegersohn Karl Spindlers, gezeichnet hat, trippelte hinter Potocki her und hielt einen Regen- oder Sonnenschirm über seinen Kopf.

Insgesamt ist es ein recht kurioses, gegen den Strich gebürstetes Baden-Baden, das Gustave Courbet auf seinen Einzelgängerreisen in seinen Skizzenmappen festhielt, die er, nach Paris zurückgekehrt, in einer Atelierecke verstaute und nie wieder öffnete.

Der Maler der oberen Tausend, die sich um 1860 in der „Sommerhauptstadt Europas" für einige Wochen ein Stelldichein gaben, war der aus Menzenschwand im Südschwarzwald stammende Franz Xaver Winterhalter, den man in Deutschland nie sehr beachtet hat, während ihn die Franzosen als einen der ihren ansehen.

Winterhalter, der Sohn eines Küblers, hatte ab 1818 in Freiburg im Herderschen Kunstinstitut eine Lehre als Zeichner und Kupferstecher absolviert, bevor er mit einem Stipendium die Münchner Kunsthochschule besuchen konnte. 1828 übersiedelte er nach Karlsruhe und trat erstmals mit dem Hof in Verbindung; er wurde Zeichenlehrer der Erbprinzessin Sophie. 1834 ernannte ihn der Großherzog zum badischen Hofmaler. Noch im gleichen Jahr reiste Winterhalter nach Paris, wo ihn der „Bürgerkönig" Louis-Philippe und seine deutsche Gemahlin förderten.

Aufgrund seiner Ausstellungserfolge im „Salon", der alljährlich im Louvre stattfindenden Neuheiten-Schau, stieg Winterhalter rasch zu einem der beliebtesten Porträtisten der Pariser Gesellschaft auf. 1841 berief ihn – was ihm viel Ansehen verschaffte – die junge Queen Victoria nach London. 1852 reiste er auf Einladung der spanischen Königin Isabella nach Madrid. Sein im „Salon" von 1853 ausgestelltes Bild „Florinde", das heute in New York hängt, brachte ihm als Gesellschaftsmaler den endgültigen Durchbruch. Am Hof Napoleons III. erfreute sich der smarte Schwarzwälder einer Stellung, wie sie kein französischer Maler besaß. Er malte wiederholt den Kaiser und die Kaiserin, ebenso die Monarchen und den hohen Adel Englands, Spaniens, Rußlands und Österreichs. Durch

Kopien und graphische Reproduktionen erlangten seine Bilder weite Verbreitung.

Wohl den größten Erfolg hatte Winterhalter mit seinem bravourös gemalten Gruppenbild „Kaiserin Eugenie mit ihren Hofdamen" aus dem Jahr 1855; das Original befindet sich heute im Museum von Versailles. Die Damenporträts des Malers trugen nicht wenig dazu bei, der Pariser Mode des Zweiten Kaiserreichs – Spitzen, Volants, Krinoline – internationale Geltung zu verschaffen. In Baden-Baden besaß Franz Xaver Winterhalter, der erste in der Reihe deutscher „Malerfürsten", eine herrschaftliche Villa unweit der Lichtentaler Allee, in der er sich häufig aufhielt.

Die Kunstszene im 19. Jahrhundert

Baden-Baden hatte als Kunststadt im 19. Jahrhundert wenig zu bieten. Zwar besaß der kleine Ort schon 1804 auf der damaligen Kurpromenade im Quellenbezirk hinter der Stiftskirche ein archäologisches Museum, die von Friedrich Weinbrenner erbaute Antiquitätenhalle; sie hatte die Form eines antiken Tempels, vier dorische Säulen stützten die Vorderfront. Eine Zeitlang war das „Museum Palaeotechnikum", in der die in und um Baden-Baden gefundenen römischen Altertümer aufgestellt waren, zweifellos eine Attraktion. Dann aber verlagerten die Behörden das Baden-Badener Kurviertel ins Tal, in den Umkreis des neuen Kurhauses. Die Tage der Antiquitätenhalle waren gezählt; 1846 wich sie einem etwas schwerfälligen Repräsentationsbau, dem herrschaftlichen Dampfbad Heinrich Hübschs (heute Altes Dampfbad). Die Denkmäler aus der Römerzeit wurden nach Karlsruhe gebracht und den großherzoglichen Sammlungen einverleibt.

Nach 1842 waren die einzigen, in Baden-Baden entstandenen und der Öffentlichkeit zugänglichen Bilder die vierzehn romantischen Fresken des Mannheimer Galeriedirektors Jakob Götzenburger an den Wänden der Trinkhalle; sie sind heute restauriert und finden noch immer viele interessierte Betrachter. 1862 entstand zusammen mit dem neuen Theater ein Fundusgebäude, das einen Ausstellungssaal enthielt. Hier zeigten fortan in der Saison badische Künstler ihre Arbeiten. Der im März 1863 in Baden-Baden gegründete Kunstverein zählte bald 300 Mitglieder. Er erwarb als Grundstock für ein geplantes Museum bis 1890 1600 Bilder im Wert von 380 000 Mark, die allesamt verschollen sind. In den Baden-Baden-Führern von 1880 werden als am Ort ansässige Bildhauer die Herren von Kopf, Kammerer, Leile und Kaffenberger genannt; als Maler die Herren Grund, Wabel und Heinefetter. Von diesen Künstlern ist außer Kopf heute nur noch der Historienmaler und Landschafter Johann Heinefetter bekannt – als Vater der Sängerinnen Sabine, Klara und Kathinka Heinefetter, die geraume Zeit zu den gefeiertsten europäischen Primadonnen gehörten.

Um 1890 fanden in Baden-Baden in der von Mai bis November reichenden Saison Verkaufsausstellungen mit Werken zeitgenössischer, vorwiegend südwestdeutscher Künstler sowohl im „Künstlerhaus" (so nannte man wohlwollend das neben dem Theater gelegene Fundusgebäude) wie in einem Salon des Kurhauses statt. Daneben existierte ein „Großherzogliches Kunstmuseum", das in Wahrheit eine patriotische Erbauungsstätte war. Ihr Zustandekommen beschrieb Wilhelm Harder in seinem Album „Grüße aus Baden-Baden": „Der bekannte, hervorragende Bildhauer Joseph von Kopf wurde 1874 durch die Kaiserin Augusta veranlaßt, nach Baden-Baden überzusiedeln. Dafür, daß Professor von Kopf der Stadt die von ihm geschaffene und vor der Trinkhalle aufgestellte Büste des Kaisers Wilhelm I. übergab, ließ die Stadtgemeinde ihm ein Atelier erbauen mit der Verpflichtung, alljährlich einige Sommermonate hier zu verweilen und sein Atelier an bestimmten Tagen dem Publikum zugänglich zu machen. Im Jahr 1893 ging das „Atelier Kopf" durch eine Schenkung des Künstlers in das Eigentum des Großherzogs von Baden über und wurde in eine Großherzogliche Kunstsammlung umgewandelt. Mit diesen Räumen ist das Gedächtnis des Kaisers Wilhelm I. und der Kaiserin Augusta auf das engste verknüpft. Mehr als ein halbes hundert Mal hat der alte Kaiser die Schwelle des Ateliers überschritten, und es ist dem Künstler vergönnt gewesen, eine große Anzahl von Büsten und Reliefs des Kaisers und der Kaiserin nach dem Leben zu modellieren. Dieser Reichtum plastischer Bildnisse des Kaisers Wilhelm I. und seiner Gemahlin, die in getreuester Ähnlichkeit und lebensvollster Auffassung die Gesichtszüge der verewigten Majestäten wiedergeben, ist es, der dem „Atelier Kopf" das charakteristische Gepräge gibt. In dem von Geh. Regierungsrat Wilhelm Haape, einem feinsinnigen und warm empfindenden Kunstkenner, geschriebenen Vorwort zum Katalog heißt es deshalb mit voller Berechtigung: „So sind diese Säle zu einer Stätte weihevoller Erinnerung an den unsterblichen ersten Kaiser Deutschlands geworden."

Viel Anklang scheint das Großherzogliche Kunstmuseum nicht gefunden zu haben. Auch der „Badener Salon" im Kurhaus, eine ständige Verkaufsausstellung, setzte im damaligen südwestdeutschen Kunstleben keine neuen Akzente. Mode war es um 1900, Maler in ihren Ateliers zu besuchen und bei ihrer Arbeit zu beobachten. Die Reiseführer der Jahrhundertwende empfahlen eine Visite bei Baron von Geymüller, bei Maler Koch in der Villa Beausite, bei Fräulein von Herzer in der Schloßstraße, bei Vater und Sohn Puhonny, Constantin Wild oder Vitus Staudacher. Victor Puhonny, ein ehemaliger österreichischer Offizier, empfing seit 1896 jeden Sonntag um fünf in seinem Haus Herchenbachstraße 7. Es wurde Tee gereicht; wer kommen wollte, war willkommen. Diese Sitte des „jour fixe" herrschte in den Baden-Badener Salons bis etwa 1960; sie überdauerte zwei Weltkriege.

Wie die beiden Puhonnys, war auch Vitus Staudacher als Maler Amateur. Staudacher war der Sohn eines Seilermeisters und einer Trachtennäherin aus einem Dorf bei Ingolstadt, kam 1872 nach Baden-Baden und trat dem Kurorchester bei. Die Heirat mit einer Bankierstochter gab ihm die Möglichkeit, in der Vincentistraße eine Villa zu bauen, die er mit Fresken schmückte. Das Baden-Badener Stadtmuseum besitzt von Staudacher einige melancholische Schwarzwaldlandschaften.

Der Jugendstilbau in der Lichtentaler Allee

Den Anstoß zum Bau der Kunsthalle in der Lichtentaler Allee gab ein reicher Rentier, der Maler Robert Engelhorn. Sein Vater Fritz Engelhorn hatte die Badischen Anilin- und Sodawerke in Ludwigshafen mitbegründet. Robert Engelhorn studierte Malerei in Berlin, München und Paris, lebte einige Zeit im Lauterbachtal bei Schramberg und bezog dann eine Atelierwohnung in Baden-Baden, Bismarckstraße 23. Es gelang ihm, Bankiers, Fabrikanten und Stadthonoratioren für seinen Plan zu gewinnen, im Kurviertel eine repräsentative Ausstellungsstätte zu errichten. In seinem Auftrag bauten die Architekten Hermann Billing und Wilhelm Vittali in den Jahren 1907–09 in der Lichtentaler Allee die Kunsthalle, ein zweistöckiges Gebäude mit ruhigen Proportionen und leisen Jugendstil-Anklängen. Sie wurde am 3. April 1909, einem Ostersamstag, feierlich eingeweiht. Vom Bahnhof, dem heutigen Alten Bahnhof, durch die Kaiserallee bis zum Beginn der Lichtentaler Allee standen die Baden-Badener Vereine – Militärvereine, Gesangvereine, Turnvereine, Schützenvereine –

und zweitausendzweihundert Schülerinnen und Schüler
Spalier. Für den neuen Großherzog Friedrich II. war es
der erste offizielle Besuch in der Kurstadt. Vor der Kunsthalle begrüßten Robert Engelhorn, Bankier Meyer und
der Karlsruher Akademielehrer Wilhelm Trübner das
Großherzogspaar und Prinz Max von Baden, den späteren
Reichskanzler, der mit dem Auto vorgefahren war, was
noch Aufsehen erregte.

In den Jahren vor dem Ersten Weltkrieg hatten alle Festlichkeiten im Deutschen Reich eine martialische Note;
auch am Ehrentag der Künste in Baden-Baden spielten vor
dem Augusta-Denkmal neben der Kunsthalle die Regi-
mentsmusik der Karlsruher Leibgrenadiere und auf dem
Leopoldsplatz der Musikzug des Infanterieregiments 111
aus Rastatt. Die Repräsentanten der Stadt überboten sich
gegenseitig in Respektsbekundungen für den Landesherrn, der die Schirmherrschaft über die „Deutsche Kunstausstellung Baden-Baden 1909" übernommen hatte. Robert Engelhorn erntete viel Lob und erhielt vom Großherzog den Professorentitel. Bis zum Ausbruch des Ersten
Weltkriegs war die Deutsche Kunstausstellung das wichtigste künstlerische Ereignis in der Bäderstadt. Musikalisch war Baden-Baden seit dem Tod des Kritikers Richard
Pohl Provinz; die Musikliebhaber in Südwestdeutschland
richteten ihre Augen auf Straßburg, wo der junge Dirigent
und Komponist Wilhelm Pfitzner im Sommer Musiktage
veranstaltete. Die Kunsthalle verstand sich nicht als Museum, sie strebte keinen eigenen Bilderbesitz an, sondern
wollte der zeitgenössischen Kunst eine Plattform bieten.
Ausdrücklich war das Haus der deutschen Kunst geweiht;
Ausländer sollten hier nur im Ausnahmefall ihre Werke
zeigen. Die Jury lud Akademien und Kunstvereine in den
größeren deutschen Städten dazu ein, sich an der jährlich
stattfindenden Deutschen Kunstausstellung Baden-Baden
zu beteiligen. Die Exponate kamen vor allem aus dem

Großherzogtum Baden, aber auch aus Berlin, München, Stuttgart, Frankfurt, Düsseldorf, Dresden, Straßburg und kleineren Kunstzentren wie Weimar, Darmstadt und Königsberg. Die Ausländerfeindschaft in dem einst so betont kosmopolitischen Baden-Baden war so groß geworden, daß nicht einmal die Wiener Künstler aufgefordert wurden, die Jahresausstellung zu beschicken; noch viel weniger die Maler und Bildhauer aus der benachbarten Schweiz. Die Verengung des Baden-Badener Blickfelds war schon 1910 ausgeprägt, und die Kritiker der Lokalzeitung, des „Badeblatts", schlugen bereits nationalistische Töne an wie später in der Hitlerzeit.

In der Ablehnung „modernistischer" Tendenzen bei den Zeitgenossen waren sich alle Mitglieder der Baden-Badener Kunsthallen-Jury, ob Hofapotheker oder Akademieprofessor, einig. Daß sich um 1910 in den europäischen Metropolen, vor allem aber in Paris, eine Kunstrevolution vollzog, daß Fauvismus, Futurismus, Kubismus und Konstruktivismus neue Arten des künstlerischen Sehens propagierten, nahm man im Kurort nicht zur Kenntnis. Gefragt waren das Bodenständige und „deutsche Wesensschau", ein sich tiefsinnig gebender Naturalismus der dumpfen, verquollenen Farben. Akzeptiert wurden gerade noch der epigonale Berliner Impressionismus Max Liebermanns und die als Künstlerfrivolität geduldete Schlüpfrigkeit Franz von Stucks. Eine Malerei, die sich an Cézanne, Gauguin, van Gogh oder Munch orientierte, fand bei den Organisatoren der Deutschen Kunstausstellung Baden-Baden keine Gnade.

Wohl die beste Jahresausstellung war die von 1913. In ihrem Mittelpunkt standen Werke von Max Liebermann und Lovis Corinth. Vertreten waren auch eine größere Gruppe elsässischer Heimatmaler um Gustave Stoskopf, die Bildhauer Lehmbruck und Kolbe, der junge in Paris lebende Carl Hofer, Wilhelm Trübner, sein Schüler Arthur

Grimm und der in Karlsruhe ausgebildete Russe W. Zabotin, der zwanzig Jahre später der führende Porträtmaler in Südwestdeutschland war.

Seit 1912 stellte die Deutsche Kunstausstellung Baden-Baden in einer Sonderschau jeweils das Lebenswerk eines bedeutenden Künstlers vor; die Sonderschau des Jahres 1913 war dem Schaffen Hans Thomas von 1858–1912 gewidmet. Nach dem Ersten Weltkrieg kamen in der Kurstadt keine Kunstausstellungen von Rang mehr zustande. Die Stadt sah sich außerstande, eine Galerie von überregionaler Bedeutung zu finanzieren; die Bankiers und Fabrikanten, die Robert Engelhorn einst unterstützt hatten, waren nicht mehr in der Lage, sich als Mäzene zu betätigen. So schrumpfte in den späten 20er Jahren die Deutsche Kunstausstellung zu einer „Oberrheinischen Kunstausstellung", die 1944 ein Opfer des von Joseph Goebbels proklamierten „totalen Krieges" wurde.

Den Weg Baden-Badens in die Stagnation wollte Ivo Puhonny in den zwanziger Jahren nicht mitgehen. Er war seit dem Tod seines Vaters 1909 der arbiter elegantiarum Baden-Badens, spürte wohl, daß er als Maler nur eine geringe Begabung besaß und wandte sich daher der noch fast unbekannten Gebrauchskunst des Design und dem Puppenspiel zu.

Der Romancier Otto Flake, der 1928 in die Kurstadt übersiedelte, entwarf in seiner Autobiographie „Es wird Abend" ein Porträt von ihm: „Ivo war als Maler nicht weiter originell, hingegen ein Fachmann auf dem Gebiet der praktischen Anwendung, insbesondere der Beschriftung. Die in Baden-Baden ansässige Zigarettenfirma Batschari ließ sich von ihm beraten. Er hatte auf einer in der Jugend unternommenen Weltreise zu sammeln begonnen; man fand alle möglichen Vitrinen und Wanddinge bei ihm, japanische Schauspielermasken, malaiische Silhouetten, Schwarzwälder Steingut, schwäbische Unterglasmalereien. Wollte man die ersten Cakewalk oder Two-Step-Schlager hören, so brauchte man nur zu Ivo zu gehen und konnte nach ihnen tanzen; zu den Dingen, die er sammelte, gehörten auch Grammophonplatten. Das Einmalige und Hübsche an ihm war, daß er die der Bohème entliehene Leichtigkeit mit einer tadellosen Bürgerlichkeit verband. Sein Haus war geradezu eine inoffizielle Ergänzung der offiziellen Gastlichkeit. In Baden-Baden aufgewachsen, verkörperte er den „genius loci", den kurörtlichen Geist. Vom Vater her noch Österreicher, war er nach dem Krieg Tscheche geworden, ohne sein Zutun, und zog einige Vorteile daraus.

Im Maurischen Saal des Palais Hamilton eröffnete Ivo Puhonny 1911 sein Puppentheater, das bald den besten deutschsprachigen Marionettenbühnen in München und Zürich ebenbürtig war. Puhonny's Puppen gingen nach dem Ersten Weltkrieg auf Reisen, gastierten in Frankreich, Belgien, den Niederlanden, in Dänemark und in der Tschechoslowakei, sogar in den Vereinigten Staaten und auf Java und Sumatra, zwei Heimatländern des Marionettenspiels; in Berlin führte die Baden-Badener Bühne Graf Pocci's „Dr. Sassafras" über dreihundert Mal auf. Puhonny's Spielplan reichte von Hans Sachs bis Wedekind und Schmidtbonn und umfaßte Oper, Drama, Mysterienspiel und Groteske. Der ehemalige Maler schnitzte alle seine Puppen selbst.

Auf dem Höhepunkt der Weltwirtschaftskrise, als auch in Baden-Baden in weiten Kreisen ein kaum verlarvtes Elend herrschte und Prunkvillen für wenige Zehntausend Mark zu kaufen waren, bekannte sich Ivo Puhonny, der die täglichen Aufführungen im Kleinen Bühnensaal des Kurhauses einem Mitarbeiter, Ernst Ehlert, überließ, noch einmal zu seinem raffiniert-kindlichen Amüsement: „Marionetten machen, ihnen ein Theater bauen und einen Spielbetrieb organisieren, ist eine köstliche Kunstausübung. Natürlich muß dabei in jeder Hinsicht Vollkommenheit angestrebt werden. So erst kann der Autor alle die Wonnen des bildenden Künstlers fühlen und sich wie ein kleiner Herrgott vorkommen."

Im Jahr 1929 gab der Kunstverein Baden-Baden den Bildband „Baden-Baden in hundert Zeichnungen" heraus. Die Zeichnungen stammten von Arthur Grimm, das Vorwort hatte ein Sohn der Stadt, der junge, noch unbekannte Reinhold Schneider geschrieben. Grimm demonstrierte, wie man als freier Künstler härtere Zeiten bestehen konnte: er hatte Stephanie Brenner, eine Tochter des prominenten Hoteliers Camille Brenner, geheiratet, die selbst anmutige Aquarelle malte.

Grimm porträtierte mit eher verbindlichem als kritischem Zeichenstift namhafte Baden-Baden-Besucher: Wilhelm Furtwängler und Professor Hans Driesch, Arthur Schnitzler und Kasimir Edschmid, Eugen Klöpfer und Max Pallenberg. Grimms Skizzen aus dem Baden-Badener Gesellschaftsleben bemühten sich um einen mondänen Touch: Faschingstee im Kurhaus, Autoturnier auf der Promenade, Tontaubenschießen, elegante Herren in Cut und Stresemann und Damen in Poirotkleidern auf dem Sattelplatz in Iffezheim.

Zur Baden-Badener Kulturszene gehörten damals der evangelische Stadtpfarrer D. Hesselbacher, der in der Nachfolge von Berthold Auerbach, H. Hansjakob und Alban Stolz Schwarzwälder Dorfgeschichten schrieb, der Dirigent des Symphonie- und Kurorchesters Generalmusikdirektor Ernst Mehlich, der Theaterintendant Dr. Grussendorf und der Psychotherapeut Dr. Georg Groddeck.

Der Preuße Groddeck praktizierte dreißig Jahre lang in Baden-Baden. Sein Sanatorium, die Villa Marienhöhe (heute Haus Tanneck), lag in der Werderstraße hinter dem Kurhaus. Der agile Arzt schrieb Romane und war auch Kommunalpolitiker. 1911 gründete er die erste Baden-Badener Konsumgenossenschaft, 1912 die Gemeinnützige Baugenossenschaft Baden-Baden, die nach dem Ersten Weltkrieg im Westen der Stadt die Sozialsiedlung „Im Ooswinkel" errichtete. Sein erstes medizinisches Traktat erschien 1913 bei Hirzel in Leipzig und trug den unverständlichen Titel „Nasamecu", die Abkürzung von „natura sanat, medicus curat" (Der Arzt behandelt und die Natur heilt). Groddeck glaubte fest, jede Heilung sei eine Selbstheilung. Diese Anschauung hatte er von seinem Lehrer Ernst Schweninger, dem Leibarzt Bismarcks, übernommen.

Als Groddeck 1913 den Essay „Psychologie des Alltags" seines Wiener Kollegen Sigmund Freud las, war er tief aufgewühlt. Viele Ansichten Freuds glichen denen, die er sich selbst erarbeitet hatte. Wie Freud war auch Groddeck überzeugt von der überragenden Bedeutung der Sexualität im menschlichen Leben, wie dieser nahm er im Verhalten seiner Patienten tausend Formen der Verdrängung wahr. Aber Freud bekämpfte mit seiner Psychotherapie ausschließlich Neurosen; Groddeck setzte die Psychoanalyse als Waffe gegen viele körperliche Krankheiten, von der Bindehautentzündung bis zur Arthritis, ein. Er hatte Anhänger, aber auch Gegner, nicht zuletzt unter den Ärzten Baden-Badens, die seine forsche Psychosomatik für Scharlatanerie erklärten.

Seine Lehre von der Selbstheilung Kranker legte Georg Groddeck in seinem Hauptwerk „Das Buch vom Es" nieder, das bei seinem ersten Erscheinen heftige Kontroversen auslöste und heute noch in den Vereinigten Staaten, in England, Frankreich und Südamerika debattiert wird. Seine Romane fanden weniger Resonanz, erleben aber jetzt Neuauflagen. Als Georg Groddeck 1934 in der Schweiz starb, lag auf der Psychoanalyse als einer „jüdischen" Therapie bereits der Bannfluch der neuen Machthaber in Deutschland. In Baden-Baden sprach niemand mehr von dem eigenwilligen Arzt und Literaten. Arthur Grimm, der ihn gezeichnet hatte, verbrachte Jahre eines süßen Halb-Exils auf Ibiza.

Der erste Baden-Badener, der es als Maler über seine Heimatstadt hinaus zu Ansehen brachte, ist der 1905 geborene Hans Kuhn. Während seines Studiums der Mathematik und Kunstgeschichte lernte er den Expressionisten Ludwig Meidner kennen, dem er nach Berlin folgte. Die Jahre 1927–30 verbrachte der Kaufmannssohn Kuhn in Paris, wo der zarte, Paul Klee nahestehende Surrealist Roger Bissière sein Lehrer war. Auch der Pfälzer Hans Purrmann beeinflußte den jungen Maler und Radierer, der 1930 für fünf Jahre nach Italien ging. Er berauschte sich wie sein Freund Werner Gilles am Licht, an den Farben und Düften des Südens und feierte in seinen Bildern in der Nachfolge Cézannes die mediterrane Natur: „Der Lebensstoff des Malers ist die Farbe", war damals seine Devise. Die ersten Tauben-Bilder entstanden. Auf anderen Bildern wurde die Welt zur Theaterbühne, auf der Personen beziehungslos agierten, aber doch, wie bei Oskar Schlemmer, durch eine gemeinsame Weltstimmung verbunden waren. Der Nachklang der Beschäftigung mit de Chirico und Carrà und ihrer metaphysischen Malerei war deutlich.

1936 erhielt der nach Berlin zurückgekehrte Maler, den die nationalsozialistischen Behörden als „entarteten Künstler" einstuften, Ausstellungsverbot. Kuhn überstand den Hitlerkrieg als Sanitätssoldat und Dolmetscher in Frankreich und Italien. Im Sommer 1945 aus der amerikanischen Kriegsgefangenschaft entlassen, kehrte er nach Baden-Baden zurück, wo er in Zusammenarbeit mit der französischen Besatzungsmacht Ausstellungen organisierte, vor allem aber selbst wieder nach dem Pinsel griff. 1947 berief Karl Hofer den badischen Landsmann an die Berliner Hochschule für Bildende Künste, wo er bis zu seiner Emeritierung 1974 eine Klasse für Wandmalerei leitete.

Gleichfalls im Jahr 1947 beteiligte sich Hans Kuhn an der Neugründung des Deutschen Künstlerbunds, dessen Kurs er als Vorstandsmitglied fast zwei Jahrzehnte lang mitbestimmte. Seit 1975 arbeitet Kuhn, dessen Wesensart das Wort Ausgeglichenheit wohl am eindeutigsten beschreibt, abwechselnd in Berlin, Baden-Baden und den Mittelmeerinseln Ibiza, Rhodos und Zypern.

Die Maler, die sich in den 20er und 30er Jahren in Baden-Baden aufhielten, taten dies ganz unbeachtet, da es in der schläfrig gewordenen Kurstadt keine zur Rezeption moderner Kunst bereiten Kreise gab: Das Kunstverständnis der Stadtverwaltung endete bei Liebermann und Corinth, wie es heute nur bis Dali und Picasso reicht. So konnte ein Lokalhistoriker, Berthold Gruber, erst 1984 ermitteln, daß sich einer der markantesten deutschen Maler der ersten Jahrhunderthälfte viermal in Baden-Baden einer Kur unterzogen hat.

Max Beckmann malte 1923 bei seinem ersten Besuch das Bild „Tanz in Baden-Baden", das die Ambiente der „roaring twenties" festhält. Ein zweites Mal kam Beckmann nach zwölfjähriger Abwesenheit 1935 an die Oos; diesmal entstanden Skizzen zu einigen Landschaften und dem ersten Stourdza-Kapellen-Gemälde. 1936 hielt der Maler typische Baden-Badener Motive wie die Trinkhalle und den bemoosten Brunnen vor der Trinkhalle im Bild fest. Das letzte Baden-Baden-Bild des von den Nationalsozialisten verfemten Künstlers trug ursprünglich den Titel „Drahtseilbahn in Baden-Baden". Es entstand 1937 nach Skizzen, die in Baden-Baden angefertigt worden waren, in Berlin und wurde 1949 im amerikanischen Exil in St. Louis überarbeitet.

Wenig weiß man vorerst noch über die Baden-Badener Aufenthalte des von den Nationalsozialisten mit Ingrimm verfolgten Stuttgarter Malers und Grafikers Oskar Schlemmer, der 1943 in der Kurstadt unbeachtet starb.

Die Staatliche Kunsthalle Baden-Baden

Im April 1945 wurde Baden-Baden von marokkanischen Verbänden der 1. Französischen Armee unter General de Lattre de Tassigny nahezu kampflos besetzt. Die dunkle Nazizeit war zu Ende. Noch zwei Jahre lang herrschten im Kurort, der keiner mehr war, Hunger und Wohnungsnot. Viele Familien trauerten um gefallene oder vermißte Angehörige. Dann besserten sich die Verhältnisse langsam. Nach der Währungsreform im Juni 1948 wich die Zukunftsangst. Die Bevölkerung Südwestdeutschlands schöpfte wieder Hoffnung.

Die Kunsthalle in der Lichtentaler Allee war bis 1951 für Zwecke der Besatzungsmacht beschlagnahmt. Nach ihrer Freigabe diente sie zunächst badischen Künstlern als Ausstellungsort: zuerst im Sommer 1951 den Malern und Bildhauern der „Badischen Secession", einer 1927 gegründeten Vereinigung. Der Maler Erwin Heinrich, der erste Vorsitzende der Secession, übernahm die Leitung des Instituts, das von der finanzschwachen Regierung Südbadens nur mit einem geringfügigen Betrag subventioniert wurde. Es war ein glücklicher Zufall, daß Erwin Heinrichs Nachfolger Dr. Dietrich Mahlow (ab Januar 1957) und Dr. Klaus Gallwitz (ab Mai 1967) bei aller Verschiedenheit des Temperaments und der künstlerischen Interessen gleich begabte Kunstinszenatoren waren.

Mahlows Ausstellungen – genannt seien „Kokoschka, Kubin, Wotruba" (1956), „Gustav Klimt und Egon Schiele" und „Aus der Zeit um 1900" (1958), „Japanische Holzschnitte" und „Erster deutscher Kunstpreis der Jugend" (1959), „Hans Arp" (1960), „Das naive Bild der Welt" (1961), „Hans Purrmann" und „Arte Colombiano" (1962), „Schrift und Bild II" (1963), „Tinguely" und „Gustave Moreau" (1964), „Bild und Bühne" (1965), „Fernando Botero" (1966) und „Labyrinthe" (1966–67) – öffneten Türen zu bisher meist unbetretenen Kunsträumen und schärften den Blick des aus ganz Südwestdeutschland zusammenströmenden Publikums für das Kunstschaffen fremder Kulturen. Daneben machte Mahlow mit Klassikern der Moderne bekannt, die das Dritte Reich verfemt hatte – etwa mit Paul Klee, dessen Früh- und Spätwerk in zwei spektakulären Ausstellungen vorgestellt wurde.

Klaus Gallwitz, heute Direktor des Städelschen Kunstinstituts in Frankfurt, liebte es, eine große, breite Schichten anlockende Sommerausstellung zu veranstalten. 1967 gelang es ihm, durch Vermittlung des Pariser Kunsthändlers Daniel-Henry Kahnweiler, vom Fernand Lèger-Museum in Biot über hundert Gemälde, Zeichnungen und Gouachen zu entleihen. Baden-Baden hatte so das Privileg der ersten bundesdeutschen Léger-Retrospektive seit 1957.

1968 eröffnete Gallwitz die Reihe seiner aufsehenerregenden „14 mal 14"-Ausstellungen, die dem künstlerischen Nachwuchs gewidmet waren; Gerhard Richter, Günther Uecker und Georg Baselitz gehörten zu den ersten, die von der Ausstellungsmöglichkeit in Baden-Baden Gebrauch machten. Im gleichen Jahr sah man in der jetzt Staatlichen, vom Land Baden-Württemberg großzügig geförderten Kunsthalle das Spätwerk Pablo Picasso's und Plastiken und Zeichnungen von Henry Moore. 1969 erregten die Bilder des Deutschamerikaners Richard Lindner Sensation; ihr Widerhall in der Werbegrafik und im bundesdeutschen Modeschaffen war noch nach Jahren registrierbar.

Mit einer Einzelausstellung setzte sich Klaus Gallwitz für Bernhard Engert ein, in der Reihe „14 mal 14" stellten sich neben vielen anderen Hildegard Lutze, Joachim Bandau, Markus Lüpertz, Bernd Koberling, Wolf Kahlen, Ansgar Nierhoff und der genialische Baden-Badener Dieter Krieg vor; großen Zulauf fand im gleichen Jahr die

Sommerausstellung „Maler und Modell", in der hundertundzweiundvierzig Werke von Künstlern aus fünf Jahrhunderten mit einhundertundsechzehn Arbeiten von Pablo Picasso konfrontiert waren.

1970 besuchten achtunddreißigtausend Kunstinteressenten die elf Wochen dauernde Wassily Kandinsky-Ausstellung, die nach langen und schwierigen Verhandlungen mit Nina Kandinsky, der Witwe des Künstlers, zustandegekommen war und mit einhundertundzwanzig Millionen Mark versichert werden mußte.

Im Winter 1971 bot sich den Baden-Badenern ein ungewohntes Bild: In der kahlen Lichtentaler Allee standen viele hundert Meter lang langmähnige, meist in Zottelpelze, Parkas und Jeans gekleidete junge Leute aus allen Teilen der Bundesrepublik Schlange, um die virtuos aufgebaute Ausstellung „Salvador Dalí, Bilder, Zeichnungen, Objekte, Schmuck" zu sehen. Die Staatliche Kunsthalle verkaufte einhundertundsechzigtausend Eintrittskarten.

Die Sommerausstellung 1972 beschwor mit einer Hans Makart-Schau den Geist der Gründerjahre; Dieter Rot präsentierte im Herbst Zeichnungen, Objekte, Druckgrafik und Bücher, ab November stellte die Kunsthalle unter dem Titel „Russischer Realismus 1850–1900" Bilder aus Moskauer und Leningrader Museen aus. Der glanzvolle Abschied von der Ära Gallwitz war die PräraffaelitenAusstellung zum Jahreswechsel 1973–74.

Dr. Hans Albert Peters, der die Leitung der Staatlichen Kunsthalle im Frühjahr 1974 übernahm, verfolgte die Linie seines Vorgängers nicht ohne Glück weiter. Seine erste Sommerausstellung galt Juan Gris, die des Jahres 1975 den Schätzen der Mailänder Brera. Großer Erfolg war im Frühjahr 1976 der facettenreichen Schau „Symbolismus in Europa" beschieden. Im folgenden Jahr lenkte Peters den Blick der Kunsthallenbesucher u. a. auf das zeichnerische Frühwerk Alfred Kubins, die Stipendiaten der Villa Ro

175

mana, Florenz und den Spanier Antoni Tapiès. Im Sommer 1978 begegneten die Spaziergänger in der Lichtentaler Allee schon in einiger Entfernung von der Kunsthalle den üppig-sinnlichen weiblichen Akten des Südfranzosen Aristide Maillol; zuvor hatte sich das Haus für die spröden Schöpfungen des amerikanischen Bildhauers Richard Serra eingesetzt und „Zeichnungen 1954–78" des in Baden-Baden ansässigen Schweizers Alfonso Hüppi gezeigt. Kunstförderung in der Bundesrepublik Deutschland analysierte, wie zuvor schon die instruktive Villa Romana-Ausstellung, die „Rückschau Villa Massimo, Rom 1957 bis 74" (1979). Ein spektakuläres Ereignis im Grenzbereich von Pop-Kunst und Mode war die Begegnung mit dem Briten Allen Jones. Im Sommer 1980 wechselte Hans Albert Peters zur Kunsthalle Düsseldorf; seine letzte Baden-Badener Ausstellung „Stilleben in Europa" erwies sich noch einmal als Publikumsmagnet.

Die neue Kunsthallen-Direktorin Dr. Katharina Schmidt führte sich mit Präsentationen von Ellsworth Kelly, Gotthard Graubner, Arnulf Rainer und Bruce Naumann ein, veranstaltete erstmals im Januar/Februar 1981 Videotage, die die Möglichkeiten eines neuen, experimentell nutzbaren Mediums beleuchteten, und ließ Rebecca Horn im Rahmen einer Schau preziöser Kunstobjekte ihren Videofilm „La Ferdinanda – Sonate für eine Medici-Villa" in der Kunsthalle uraufführen. Höhepunkte der weiteren Tätigkeit Katharina Schmidts war die am Jahresende 1981 gezeigte, unter erheblichen diplomatischen Mühen zusammengetragene Werkschau russischer Maler aus der ersten Hälfte des 19. Jahrhunderts, die Retrospektive Yves Tanguy (1982–83), die Jawlensky-Ausstellung im Sommer 1983 und der interessante Überblick über die chinesische Malerei der Ming- und Qing-Dynastien (1985).

Die „Gesellschaft der Freunde junger Kunst Baden-Baden" wurde Mitte der 50er Jahre gegründet, als der kulturelle Nachholbedarf auch in kleineren deutschen Städten groß war. Die Gesellschaft sieht, laut Satzung, ihre Aufgabe darin, vorwiegend zeitgenössische Kunst der Allgemeinheit näherzubringen und ihren Künstlermitgliedern Gelegenheit zu Ausstellungen zu geben. Da der Mitinitiator der Gesellschaft, Dietrich Mahlow, Leiter der Staatlichen Kunsthalle in der Lichtentaler Allee war, bot sich eine Zusammenarbeit zwischen dem privaten Kunstverein und der staatlichen Institution Kunsthalle an. Mahlow und seine Nachfolger räumten den Freunden junger Kunst ein- oder zweimal jährlich Gastrechte in der Kunsthalle ein. Auch für sie war es ein Profit, wenn sie von Fall zu Fall die Gesellschaft als Mitträger einer Veranstaltung gewann. Aus der Praxis gegenseitiger Dienstleistung entwickelte sich eine enge Zusammenarbeit.

Wer die Liste der von der Gesellschaft der Freunde junger Kunst seit 1956 arrangierten Ausstellungen durchgeht, kann den Wandel im Geschmack und in den künstlerischen Interessen des liberalen Baden-Badener Bürgertums verfolgen, das die Gesellschaft und ihre Aktivitäten trägt. Mitte der 50er Jahre arbeitete sie vorwiegend künstlerische Entwicklungen auf, die die Machthaber des Dritten Reichs gnadenlos tabuisiert hatten; sie wies also etwa auf die Maler Werner Gilles und Heinz Trökes, George Grosz und Christian Rohlfs hin. Nach 1960 setzten sich im Ausstellungsprogramm der Gesellschaft der Freunde junger Kunst mehr und mehr die jüngere deutsche Avantgarde und renommierte Ausländer durch; der Baden-Badener Kunstverein zeigte Werke von Harry Kramer, Louise Nevelson und James Rosenquist. Aber noch immer sah die Gesellschaft eines ihrer wichtigsten Ziele darin, ältere, lange übersehene Künstler wie Friedrich-Karl Gotsch, Willi Müller-Hufschmied oder den Exilrussen Jean Pougny zu rehabilitieren. In den 70er Jahren schwand der Elan der Gesellschaft, die 1979 überhaupt keine Ausstellung,

1980 zu ihrem fünfundzwanzigjährigen Bestehen nur eine Postkartenschau veranstaltete.

1982 renovierte die Baden-Badener Stadtverwaltung im Zug der Altstadtsanierung das auf dem ehemaligen Marktplatz hinter der Stiftskirche gelegene, längst stillgelegte Alte Dampfbad. Der etwas klobige Palazzo im Renaissancestil des Spätbiedermeier enthält Räume, die sich für Ausstellungen ideal eignen. Die mittlere Etage des Baus mietete die Gesellschaft der Freunde junger Kunst 1983 für ihre Ausstellungen, ohne daß die Kooperation mit der Staatlichen Kunsthalle von ihr ganz aufgegeben wurde.

Mit dem Alten Dampfbad besitzt die Stadt Baden-Baden nunmehr ein Kulturhaus in zentraler, wenn auch etwas versteckter Lage. Es wird als Ausstellungsgebäude ausser von der Gesellschaft der Freunde junger Kunst von der angesehenen, auf progressive Kunst spezialisierten „Galerie Suzanne Fischer" genutzt. Auch die Stadt Baden-Baden entschloß sich 1982 nach langem Zögern, in eigener Regie Ausstellungen zu veranstalten. Die Reihe „Künstler in Baden-Baden" wurden mit „Bildern aus Rom" des Villa Massimo-Preisträgers Rolf-Gunter Dienst eröffnet. 1983 folgte eine Einzelausstellung des eigenwilligen und ausdrucksstarken Bildhauers Eberhard Eckerle. 1984 kam Brigitta Weber mit ihren soliden, kontemplativen Fensterbildern an die Reihe, 1985 der Senior der einheimischen Künstler, Hans Kuhn, mit einer umfassenden Retrospektive.

Die brüchige Idylle

Otto Flake und Alfred Döblin

Der Traum von der Bürgerlichkeit: Otto Flake

In Stendhals Reisebuch „Spaziergang in Rom", das 1829 erschien, liest man: „Man muß sich früh entscheiden, ob man für den großen Haufen oder für the happy few schreiben will. Beiden zugleich kann niemand gefallen." Diese Schriftstellerregel mißachtet zu haben, war der Lebensfehler des in den 20er Jahren hochangesehenen, heute fast vergessenen Romanciers und Essayisten Otto Flake.

Flake wurde 1880 in Metz geboren, ist also der Herkunft nach Lothringer. Sein Vater Heinrich Flake stammte aus Hannover und war Kanzlist bei der deutschen Polizei; die Mutter, eine zierliche Frau, stammte aus der Pfalz. Heinrich Flake war kein eifriger Beamter. Er wurde nach Saargemünd, dann nach Mülhausen versetzt. Um 1880 arbeitete er in Colmar in der Gefängnisverwaltung. Der Sohn Otto war neun Jahre alt und Gymnasiast, als sich der mit seiner subalternen Stellung unzufriedene Kanzlist erschoß.

Im Jahr 1900 machte Otto Flake seine Reifeprüfung und belegte danach an der Reichsuniversität Straßburg die Fächer Germanistik, Geschichte, Philosophie und Sanskrit. Mehr als für seine Studienfächer interessierte sich der hochgewachsene, blonde, blitzäugige Student für zeitgenössische Literatur. Er gab mit Kameraden Zeitschriften heraus, zuerst den „Stürmer", der es auf neun Nummern brachte, später mit René Schickele den „Merker". Die meisten seiner Freunde brachten ihr Studium in der üblichen Zeit hinter sich, machten danach Vertrag mit dem Staat und wurden Referendare, Assessoren, Lehramtskandidaten; Flake brachte seine Dissertation über den Hexameter bei Platen nicht zu Ende und verwickelte sich in Affären. Er betrat die Hörsäle nicht mehr und unternahm eine Reise nach München und Berlin.

In beiden Städten war das literarische Leben rege; für sich sah der Ex-Student keine Existenzmöglichkeit, weder hier noch dort hatte er Freunde, wurde er zum Bleiben eingeladen. Mit der kaltblütigen Entschlossenheit, die sein Hauptcharakterzug war, faßte er den Plan, sich zu liquidieren und kaufte Zyankali. Da auch das Leben Romane schreibt, fand er just an dem Abend, an dem er sich vergiften wollte, in der „Straßburger Post" ein Inserat, mit dem eine in Baden-Baden weilende deutschrussische Familie für ihre Kinder einen Hauslehrer suchte. Flake bewarb sich, wurde an- und sogleich nach Petersburg mitgenommen. Nach der Rückkehr aus Rußland nahm er, diesmal in Leipzig, ein zweites Studium auf, erlitt aber schon im ersten Semester einen Zusammenbruch.

Der blonde Hüne gefiel Frauen, vor allem Jüdinnen; ihnen verdankte er sein Glück. Im Herbst 1906 bot man ihm erstmals eine Stellung an; der 26jährige wurde Feuilletonchef des „Leipziger Tagblatts" mit stattlichen 300 Mark Monatsgehalt. Nun gab er das Universitätsstudium endgültig auf und heiratete seine jüdische Freundin Minna Mai. Die Ehe ging bald in die Brüche und auch seinen Redakteursposten gab Flake schon im April 1908 wieder auf.

Der Münchner Verleger Georg Müller gab damals französische Klassiker in heute von Kennern gesuchten bibliophilen Ausgaben heraus. Flake übertrug Raritäten wie das „Reisetagebuch" des Philosophen Montaigne, die Gefängnisbriefe des Grafen Mirabeau und die „Historietten" von Tallemant des Réaux. Den Sommer 1909 verbrachte er in Paris, einer Stadt, von der er seit langem schon träumte. 1911 debütierte der Journalist und Übersetzer als Autor:

Rütten und Loening veröffentlichten seine Erzählung „Das Mädchen aus dem Osten", Paul Cassirer nahm seinen ersten Roman „Schritt für Schritt" an. 1913 meldete sich bei Flake der berühmte S. Fischer Verlag, der den Roman „Freitagskind" herausbrachte. Bei Kriegsausbruch 1914 war der junge Flake schon ein arrivierter Schriftsteller, was die angenehme Folge hatte, daß er so wenig wie Thomas Mann oder Gerhart Hauptmann zum Kriegsdienst eingezogen wurde; die Militärärzte, die durchaus verschiedene Maßstäbe anlegten, widersprachen nicht, als er sich für wehruntauglich erklärte. Flake absolvierte nur die militärische Grundausbildung, voll Abscheu über den entwürdigenden Drill, dem er sich unterworfen sah, und übte dann ab Februar 1916 das wenig ehrenvolle, aber ungefährliche Amt eines Theaterzensors in Brüssel aus. 1918 gelang es ihm, sich in die neutrale Schweiz abzusetzen, wo er seinen Jugendfreund Hans Arp wiedertraf.

Die Nachkriegsjahre waren Flakes Sturm- und Drangzeit. Er war zehn Jahre lang fast unaufhörlich unterwegs, heiratete erneut, verkehrte mit vielen Prominenten und schrieb Romane – „Die Simona", „Ruland", „Der gute Weg" –, aber auch philosophische Studien, kulturkritische Skizzen sowie Kommentare und Reiseberichte für S. Fischers Hauszeitschrift, die „Neue Rundschau". Sein Privatleben war ebenso stürmisch wie seine literarische Produktivität. Nach dem Scheitern seiner zweiten Ehe heiratete er Erna B., eine ernste und sanfte Frau, die Vermögen besaß, trennte sich von ihr und heiratete sie dann erneut.

Welche Wertschätzung zu dieser Zeit Berufskollegen Flake entgegenbrachten, zeigt eine Würdigung Stefan Zweigs aus dem Inflationsjahr 1923. Zweig schrieb: „Der starke, beständig von innerer Entladung durchschütterte Geist Otto Flakes ist zu vehement, zu impulsiv, zu wandelhaft, um sich jemals in starren Formen ganz zu kristallisieren; überall stößt er die Formen durch und sprengt gärend die Dauben. Sein funkelnd klarer Intellekt ist mit Elektrizität überschüssig geladen, sein vitales, mit prallen Blutgefäßen pulsierendes Gehirn arbeitet wie ein Dynamo in rastlos rhythmischer Tätigkeit. Von diesem Zentrum aus wirkt motorische Kraft unablässig nach allen Seiten zugleich, überall Helligkeit scheinwerferhaft verbreitend: ein Blinkfeuer, streift und schweift in ununterbrochener Kehre sein Geist über den ganzen Horizont der Zeit."

Im Herbst 1927 wurde Flake, der sich mit deutscher Arroganz abschätzig über die kurzbeinigen Italiener geäußert hatte, aus Südtirol ausgewiesen. Otto und Erna Flake brauchten Ruhe, auch für ihre kleine Tochter Eva, der das Wanderleben nicht länger zuzumuten war. Der Erfolgsautor näherte sich dem 50. Lebensjahr und suchte einen Hafen. Er wählte Baden-Baden. Am 15. Mai 1928 trafen die Flakes in der Pensionärsstadt am Fuß des Schwarzwalds ein. Mit dem Geld seiner Frau konnte der Romancier sich „standesgemäß" niederlassen. Er kaufte in der mondänen Bismarckstraße das Haus Nummer 7. Es hatte einen Vorgarten, den Eingang an der Seite, die nächsten Häuser waren Pensionen, zwei Kurven höher lag ein renommiertes Kurhaus, die „Quisisana".

Seit seiner mageren und obskuren Kindheit hatte der Kanzlistensohn aus Metz nur ein Ziel gehabt: in die gehobene Bürgerklasse aufzusteigen, um sich dann, auf hohem gesellschaftlichem Niveau, mit der Welt zu arrangieren; unter den Kollegen waren Goethe und Thomas Mann seine geheimen Vorbilder. Jetzt war er am Ziel: Er hatte eine Familie, stattliche Einkünfte (27 000 Mark im Jahr 1928), ein Haus in einem Rosenmeer, und „nahe zu den Wäldern". In der Quisisana stiegen interessante Gäste ab; für Unterhaltung war gesorgt. Der Romancier machte dem Baden-Badener Oberbürgermeister Reinhard Fieser im Gehrock einen Antrittsbesuch; der Kurdirektor überbrachte dem Neuankömmling die Kurkarte ehrenhalber.

Es ließ sich alles gut an; mit Würde, nicht ohne verletzenden Dünkel, spielte Flake im Badeort, den hohe Schulden erdrückten, den Mann von Welt, der gelassen registriert, was sich an bedeutenden und läppischen Ereignissen um ihn herum abspielt. Aber die Phase gediegener Bürgerlichkeit und selbstbewußten Residierens im Rosenmeer dauerte nicht lange. Im Mai 1929 kam das Ehepaar Hauptmann zur Kur nach Baden-Baden. Sie stiegen im eleganten „Kurhof" der Hoteliers Brenner ab und besuchten die Flakes. Nach dem bürgerlichen Protokoll war ein Gegenbesuch fällig. Die Flakes begaben sich ins Hotel, obschon Frau Erna über eine Erkältung klagte. Am Abend fieberte sie, der Arzt stellte eine Lungenentzündung fest. Am 11. Mai starb Erna Flake, noch nicht 44 Jahre alt. Flake war Witwer und hatte eine kleine Tochter zu versorgen.

Im Herbst verdüsterte sich nach dem New Yorker Schwarzen Freitag die Wirtschaftslage. Viele Maschinen standen still, die Arbeitslosen umlagerten die Notküchen. Das deutsche Verlagsgeschäft schrumpfte; mehrere Jahre lang wurden anspruchsvolle Bücher kaum noch gekauft. Flake arbeitete mit einer gewissen Rage weiter. 1930 kam sein Essay über den Marquis de Sade auf den Markt, das einzige seiner Werke, das internationale Anerkennung fand, er verdiente in diesem Jahr 15 250 Mark. 1931 brachte er, nach eigenem Urteil, unverantwortlich viel heraus; „wie alle Welt bedrängt von der Überlegung, daß noch rasch zu Geld zu machen sei, was sich irgendwie dafür eigne", wie es in der Autobiographie „Es wird Abend" von 1960 heißt. Insgesamt waren es sieben größere und kleinere Bücher. Die Überproduktion, die dem literarischen Ansehen abträglich war, erbrachte noch einmal eine Einnahme von 18 500 Mark. Es war das letzte gute Jahr. 1932 sanken die Einkünfte auf 4700 Mark. 1933 sah sich Flake, der wieder 4700 Mark versteuerte, außer-

stande, die Grundsteuer für das Haus in der Bismarckstraße zu bezahlen. Er mußte es verkaufen. So verwandelte
sich innerhalb weniger Jahre der literarische Grandseigneur, der zur intimeren S. Fischer-Crew gehörte, in einen
von Schulden geplagten Schreibtischarbeiter, der als Fremder in einer krisengeschüttelten Kleinstadt lebte, in der
sich die Selbstmorde und Bankrotte häuften.

Seine Trumpfkarte war noch immer, daß er auf Frauen
wirkte. Der fast zwei Meter große Mann mit den sparsa-
men Bewegungen, der hochdeutsch mit dem weichen Ton-
fall der Elsässer sprach, zog sie magnetisch an. Er betonte
privat wie in seinen Schriften sein tiefes Verständnis für
die weibliche Psyche, man sagte ihm ausgeprägte erotische
Interessen und zahlreiche Amouren nach. Andererseits
gab er sich geistverliebt: „Anno 800 wäre ich Wiking gewesen, anno 1200 ein Mönch und Scholastiker. Zutiefst habe
ich eine theologische Natur, wie alle geistigen Menschen."
Nach Ernas Tod traten an diesen Scholastiker im Maßan-
zug aus englischem Tuch nicht wenige Versuchungen
heran. Die, die ihn bis 1945 in Atem hielt, war wiederum
jüdischer Herkunft und hieß mit Vornamen Marianne.

Er lernte sie auf einem Tanznachmittag bei dem Puppen-
spieler Ivo Puhonny kennen, eine mittelgroße, brünette
Badenerin, die mit ihrer Mutter und ihrem Bruder, der
Gymnasiast war, in der Nachbarschaft ein Haus bewohnte. Flake war von Marianne hingerissen. Sie war
hübsch, nicht halb so alt wie er, arbeitete nicht, ging viel
mit ihrer riesigen Dogge spazieren und träumte vor sich
hin. Die Mama besaß Häuser und einen florierenden Modesalon neben dem Theater. Der 52jährige schlüpfte wieder in seinen Cut und machte den obligaten Heiratsantrag,
der angenommen wurde.

Die Hochzeitsreise des Paares führte nach Wien, wo die
Flakes im „Imperial" abstiegen. Marianne war nicht unbe-
rührt in die Ehe gegangen, was Otto Flake empfindlich

traf; der Verfasser des Traktats „Die erotische Freiheit" verteidigte privat die Moralauffassungen elsässischer Kleinbürger von 1880, das höchste Gut eines jungen Mädchens war ihre Keuschheit, sie verbürgte Anschmiegsamkeit, Innigkeit, seelische Reserven. Auch war Flake kein Romeo. Er war vom Temperament her niedersächsisch spröde und arg reserviert. Marianne stieß sich an seinen weniger guten Eigenschaften: Er arbeitete über die Maßen gern, zog sich fast den ganzen Tag über in seine Schreibklause zurück, ging ungern aus, war ein Pedant, ein häuslicher Despot, urteilte allzu hart, war mimosenhaft empfindlich und fand keinen Kontakt zu einfachen Leuten. Marianne war spontan, unbedacht, leidenschaftlich, ziemlich flach; sie räsonierte nicht, sie beklagte sich nicht, sie beging schlicht Ehebruch. Flake war konsterniert, als er es erfuhr: Ein Mann von Welt betrog, aber er wurde nicht betrogen.

Als Schriftsteller war Flake der Magie Baden-Badens verfallen. Er legte den Roman „Die Töchter Noras", an dem er schrieb, beiseite und vertiefte sich in Baden-Badens „Belle Epoque", die Zeit um 1860. So entstand der Roman „Hortense oder die Rückkehr nach Baden-Baden"; er erschien im Jahre der Bücherverbrennung bei S. Fischer. Die Ehe mit Marianne war schon nach einem Jahr nur noch eine Beziehungsruine. Die junge Frau hatte beim Skifahren einen Studenten namens Carlo kennengelernt und sich in ihn verliebt. Wochentags hielt sich Marianne in Stuttgart auf, wohin ihre Mutter ihren Modesalon verlegt hatte; die Sonntage verbrachte sie abwechselnd mit Carlo und Otto. Der strenge Moralist Flake erwog die Scheidung, mußte sich aber eingestehen, daß er die kapriziöse Frau, die seinen Namen trug und die in ihrem Wollsweater aussah wie ein Eskimomädchen, aufrichtig liebte. Er brachte es nicht über sich, sie aus der Wohnung zu weisen.

Flakes Dilemma spiegelt der Roman „Scherzo", der

1936 in Berlin bei S. Fischer herauskam. „Scherzo" ist eine Liebeserklärung an Marianne, aber in Molltönen. Der Held des Romans, Dr. Peter Horst, ist ein in Baden-Baden lebender niederländischer Sachbuchautor mit elfjähriger Tochter. Er verliebt sich in eine junge Dame, Georgis Merian, deren Schwester einen Modesalon führt. Georgis ist jung, apart, anmutig, führt ihre gefleckte Dogge spazieren und zeigt sich auf den Teenachmittagen der Baden-Badener Gesellschaft. Schon bald nach der Hochzeit gehen Pieter und Georgis getrennte Wege. Pieter verbringt den Sommer mit seiner Tochter Barbara in Bayern, Georgis an der Ostsee, wo ihr ein Rostocker Dozent den Hof macht. Zähneknirschend nimmt Dr. Horst zur Kenntnis, daß die Frau, die er liebt, einen eigenwilligen und stolzen Charakter hat und vor einem Seitensprung nicht zurückschreckt. Um sie zu domestizieren und an sich zu fesseln, schwängert er Georgis. Dies ist das burschikose Happy end eines Romans, in dem Marianne Flakes Aufbegehren gegen ihren Mann, seine intellektuelle Überlegenheit und seine kleinlichen Kontrollen, noch mit Lustspielmitteln dargestellt wird. Die als Romanhintergrund fungierende Stadt Baden-Baden ist eine intakte Idylle. Man begegnet in „Scherzo" keinem Nationalsozialisten, die Angehörigen der Baden-Badener Oberschicht fahren mit der Kutsche aus, suchen Beeren in den Wäldern, ergehen sich in der Lichtentaler Allee und schreiben sich hochstilisierte Briefe.

Im August 1935 gab Marianne Carlo auf. Der Nürnberger Gesetze wegen drängte sie nicht mehr auf Scheidung. Auch Flake wollte sich nicht mehr von seiner Frau trennen. Liebte er sie trotz ihrer Eskapaden? Die Autobiographie „Es wird Abend" gibt nur ausweichend Auskunft: „Zuletzt sagte ich mir: Die Tatsache, daß du ihr hilfst und Schutz gewährst, wird ihr den Entschluß, ein neues Leben an deiner Seite zu beginnen, erleichtern." Das neue Leben war eine Illusion. Marianne, die sich nach Münklingen bei Weilderstadt zurückgezogen hatte, liebte einen Stuttgarter Redakteur. Der erneut betrogene Romancier war außer sich und beantragte die Scheidung. Marianne schrieb verzweifelte Briefe. Es kam zu einer Begegnung, zur Wiederversöhnung. Flake zog die Scheidungsklage zurück; das Eskimomädchen war allzu attraktiv.

Der Sommer 1936 stand im Zeichen der Berliner Olympiade; die Welt huldigte Hitler. Die im Eiltempo betriebene Aufrüstung erzeugte eine Scheinkonjunktur, von der auch die in Deutschland gebliebenen Schriftsteller profitierten. Flake verdiente wieder gut und konnte sich in der Kaiser Wilhelm-Straße, in der exklusivsten Baden-Badener Wohnlage, ein Haus mit sechs Zimmern mieten. Befriedigt stellte er fest, daß er einen Obersten a. D., Ritter Eduard von Herold, eine Prinzessin von Oettingen-Wallerstein und den deutsch-amerikanischen Multimillionär Richard Kluschak zu Nachbarn hatte.

Der Blick von Kaiser Wilhelm-Straße 25 ging auf eine Wiese und den Friesenbergwald; er war einer der schönsten der Stadt. Den Sommer verbrachte Flake hochgemuter Stimmung in Sasbachwalden. Als sei nie von Scheidung die Rede gewesen, fuhr Marianne Ende September voraus, um den Einzug zu überwachen. Befriedigt notierte der Dichter: „Als ich Anfang Oktober folgte, konnte ich mich an den Schreibtisch setzen. Man war wieder in seinen Möbeln, man führte wieder Haushalt. Als Neuerung stand im Wohnzimmer der Flügel aus Münklingen." Der Flügel ist in Flakes Romanen das Symbol gediegener, verinnerlichter Bürgerlichkeit.

In Berlin übernahm Peter Suhrkamp den S. Fischer Verlag; Gottfried Bermann-Fischer gründete in Wien und später in Stockholm seinen Emigrantenverlag. Die Beziehungen Flakes zu seinem Verleger verschlechterten sich. Suhrkamp, ein Gegner des Regimes, verübelte Flake die

Loyalitätserklärung, die er 1933 mit anderen Autoren für Adolf Hitler abgegeben hatte, das sogenannte Treuebekenntnis. Auch hielt er ihn eher für einen versierten Unterhaltungsschriftsteller als für eine literarische Potenz. Flake mußte sich auf langwierige, demütigende Verhandlungen einlassen, bis Suhrkamp die brillanten historischen Miniaturen „Große Damen des Barock" herausbrachte. Das Buch, das 1939 erschien, war rasch vergriffen; für eine zweite Auflage bewilligte das Propagandaministerium nicht das Papier.

Die Kristallnacht erlebte Flake in Baden-Baden: „Der zehnte November kam. Ich ging ahnungslos am Morgen in die Stadt und wurde Zeuge des Umzugs der Juden. Die Männer standen in Lastwagen, ich erkannte einen Anwalt. Vor mir stieß ein Metzger, die Fleischmulde auf der Schulter, die Faust gegen den Wagen und verfluchte Juda – mir war, als sei ich in Jerusalem an jenem Tag, als man Christus nach Golgatha brachte. Ich vergewisserte mich bei Zahns, daß die Frau des Doktors nicht geholt worden war. Der arische Ehepartner bedeutete mithin Schutz. Damit beruhigte ich Marianne, die blaß geworden war. Nach dem Umzug wurden die Juden in die Synagoge gebracht und gezwungen, das Horst Wessel-Lied zu singen. Nachts kamen sie nach Dachau, die Synagoge brannte aus, man riß sie ab."

Ein Jahr später fiel Hitler in Polen ein. Der Feldzug berührte die Baden-Badener wenig; sie waren weit vom Schuß. Im Sommer 1940 kapitulierte Frankreich. In der Lazarettstadt Baden-Baden ging das Leben seinen friedlich-behäbigen Gang. Otto Flake mauerte sich ein. Er konzipierte einen großen historischen Roman, „von breiteren, von homerischen Ausmaßen"; das Riesenfresko „Fortunat" beschäftigte ihn fünf Jahre. Die Siege der Wehrmacht beeindruckten ihn nicht: „Ich war überzeugt, daß dieser Krieg denselben Verlauf wie der von 1914 nehmen werde: Teilnahme Amerikas, Kampf der Potentiale, Zusammenbruch Deutschlands. Die Peripetien aber, die Schauplätze, die Teilnehmer, die Anstrengungen, das alles ließ sich noch nicht absehen. Sechs, sieben böse Jahre standen uns bevor. Ich war entschlossen, ihnen das einzige abzugewinnen, was sie bewilligen mochten – die Muße für die Arbeit."

Die Reichsschrifttumskammer war Flake nicht gewogen, aber sie schikanierte ihn nicht mehr als andere „jüdisch versippte" Autoren von konservativer Gesinnung; in Baden-Baden hielten einige nationalsozialistische Funktionäre die Hand über ihn, wohl weil er mit seinem kühnen, zerfurchten Gesicht und seiner hünenhaften Gestalt so sehr der Vorstellung von einem germanischen Recken entsprach. Bei seinem Verlag in Berlin war Flake hoch verschuldet. Erstmals seit 1914 veröffentlichte er 1940 kein neues Buch. Suhrkamp reduzierte seinen Monatsvorschuß auf 500 Mark, Flake kürzte Mariannes Taschengeld, sie erhielt nur noch 50 Mark.

Es scheint dem Romancier, der so stolz war auf seine meisterhaften Porträts verwöhnter, seelisch differenzierter junger Damen, ganz entgangen zu sein, wie sehr die Frau an seiner Seite litt. Flake war mehr denn je mit seiner Arbeit verheiratet und saß bis tief in die Nacht über dem „Fortunat"-Manuskript. Die Eheleute schliefen getrennt. Im Kurort war Marianne völlig isoliert, ohne Angehörige, ohne Freundin. Einen Laden zu betreten, wurde immer riskanter, jedermann konnte ungestraft eine Halbjüdin anpöbeln. Flake verdiente zu wenig, um auf dem Schwarzmarkt einkaufen zu können; er verlor 30 Pfund, auch Marianne magerte ab. „Ich lebe immer neben Dir her", schrieb sie ihm 1942 in einem bewegenden Brief, „und habe das Gefühl, daß ich so eine Art notwendiges Übel für Dich bin. Ich fröstel' immer, weil Du mir nicht recht warm gibst, und ich brauche doch so viel Wärme." Nach einer Fehlgeburt verlor sie immer häufiger die Nerven. Es kam häufig zu Disputen zwischen ihr und ihrem Gatten, der ihre Unausgeglichenheit tadelte und ihr mehr Disziplin empfahl.

1943 erschien bei S. Fischer Flakes drittes Baden-Baden-Buch, der historische Roman „Das Quintett", die Geschichte eines jungen Anwalts, der um 1900 in die Gesellschaft dieser Stadt hineinwächst und mit ihr seinen Frieden macht, nachdem er sich von einer proletarischen Geliebten, die seinem Ruf schadet, schnöde getrennt hat. Bei einem Luftangriff auf Leipzig wurde ein Großteil der 1. Auflage zerstört. Flake bestand mit Shylockscher Hartnäckigkeit auf dem ihm für die vernichteten Bände zustehenden Honorar; es kam zum Zerwürfnis mit Suhrkamp. Ab 1944 stockte im von allen Seiten bedrängten Deutschen Reich das literarische Geschäft.

Flake, dessen Hauptwerk, der „Fortunat", fertig in der Schublade lag, gab einem französischen Croupier der Baden-Badener Spielbank, Monsieur Valgelata, Deutschunterricht. Valgelata, der verheiratet und Familienvater war, verliebte sich in Marianne. Flake drückten zusätzlich zu seinen Eifersuchtsqualen Existenzsorgen; der 64jährige hatte nur noch 750 Mark auf seinem Bankkonto und Bücher wurden nicht mehr gedruckt. Marianne wurde zur Gestapo bestellt, weil sie eine arische Putzfrau beschäftigte. Baden-Baden füllte sich mit Evakuierten und Flüchtlingen, die Flakes mußten einen Dortmunder Schüler bei sich aufnehmen.

Vom Spätsommer 1944 an kreisten amerikanische Jagdbomber wie die Habichte über der Rheinebene und beschossen alles, was sich bewegte, Züge, Autos, Radler, Bäuerinnen bei der Feldarbeit. Große alliierte Bomberverbände zogen über den Schwarzwald hinweg, die Bewohner Baden-Badens verbrachten viel Zeit im Keller.

Flake wuchs in die Rolle des wortkargen, impassiblen

Stoikers hinein, die ihn vorteilhaft kleidete. Zwischen Ent-
warnung und Alarm schrieb er an einem Essay mit dem
Titel „Ordo". Der Verwirrung um ihn her setzte er seine
Vorstellung von Ordnung entgegen. Es war eine kühle
und strenge Ordnung; sie galt, so empfand es Marianne,
nur für ihn, für sie war in ihr keine schützende Nische.
Die von Verhaftung und Abtransport bedrohte Frau verbrachte jetzt häufig die Nacht außer Haus. Sie war demo-
ralisiert, ja psychisch am Ende und hatte nur noch den
einen Gedanken, zu ihrer Mutter zu fliehen. Am 4. Dezember 1944 brannte Rastatt. Am 18. teilte Marianne ihrem Mann mit, sie werden ihn verlassen, um das Kriegsende in Nürnberg oder Hersbruck abzuwarten, sie ertrüge
die täglichen Überfliegungen nicht mehr. Flake reagierte
schroff: Es sei nicht fair, daß sie ihn jetzt, vor Weihnach-
ten, verlasse; er habe niemand, der ihm den Haushalt
führe. Marianne blieb bei ihrem Vorsatz; das Hotel „Gre-
tel", erklärte sie Flake, sei bereit, ihn zu verköstigen. Der
Dichter beendete die Auseinandersetzung mit dem Satz,
sie könne gehen, aber nach dem Krieg werde er sie nicht
mehr aufnehmen.

Seit der Ausrufung des totalen Kriegs ruhte der Spielbetrieb im Casino Baden-Baden. Monsieur Valgelata wurde
nach Pforzheim beordert, um dort in einem Rüstungsbe-
trieb zu arbeiten. Marianne traf am 2. Januar 1945 in
Nürnberg ein, kurz vor dem schweren Bombenangriff auf
diese Stadt. Das Haus ihrer Mutter wurde getroffen und
sank in Trümmer. Nach zwei Tagen wurden die beiden
Frauen aus dem Keller gezogen. Marianne, ruhelos wie
ein todgeweihtes Tier, fuhr mit Valgelata nach Baden-Baden, um dort einige persönliche Habseligkeiten abzuho-
len. Mit alttestamentarischer Härte weigerte sich Otto
Flake, mit ihr zusammenzutreffen. Marianne reiste mit
dem Fremdarbeiter Valgelata nach Nürnberg zurück. Im
Februar hielten sie sich einige Tage in Pforzheim auf. Der

Bombenangriff vom 23. Februar forderte in der kaum geschützten Stadt 20 000 Opfer; unter ihnen waren Valgelata und Marianne Flake.

Seinen vierten Baden-Baden-Roman schrieb Otto Flake 1947. Er heißt „Old Man" und hat, wie „Scherzo", einen deutlich autobiographischen Bezug. Der Old Man, Edgar Mertens, ist ein von den Nationalsozialisten zwangsweise emeritierter Bonner Philosophieprofessor. Von seiner Frau Bettine getrennt, lebt der 64jährige Pensionär in Baden-Baden. Der Roman setzt „Im Jahr des Unheils, 1945, vier Wochen nach Lichtmeß" ein und endet im November dieses Jahres, als Mertens an die Universität Tübingen berufen wird. Der Leser erhält einen exakten Bericht über die letzten Kriegstage in Baden-Baden, den Einmarsch der Franzosen und die ersten Monate der Okkupation.

In drei Kapiteln von „Old Man" geht Flake auf seine gescheiterte Ehe mit Marianne ein. Ein Schuldgefühl am elenden Ende seiner Frau scheint er nicht empfunden zu haben. Daß sich die Halbjüdin spätestens seit der Reichskristallnacht als Ausgestoßene fühlte, klingt in „Old Man" nicht an; im Buch ist Mertens der politische Verfolgte, der von seiner Frau Bettine im Jahre 1941 ohne zwingenden Grund verlassen wird. Den ehemaligen Ordinarius überkommt nach der Flucht Bettines „die böseste Form des Zornes, die sachliche". Er räsoniert in grimmiger Laune: „Zehn Jahre Ehe, und noch immer Wechsel des Standpunktes, noch immer Dramatik, die in Atem hält. Auch ein Mann hat das Recht, auf sein Heil bedacht zu sein: auf seine Ruhe, auf seine Klarheit, auf seine innere Ordnung." Die philiströse Gleichsetzung von Heil und Ruhe zeigt den Philosophen bei seinem inneren Monolog nicht im günstigsten Licht.

Flake, der in seinem Roman „Hortense" die erotische Libertinage einer adligen Badenerin der Belle Epoque mit so viel Wohlwollen dargestellt hatte, verzieh Marianne

36   Der Kunsthistoriker Leopold Zahn.
       (Foto: Fee Schlapper)

37   Der Architekt Egon Eiermann.
       (Foto: Fee Schlapper)

38   Er machte aus Baden-Baden ein Mekka der neuen Musik: der Musikschriftsteller Heinrich
      Strobel. (Foto: SWF)

39 Die Trinkhalle von 1843 heute. (Foto: W. P. Stein)

40 Stilvielfalt in der Altstadt. Rechts das Friedrichsbad. (Foto: W. P. Stein)

41   Im Franzosenviertel. (Foto: Klaus Fischer)

42   Ball im Kurhaus. (Foto: W. P. Stein)

43   Die Spielbank Baden-Baden heute. (Foto: M. Schaeffer)

44   Magie des Rouletts. (Foto: Huber)

Baden-Badener Schauspielerinnen:

45   Verena Buss.
      (Foto: Marlene Buss)

46   Iris Werlin.
      (Foto: Marlene Buss)

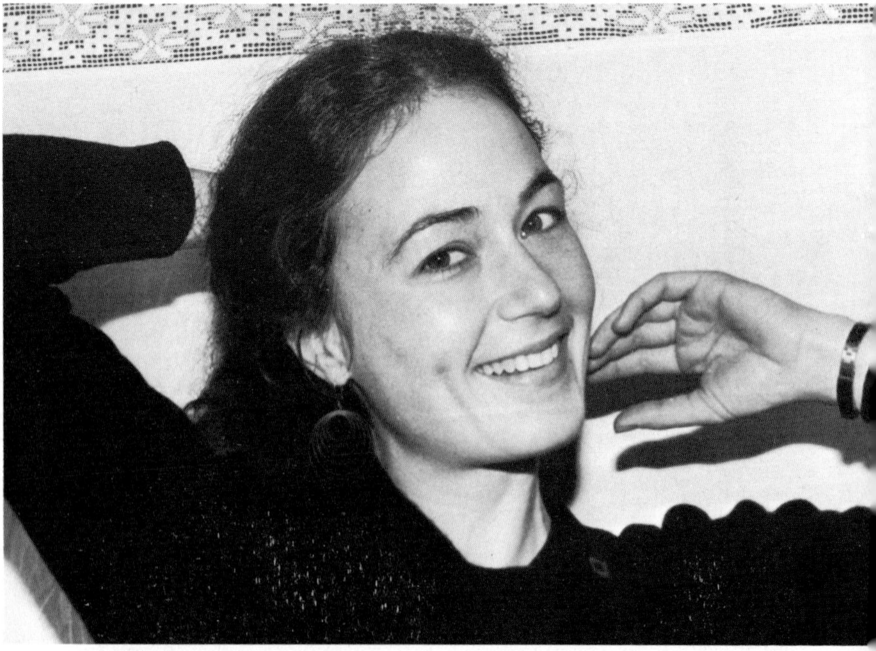

47   Dorothee Reize. (Foto: Marlene Buss)

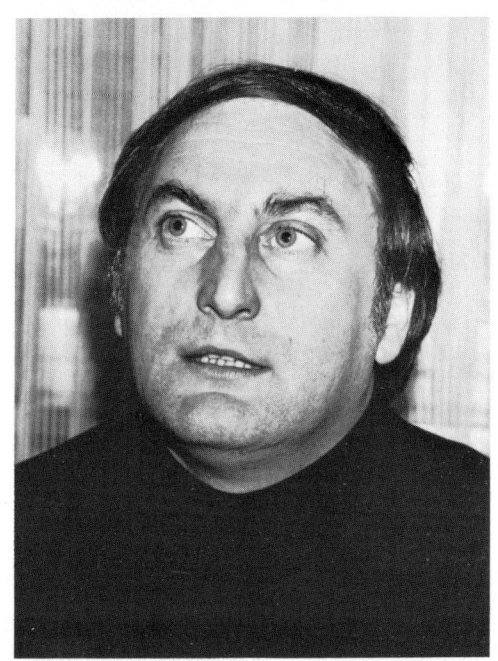

48   Komponisten in Baden-Baden: Jeannot
Heinen. (Foto SWF)

49   Peter Zwetkoff. (Foto: Marlene Buss)

50   Ein Sender, der Südwestfunk, ist das bedeutendste Baden-Badener Unternehmen. Blick auf das Hörfunkgebäude. (Foto: W. P. Stein)

51   Ein Künstlertreffpunkt: das Café Gagarin. (Foto: W. P. Stein)

ihren dreifachen Ehebruch nie. In „Old Man" kehrt ihr
Ebenbild Bettine in den letzten Kriegstagen schwerkrank
nach Baden-Baden zurück, aber Professor Mertens wei-
gert sich, sie bei sich aufzunehmen oder sie zu besuchen.
Sein Interesse gilt einer neuen Bekannten, der Offiziers-
frau Agathe Derwiller, deren Mann bei Stalingrad in Ge-
fangenschaft geriet. Agathe ist im Gegensatz zu Bettine
eine Frau, die sich seinen Wünschen anpaßt; eine besonders gute Figur gibt sie ab, wenn sie auf dem Flügel Mo-
zartsonaten spielt. Mertens mustert seine künftige Lebens-
gefährtin mit kühlem Wohlwollen: „Es gefiel ihm, daß sie
geschult vortrug und in einem Salon gut aussah. Man gab
keine Gesellschaften mehr im Augenblick, aber es würde
nicht so bleiben. Bettine hatte weder die Pflichten der
Dame noch der Hausfrau, noch der Gefährtin bejaht." So
lautet das Verdikt des unversöhnten Philosophen, der seinem Schöpfer aus der Seele spricht.

Man muß wohl in Baden-Baden aufgewachsen sein, um
dies alles zu verstehen: daß die Bewohner der Kaiser Wilhelm-Straße im Herbst 1945, in der Zeit des Hungers, der
Trümmerfrauen, des mitteleuropäischen Flüchtlings-
trecks, sich mit Tee-Empfängen die Zeit vertreiben, schon
wieder auf standesgemäßes Verhalten Wert legen, gesell-
schaftlicher Repräsentation viel Bedeutung beimessen.
Auch in dem Nachkriegsroman „Old Man" ist Baden-Baden eine Stadt, an der die Katastrophen abprallen. Kor-
rekte Manieren haben hier hohen Kurswert, Mitgefühl,
etwa mit einer Frau, deren Ehealltag ein einziges Frösteln
war, ist weniger gefragt, und Hausmusik, Mozart am
Abend, verbürgt den Fortbestand der bürgerlichen Welt.

Der Zyniker der Nachkriegsjahre: Alfred Döblin

Am 12. April eroberte die 1. Französische Armee Baden-Baden. Die Stadt war verwahrlost und grau, aber fast unzerstört. Die Franzosen stießen von Pforzheim aus auf Stuttgart, Ulm und Innsbruck vor und erreichten Berchtesgaden. Nach der deutschen Kapitulation wurde, seiner vielen leerstehenden Hotels wegen, Baden-Baden der französischen Besatzungszone und Sitz des „Gouvernement militaire". Zu den militärischen kamen im Frühsommer 1945 auch zivile Stäbe hinzu. Das „Bureau de l'Instruction publique" kontrollierte das Erziehungswesen. Im Spätsommer wurde in den Baden-Badener Schulen wieder Unterricht erteilt; nur Turnunterricht und Sport waren untersagt, wichtigstes Fach war Religion.

In dem Villenviertel, in dem Flake wohnte, ergingen wieder die ersten Tee-Einladungen; die Gäste in den Kaminzimmern trugen jetzt khakifarbene, nicht mehr wehrmachtsgrüne Uniform. Flake notiert in seinen Erinnerungen: „Aus Frankreich trafen nach und nach eine Reihe von Germanisten, Professoren, Intellektuellen ein, zur Verwendung oder auch aus Neugier. Sie unterschieden sich deutlich von den Militärs, es waren Leute der Bildungsschicht und meist guten Willens. Sie machten Besuche, brachten Freunde mit. Einige deutsche Familien eröffneten einen Salon. Eschmann las bei Zahns einen Vortrag über die utopistische Literatur vor, ich meinen Heine-Essay, Berl aus seinen Begegnungen mit Zeitgenossen und der nach Baden-Baden verschlagene Glasenapp über Schankara. Ähnliche Veranstaltungen gab es bei Hedingers und der Witwe des Arztes Bloss. Auch die Witwe von Arno Holz wohnte nun in Baden-Baden und widmete sich dem Andenken an ihren Mann."

Im Juli 1945 trat in Baden-Baden ein Kulturrat zusammen, dem u. a. Otto Flake, Heinrich Berl, der Maler Hans

Kuhn, der Lokalhistoriker Rolf Gustav Haebler und die Verleger Herbert Stuffer und Woldemar Klein angehörten. Der Militärverwaltung war an einer Instanz gelegen, die sie in kulturellen Fragen beriet und Initiativen ergriff. Schon im August 1945 erschien als erste Zeitung in der französischen Zone das „Badener Tagblatt" wieder. Im September gründete der Verleger Bühler einen schöngeistigen Verlag. Das „Bureau de l'Instruction publique" vergab Verlagslizenzen, besorgte Papier und stellte Transportmittel zur Verfügung.

Anfang Oktober kehrte Alfred Döblin, der Deutschland 1933 verlassen hatte, aus den Vereinigten Staaten nach Frankreich zurück. Er war seit der Vorkriegszeit französischer Staatsbürger und wurde nun mit dem Auftrag nach Baden-Baden geschickt, das kulturelle Leben wieder anzukurbeln. In seinem Rechenschaftsbericht „Schicksalsreise" kommentiert der Verfasser von „Berlin Alexanderplatz": „Ich war garnicht, wie ich bald in Zeitungen las, in ‚verantwortlicher' Stelle beschäftigt, oder als ‚Kulturberater', wie andere schrieben. Ich hatte eine begrenzte Aufgabe, nämlich Werke der Belletristik, Lyrik, Epik und Dramatik zu lesen und meine Ansicht über ihren ästhetischen Wert, auch ihre Haltung, in größerer oder geringerer Ausführlichkeit, am besten kurz niederzulegen. Also war ich Lektor."

Döblin verharmlost im Rückblick seine Funktionen. Wer die ‚Haltung' eines Buches analysiert, übt das Amt eines Zensors aus. Er korrigiert selbst seine Beschönigung, wenn er wenig später schreibt: „Es galt, den soldatischen Geist zurückzudrängen, indem man etwas Besseres an seine Stelle setzte, indem man die früher auch in Deutschland beheimatete europäische, christliche und humanistische Gesinnung an ihren alten, ihr gehörenden Platz stellte, ja ihren Platz erhöhte."

Der Jude Döblin war 1941 in Hollywood zum katholi-

195

schen Glauben übergetreten und verordnete nun den Südwestdeutschen mit Konvertiteneifer christliche Lektüre.
Von den Druckwerken, die in der ersten Hälfte des Jahres
1946 in Südbaden und in Rheinland-Pfalz erschienen, waren gut zwei Drittel fromme Traktate. Hier einige Titel:
„Seelsorge in der Zeit", „Trauer und Seligkeit", „Vom
Geist der Buße und vom Trost der Buße", „Die Barmherzigkeit und die Almosen", „Die Hungerkatechese", „Die
leiblichen Werke der Barmherzigkeit", „Der heilige Se-
verin", „Von der Heimatlosigkeit", „Von der Verehrung
der Heiligen" und „Ein Kreuzweg der Fürbitte". Der Freiburger Erzbischof K. Gröber legte vier seelsorgerisch
inspirierte Werke vor, nicht weniger als neunzehn der
in Freiburg lebende gebürtige Baden-Badener Reinhold
Schneider, dessen Themenkreis von „Gedanken des Frie-
dens" bis „Versöhnung der Gläubigen" reichte.

In diesem Wust von Erbauungsliteratur, der die Zensur
passierte, nahmen sich die im Volksverlag Singen erschie-
nenen Aufsätze Stalins über Materialismus und Flakes Essay „Nietzsche – Rückblick auf eine Philosophie" wie
Fremdkörper aus. Die französischen Kontrolleure legten
im Jahr 1946 bei deutschen Autoren mehr Wert auf gute
Gesinnung als auf eigenständiges, kritisches Denken.

Von 1945–48 lebten mit Döblin und Flake zwei prominente deutsche Romanciers nebeneinander in Baden-Baden, aber vieles, fast alles trennte sie. Döblin schrieb in
der Kurstadt Meditationen, die vor Frömmelei überflos-
sen wie den Essay „Der Oberst und der Dichter" und das
Religionsgespräch „Der unsterbliche Mensch". Flake entwickelte nach den schauderhaften Erfahrungen der Hitlerzeit Gedankengänge, die kein braver Stadtpfarrer mehr billigen konnte. Er löste sich von der Kirche und näherte
sich den Denkern des antiken Heidentums; ein Buch beschäftigte ihn, das bei seinem Erscheinen, 1961, den Titel
„Der letzte Gott, das Ende des theologischen Denkens"

tragen sollte. Döblin und seine Frau, die jedem mitteilte, daß sie die Deutschen hasse, wohnten zwar bescheiden in einer Zweizimmer-Wohnung in der Baden-Badener Weststadt, aber sein Büro lag in einem Luxushotel; er trug die Uniform eines französischen Obersten, erhielt die Bezüge dieses Dienstgrads, gehörte zu den Siegern. Flake hungerte vor sich hin, wie die meisten Baden-Badener in den Jahren 1945–47, Döblin speiste in Offiziers-Casino „Zähringer Hof", wo servile deutsche Kellner den dick bebrillten, recht gutmütigen Mann umschwirrten. Döblin wurde wütend, wenn Flake die Franzosen statt ‚Befreier' ‚Okkupanten' nannte, was er mit der ihm eigenen Hartnäckigkeit noch 1955 in seinem Roman „Die Sanduhr" tat, und befand, das Besatzungsregime sei nicht viel erträglicher als das abgetane NS-Regime. In Flakes Augen wiederum war der Stettiner Kollege ein Talmifranzose; er radebrechte die Sprache Voltaires, und, schlimmer noch, er verstand die Rheinhessen, Pfälzer, Badener und Württemberger nicht, die er doch umerziehen wollte: „Er war ein Großstadtmensch, der kein Verhältnis zu den süddeutschen Dingen haben konnte, weder zur Landschaft noch zu der Gemütslage der Menschen."

Döblins Erinnerungsbuch „Schicksalsreise" zeigt, daß Flake sich nicht täuschte. Das Baden-Baden gewidmete Kapitel ist moros, voll Unbehagen: „Der Kurort, in dem ich nun wohne, Baden-Baden, steckt voller Menschen, aber es sind keine Kurgäste. Die kleine ansässige Bevölkerung ist da, und hier residiert die Militär- und Zivilverwaltung der Zone. Mit ihren vielen Büros besetzt sie die großen Hotels und belegt mit ihrem Personal Räume in manchen Villen und Häusern. Der Anblick der Straßen wirkt nicht erhebend. Es ist Kriegsende, Waffenstillstand, und Krieg und Niederlage werden sich noch auswirken. Die Armut ist noch nicht ganz sichtbar. Die Läden sind größtenteils geschlossen, und wenn sie offen sind, haben sie nichts in den Auslagen und sehr wenig zu verkaufen. Was ist das für ein Kurort, was wird hier nun kuriert, frage ich mich bald. Mir kommt vor, man kann hier eher krank als gesund werden, so viel Nebel, Feuchtigkeit und Regen gibt es."

Im Herbst 1945 setzte in Baden-Baden ein literarischer Frühling ein; er begann hoffnungsvoll, war aber von noch kürzerer Dauer als der der Jahre 1840–45. Der Schwabe Paul Keppler gründete einen belletristischen Verlag und brachte 1946 Flakes Hauptwerk, den Roman „Fortunat", in zwei Bänden heraus. Für die Besatzungsmacht gab Jacqueline Grappin die Zeitschrift „Lancelot – der Bote aus Frankreich" heraus, die ab Heft 8 in Koblenz erschien.

In der Redaktion des „Lancelot" war neben Gerhard Heller Hans Paeschke tätig, der mit dem „Merkur – Deutsche Zeitschrift für europäisches Denken" rasch über die französische Zone hinaus Resonanz fand; ab Heft 6 war Joachim Moras Mitherausgeber. Zweisprachig war die gleichfalls von der Besatzungsmacht finanzierte Zeitschrift für Theater, Musik und Film „Die Quelle" (die französische Fassung trug den Titel „Le Verger"), in der Wolfgang A. Peters urbane Töne anschlug; sie brachte es nur auf wenige Nummern.

Alfred Döblin gab „Das Goldene Tor" heraus. „Das Goldene Tor" verstand sich als Gegenstück zu den Kulturzeitschriften, die in der amerikanischen Zone herauskamen und von denen „Die Gegenwart", „Die Wandlung" und Eugen Kogons „Frankfurter Hefte" die bekanntesten waren. Wie seine Monatszeitschrift zu ihrem ungewöhnlichen Titel kam, verriet Döblin später im „Journal 1952 bis 53": „Es kamen nach Kriegsende viele neue Zeitschriften auf, sie traten 46/47 gradezu in Rotten auf, mit Illustrationen und ohne Illustrationen. Sie trugen Namen, die leer waren oder etwas versprachen, wie ,Die neue Zeit' oder ,Die neue Welt' oder ,Die Zukunft' oder ,Blick in die

Welt', ‚Heute' oder ‚Der Horizont' . . . Ich glaubte, in diesem Stimmengewirr auch etwas sagen zu müssen. Ich wußte, was ich wollte, der Titel war mir zuerst nicht klar. Aber ich hatte seiner Zeit in San Francisco die herrliche Einfahrt, The Golden Gate, gesehen, die Verbindung der Neuen Welt mit Asien. Ich nannte nach einigem Hin und Her die literarische Zeitschrift, die ich plante und dann herausbrachte ‚Das Goldene Tor'. ‚Das Goldene Tor', Symbol für die Freiheit und Solidarität der Völker wollte die vom Nazismus unterbrochene geistige Kontinuität wiederherstellen und den Realitätssinn im Lande stärken. Die Zeitschrift wies auf Lessing hin. Wahrheit sollte verbreitet werden, die Gewissen aufgerufen und Mut eingeflößt werden."

Blättert man heute im ersten Jahrgang 1946–47 der Zeitschrift, so fällt die ungewöhnliche Bescheidenheit des Herausgebers auf. Döblin spielte sich nicht in den Vordergrund. „Das Goldene Tor" berief sich auf die Tradition, auf das Bewährte. In den ersten sechs Nummern der Monatsschrift kamen längst bekannte Dichter wie Charles Algernon Swinburne, Strindberg und Claudel zu Wort. Hans Mayer verbreitete sich über Tolstoi, Stephan Hermlin über Shelley. Ein Hauptmitarbeiter Döblins war der Heine-Forscher Friedrich Hirth, der in der Vorkriegszeit im Auftrag der französischen Regierung deutsche Emigranten bespitzelt hatte und 1946 mit einer Professur an der Universität Mainz belohnt worden war.

Man gewinnt bei der Lektüre des „Goldenen Tors" den Eindruck, daß der Herausgeber und Redakteur Döblin, ein Mann von achtundsechzig Jahren, mit großer Gelassenheit arbeitete – einer eher buddhistischen als christlichen Gelassenheit. In seine Zeitschrift rückte er vor allem Beiträge derer ein, die er seit langem kannte, die in Baden-Baden und Umgebung wohnten oder die sich mit einiger Beharrlichkeit bei ihm meldeten. Das in einer Literaturzeitschrift so wichtige Ressort Buchkritik vertraute er in den ersten Nummern, statt es selbst zu übernehmen, dem literarisch unerfahrenen Jazzredakteur Joachim Ernst Berendt an. Die Ironie des Lebens wollte, daß Döblin, ebenso wie Flake, im hohen Alter gänzlich verarmte, während Berendt, hauptberuflich Jazzreferent des Südwestfunks, sich mit seinen in viele Sprachen übersetzten Jazzbüchern ein Vermögen erschrieb.

Anstrengungen, die neue deutsche Literatur zu fördern, die sich 1946–47 durchaus schon zu regen begann, unternahm Döblin nicht. Dafür machten im „Goldenen Tor" fähige Mitarbeiter wie Eckart Peterich und Heinrich Stammler mit Eugenio Montale und Jessenin bekannt. Den Realitätssinn in Deutschland hat das „Goldene Tor" in keiner Weise gestärkt. Der Zensor Döblin scheute, im Gegensatz zu Hans Paeschke im „Merkur", die Zensur. Seine Zeitschrift übersah im Jahr 1946–47 souverän die materielle Not der Deutschen, die Demontagen, die verlorene nationale Einheit, den Zerfall der Siegerkoalition, ja sogar die Gründung des Staates Israel; Döblin kam offenbar gar nicht auf den Gedanken, die in Palästina lebenden deutschen Emigranten zur Mitarbeit einzuladen.

Von dem Tag an, da andere deutschsprachige Blätter Sartre und Faulkner vorstellten, Pavese und Borgese, war es um „Das Goldene Tor" geschehen. Die Tage der Zeitschrift waren schon gezählt, als Döblin und sein Mitredakteur Wolfgang Lohmeyer 1949 von Baden-Baden nach Mainz übersiedelten, wo Döblin die Literaturabteilung der Mainzer Akademie der Wissenschaften und Literatur aufbaute. Mit dem Heft 2 des 6. Jahrgangs ging „Das Goldene Tor" 1951 ruhmlos ein.

Döblins Ängste vor den Deutschen wuchsen mehr und mehr; überall witterte er in der jungen Bundesrepublik Naziintrigen und politische Unterwanderung. „Der Nazidrache war erlegt, aber sein giftiges Blut floß weiter, ohne einzutrocknen, über den Boden." Er brachte es nicht mehr über sich, bundesdeutsche Zeitschriften zu lesen, die Kommentare im Radio bereiteten ihm Übelkeit: „Wie selbstgefällig sich das alles gibt."

Am Mittwoch, den 29. April 1953, verließ er mit seiner Frau Mainz und ging über die französische Grenze. Von einer ‚zweiten Emigration‘ zu sprechen, wie es der Walter-Verlag in seiner Ausgabe der „Autobiographischen Schriften und letzten Aufzeichnungen" tut, ist wohl unstatthaft, da Döblin ja als Franzose nach Frankreich zurückfuhr und ihn in Paris seine Wohnung erwartete. 1956 zog der Ahasver unter den Romanciers seiner Epoche in den Schwarzwald; die Universität Freiburg feierte das 50. Jubiläum seiner Promotion, bei Walter erschien „Hamlet oder die lange Nacht nimmt ein Ende". Der Roman fand kein Echo. Am 26. Juni 1957 starb Döblin in Emmendingen.

Schwanengesang: Flakes letzte Jahre in Baden-Baden

Für Otto Flake war 1957 das schwerste Jahr. Er lebte, seitdem seine Tochter Eva einen Franzosen geheiratet hatte und in die Vendée gezogen war, allein. 1950 suchte er noch den Anschein zu erwecken, daß ihm das Alleinsein genehm sei: „Ein gütiges Geschick hat mich vor der Zerstörung meiner Wohnung und meiner Bücher bewahrt. Mein Häuschen schaut auf eine Wiese, kein Lärm draußen und keiner im Innern. Um fünf geht die Sekretärin; sieben Stunden bis Mitternacht und, wenn es sein muß, noch mehr liegen vor mir. Von Kino, Bar, Theater und Verkehr unabhängig, benutze ich diese Zerstreuungen sparsam. Denn sie verzehren das, was mir so unentbehrlich ist wie der Sauerstoff: die Zeit, die ich für mich selber brauche. Ruhe, eine Schale Kaffee, eine Zigarette – mehr ist nicht nötig. Ich bin ein Stoiker, dem Freiheit des Gedankens und Unabhängigkeit genügen."

Die Freiheit der Gedanken hat für einen Autor nur einen Sinn, wenn er sich mitteilen kann, wenn seine Bücher gelesen werden und Resonanz finden, wenn ihre geistige Energie fremde Energien mobilisiert. Dieser Prozess endete in dem Jahr, in dem Flake seinen siebzigsten Geburtstag feierte. Die kleinen Verlage, die in den Nachkriegsjahren seine Bücher herausgebracht hatten, meldeten den Bankrott an; der Keppler Verlag, der 1950 nochmals drei Titel von ihm herausbrachte, ging in fremde Hände über. Schon 1947–48 hatten S. Fischer, Gottfried Bermann und Peter Suhrkamp abgewinkt, als Flake ihnen seine alten Bücher und die neuen, noch nicht gedruckten Manuskripte anbot. Flake in „Es wird Abend": „Nach der Geldreform verlagerte sich der Literaturbetrieb nach Frankfurt, nach Mittel- und Norddeutschland: Baden-Baden sank in seinen Rang als Provinzstadt langsam, aber stetig zurück. Ich hätte mich in den neuen Zentren zeigen müssen, war aber zu eigenwillig dazu. Ich sagte mir, es müsse genügen zu arbeiten, die Verleger wüßten, wo ich zu erreichen sei, bisher wären sie immer zu mir gekommen – aber es hatte sich etwas von Grund auf verändert."

Was hatte sich verändert? Deutschland war auseinandergebrochen, die Westhälfte, die sich seit Mai 1951 Bundesrepublik Deutschland nannte, bekannte sich zu den Vereinigten Staaten als ihrer Schutzmacht, was tiefreichende psychische Folgen hatte. Flake: „Im neuen Jahr 1951 zogen die Buchpreise an. Die schöngeistigen Verlage produzierten wild darauf los, aber was sie herausbrachten, bestand zu neun Zehnteln aus Übersetzungen. Die Deutschen waren stolz auf diese Vermittlertätigkeit, bei der in Wahrheit das Vermitteln der letzte Gesichtspunkt war, sie wollten rasch verdienen. Das Fragment einer Nation amerikanisierte sich."

Als auch der List und der Insel Verlag, Ernst Rowohlt und Kurt Desch die geschäftliche Verbindung mit ihm ablehnten, erkannte Flake, daß er nicht mehr gefragt war. Voll Bitterkeit schrieb der Siebzigjährige: „Zweimal wurde ich zum alten Eisen getan, von den Nazis und von den radikalen Literaten, von den Überdeutschen und den Überinternationalen. Ich denke beide zu überleben, und gebe mich der anmaßenden Hoffnung hin, noch 1960 gelesen zu werden." Der Literaturkenner hat erraten, daß Flake mit diesen Sätzen auf Stendhal anspielte; auch der Franzose fühlte sich von seinen Zeitgenossen mißachtet und hoffte, „um 1885" viele Leser zu haben.

Bis Kriegsende hatte Baden-Baden Otto Flake Schutz geboten. Jetzt, nach 1950, erwies sich die kleine Stadt für ihn als Falle. Er geriet in immer größere Isolierung. Nie traf er einen intellektuell Ebenbürtigen; niemand forderte ihn, keiner stellte ihn in Frage. Er hatte die Alterseinsamkeit vorausgesehen, denn schon in einem Baden-Baden-Feuilleton von 1930 heißt es: „Es kann nicht alles an einem Ort vereinigt sein. Baden-Baden hat Natur, Gesellschaftlichkeit, Internationalität und Heilquellen, deren Wert nicht ausgenutzt wird; es besitzt dafür keine geistige Bedeutung. Es vermag nicht mit Heidelberg in Wettbewerb zu treten – warum soll es das auch? Dieser Mangel erklärt sich einerseits aus der Vergangenheit, in der nie intellektuelle Anstrengungen gemacht wurden, andererseits aus dem Vegetativen seiner Landschaft. Allenfalls reicht es zu einem Interesse für Musik, die ja die ungeistige Kunst ist." In dem Roman „Fortunat" sitzt der Held der Geschichte, der weitgereiste Frauenarzt Jacques Maslin, in einem Baden-Badener Lokal und lauscht dem Gespräch einheimischer Akademiker; sie unterhalten sich den ganzen Abend darüber, in welchem Restaurant die dicksten Schnitzel serviert werden.

Fortunat ist fassungslos. Wer sich in Baden-Baden wohlfühlen will, muß den krassen Materialismus der oberrheinischen Honoratioren akzeptieren. Wer über ihn die Nase rümpft, tut gut daran auszuwandern. Eine Auswanderung kam für Flake, seines Alters wegen, nach 1950 nicht mehr in Frage. So bereute er, daß 1928 bei der Suche nach einem geeigneten Wohnort seine Wahl auf die Bäderstadt gefallen war: „Zu spät fragte ich mich, ob es nicht doch besser gewesen wäre, in den Tessin, nach Capri oder Portugal zu ziehen, um zwischen mich und diese Menschen ohne Gelassenheit den Abstand zu setzen."

Nach 1950 erschien jahrelang kein Buch mehr, das seinen Namen trug. Die Sender, die führenden Tageszeitungen, die Monatszeitschriften und Buchgemeinschaften nahmen von ihm keine Notiz. Für die philosophischen Schriften auf seinem Schreibtisch und die Autobiographie, an der er schrieb, bekundete kein Verlag Interesse. Einige wenige Getreue besuchten ihn noch, unter ihnen der Lyriker und Erzähler Kurt Scheid. Flake hielt sich mit Auftragsarbeiten für Heimatzeitschriften und Buchkritiken nur mühsam über Wasser.

Der Juni 1957 war in Baden-Baden sehr heiß; der greise Romancier erlitt einen Schlaganfall und verbrachte fünf Monate im Sanatorium Quisisana. Die Ärzte klärten ihn nicht über seinen Zustand auf. Dank seiner zähen Natur erholte er sich vollständig von seiner Krankheit. Flake in „Es wird Abend": „In der Krankheit, die ein Jahr und, wenn die Nachklänge dazugerechnet werden, zwei Jahre dauerte, hatte es lange Monate der Abwesenheit gegeben – ich hatte, dem Leben entrückt, im Hades geweilt. In vergangenen Zeiten wurde einer dieser Empfindung dadurch teilhaftig, daß er in die Einsamkeit ging, als Asket, als Eremit. Dem Begehren, dem Eifer, dem Geltungstrieb, den Wertungen und Urteilen des Menschen absterben, das ist etwas. Es reinigt, es entschlackt, es macht wissender und weiser. Und es macht unabhängig kühn." Den Sommer

1959 verbrachte Flake wieder im Sanatorium Quisisana, im Spätherbst holte ihn sein französischer Schwiegersohn zu einem längeren Aufenthalt in die Vendée. Flake genoß diese letzte Reise ins Nachbarland, in dem er geboren war, sehr. Er war mit einem Mal aller Sorgen ledig. Der Sigbert Mohn Verlag in Gütersloh war auf ihn aufmerksam geworden und druckte in einer hohen Auflage „Die Monthivermädchen". Das Verdienst, den 1958 nahezu verschollenen Schriftsteller wiederentdeckt, aufgesucht und mit einem Verlagsvertrag neue Hoffnung gegeben zu haben, kann der Geschäftsführer des Rütten & Loening Verlags, Karl Ludwig Leonhardt, für sich beanspruchen. Flakes letzter literarischer Anwalt und Berater war der Bertelsmann-Lektor Rolf Hochhuth, der 1960 Flakes Autobiographie „Es wird Abend" im Sigbert Mohn Verlag herausbrachte und durch den der „Fortunat" im Bertelsmann Lesering weite Verbreitung fand. Flake wurde in seinen letzten Lebensjahren die Genugtuung zuteil, daß einige seiner Bücher wieder auf dem Markt waren und hohe Auflagen erreichten. Die Kritik in der Bundesrepublik übersah ihn allerdings weiterhin; das literarische Come-back des Romanciers vollzog sich hinter dem Rücken der neuen Medien und der Meinungsmacher, auch blieben die späten Essays, denen Flake so viel Bedeutung zumaß, wie „Der letzte Gott – Das Ende des theologischen Denkens" (1961) und das Fragment „Die Gottheit" unbeachtet, ja ungedruckt.

Otto Flake starb am 10. November 1963 im Alter von vierundachtzig Jahren. Die Stadt Baden-Baden richtete in ihrer Stadtbücherei ein Flake-Zimmer ein und benannte eine Sackgasse nach ihm. 1973 kehrte Flake mit einer von Rolf Hochhuth und Peter Härtling betreuten fünfbändigen Werkausgabe in sein angestammtes Verlagshaus S. Fischer in Frankfurt zurück.

Bücherverkäufer und Büchermacher

Die erste Baden-Badener Zeitung war eine um einige Inserate von Tanzlehrern und Toupetkünstlern bereicherte Fremdenliste. Herausgeber des „Badeblatts" war ein Zugewanderter namens Georg Scotzniovsky. Geboren im Jahr 1790, hatte der „self made man" aus Mähren zur Zeit Napoleons als Setzer in der kaiserlichen Druckerei von Paris und unter Murat in der königlichen Offizin von Neapel gearbeitet. 1824 gründete er in der heutigen Stefanienstraße den Betrieb, der das „Badeblatt" herausbrachte. Von 1828 an erschien das „Badeblatt" in der Saison täglich, 1829 kam das „Badwochenblatt" hinzu.

Das „Badeblatt" war die offizielle Fremdenanzeige. Es nannte die ankommenden Sommergäste beim Namen, gab in vielen Fällen auch ihren Beruf und ihren Titel oder Rang an und verriet das Hotel, in dem sie abgestiegen waren. Die Zeitung schmeichelte der Eitelkeit der Reisenden wie der Hoteliers. Ihr Nutzen bestand darin, daß die aus St. Petersburg kommende Baronin Krüdener mit einem Blick in das zweisprachige Journal erfuhr, daß ihre Freundin, Gräfin Gurjeff, gleichfalls im Bad weilte und im „Russischen Hof" logierte. Von dieser Funktion einmal abgesehen, war das „Badeblatt" ein Annoncenblatt, wie es ihrer heute so viele gibt, nahezu ohne redaktionellen Text.

Zu den Inserenten des „Badeblatts" gehörte jahrzehntelang die älteste Baden-Badener Buchhandlung, die im Kurhaus untergebrachte „Librairie Européenne" des Karlsruher D. R. Marx. Marx, ein behäbiger, dicker Mann, unterhielt neben seiner Buch- und Kunsthandlung noch einen

Lesesaal, in dem die wichtigsten in- und ausländischen Blätter ausgelegt waren. Als Verleger trat er nur mit wenigen Werken, so 1835 mit Wilhelm von Chezys Stadtführer „Rundgemälde von Baden-Baden" hervor. Er schmauchte sein Pfeifchen, spielte seine Partie Pikett und überließ das Geschäft seinen Töchtern Theresa und Rosalie, zu denen sich später noch Enkelkinder gesellten. Im Marxschen Laden und Lesezimmer fand alle Welt sich zusammen. Man kaufte dort außer den Pariser und Leipziger Neuerscheinungen Klassiker in Luxusausgaben, aber auch Schreibpapier, Federn, Oblaten und Galanteriewaren.

Um die Jahrhundertwende besaß Baden-Baden schon drei Buchhandlungen: Ernst Brockhoff als Nachfolger von Otto Hühn, Otto Ryssel und Constantin Wild, der das Erbe von D. R. Marx angetreten hatte. Mit Stolz führte der weltmännische Leipziger den Titel Hofbuchhändler, der besagte, daß er den großherzoglichen Hof beliefern durfte.

Wie Marx hielt sich auch Constantin Wild als Verleger zurück. Er brachte ein schmuckes Bändchen mit Gedichten von Heinrich Heine heraus und setzte sich für den völkischen Barden Dietrich Eckart ein, den die frühen Nationalsozialisten verehrten. Ein Dauererfolg des C. Wild Verlags war der Führer „Baden-Baden und Umgegend" von Karl Wilhelm Schnars, der 1905 schon eine Auflage von 25 000 Exemplaren erreicht hatte. Dieses Werk wie den Band „Schwarzwald-Sagen und Geschichten" ließ Constantin Wild, dessen Buchladen sich in der Lichtentaler Straße 2 befand, von Hofbuchdrucker Ernst Kölblin drucken, der die Druckerei Georg Scotzniovsky übernommen hatte und das nun schon recht bejahrte „Badeblatt" redigierte. Als kurörtliche Tageszeitung mit Monopolanspruch hatte sich das im gleichen Haus gedruckte „Badische Taglatt" durchgesetzt, das in seinen Anfängen in Rastatt erschienen war.

Nach 1918 bot die Stadt trotz schlechter wirtschaftlicher Verhältnisse mehreren Verlegern, Druckern und Buchhändlern (dies meist in Personalunion) eine bescheidene Existenzgrundlage. Zu nennen sind Wilhelm Fehrholz, der die Buchhandlung Ernst Brockhoff übernommen hatte, und der gelernte Drucker Dr. Willy Schmidt.

Wilhelm Fehrholz verlegte Oskar Rösslers „Baden-Baden als Heilbad" und zwei Hauptwerke des Stadtchronisten Heinrich Berl, den „Geschichtlichen Führer durch Baden-Baden" und das „Badener Tagebuch" (1936), die Artikelsammlung eines Polyhistors, der in knappen Skizzen sein Bestes gab. Willy Schmidt druckte Berls geistesgeschichtliches Panorama „Baden-Baden im Zeitalter der Romantik", das 1981 eine Neuauflage erlebte.

Der Wilhelm Fehrholz Verlag in der Sofienstraße erstand nach dem Zweiten Weltkrieg neu als „Stadtgeschichtlicher Verlag Wilhelm Fehrholz & Co.". Der Anlauf mißlang, das Unternehmen ging unter. Willy Schmidt, noch vorsichtiger als Fehrholz, legte erst 1969 eine neue historische Erkundung Baden-Badens, die zweibändige „Geschichte der Stadt und des Kurortes Baden-Baden" von Rolf Gustav Haebler vor.

Von den heute in Baden-Baden ansässigen vier Buchhandlungen hat die noch immer als „Hofbuchhandlung C. Wild, Inhaber Dr. A. Moser Nachf." firmierende die beste Lage. Seit 1969 ist die Bankierstochter Erika Meyer die Inhaberin des Unternehmens, als Teilhaberin steht ihr Karin Neidhardt zur Seite. Die Buchhandlung C. Wild in der Sofienstraße 1b, vor den Kurhaus-Kolonnaden, pflegt die belletristische Neuerscheinung, Geschichtswerke, das politische Buch und führt Fachliteratur nur am Rande. Seit 1982 hat C. Wild eine Filiale in der nahen Kreuzstraße.

Die Buchhandlung „Kind und Kunst" wird von Marianne Wasserburger geleitet und veranstaltet auch Ausstellungen. Der mythische Pegasus ist das Emblem und Stek-

kenpferd dieser Spezialbuchhandlung, die beflügeln, nämlich ganz besondere Bücher anbieten will: Bücher für Kinder und junge Leute in der einen Abteilung und Bücher
über Kunst, Architektur, Fotografie, Film und Karikatur
in der anderen. Auch Spielzeug kann man in dem freundlich eingerichteten Laden in der reizlosen, von Autolärm
erfüllten Durchgangsstraße kaufen.

Nachbar von „Kind und Kunst" ist, in der Kreuzpassage halb verborgen, die Buchhandlung Werner Straß. Der
Kunstliebhaber und Paul Klee-Forscher Straß ist das Original unter den Baden-Badener Buchhändlern. Sein Geschäft sei, so erklärt er, die Alternative zu den anderen
Baden-Badener Buchläden, er versuche Einfluß zu nehmen, Veränderungen zu bewirken. 95% seiner Kunden
seien Stammkundschaft, Leute, die ihn mögen. Die Lauf-
kundschaft überlasse er der Konkurrenz, auch die Lehrer
und Schüler, und führe daher keine Schulbücher.

Werner Straß gründete seine Firma im Juni 1966 in der
Merkurstraße, zieht aber den jetzigen Sitz der Buchhandlung und damit die ungünstige Passagenlage vor; er will
entdeckt und geliebt werden. In den ersten drei Jahren
seines Baden-Badener Wirkens stützte sich Straß auf ein
konfessionell gebundenes Sortiment, um dann einzuse-
hen, daß kirchlich orientierte Kreise bei umfangreichen
Käufen die Reise nach Freiburg oder Karlsruhe nicht
scheuen.

Die Buchhandlung in der Kreuzpassage ist die geräu-
migste in der Kurstadt. Straß verwaltet ein Vollsortiment
vom Jugendbuch bis zum Konversationslexikon, vom
technischen Fachbuch bis zur Musikerbiographie. Sorti-
mentsschwerpunkt sind Kunstbücher und Bildbände, die
der Buchhandlung angegliederte Galerie ist auf Expressio-
nismus spezialisiert.

Dem Besucher verrät Straß auch mit dem ihm eigenen
Brio und listigem Lächeln, wer in Baden-Baden Bücher

kauft; der gehobene Mittelstand, das Bildungsbürgertum, nicht aber die finanziell potente Schicht, die läßt sich allenfalls beschenken. Und die Jugend? Die zieht dem Fachbuchhandel den Bücherladen „Montanus aktuell" des Frankfurter Filialisten Hermann Montanus vor. Straß begründet diese Vorliebe eigenwillig: „Die jungen Leute wollen unter sich sein und anonym herumkruschteln, vor allem aber wollen sie nicht bedient werden, ich aber will meine Kunden bedienen." Hinzuzufügen ist, daß der „Montanus"-Laden in der Fußgängerzone der Innenstadt sehr vorteilhaft plaziert ist und sein Schallplattenangebot und seine Zeitschriftenecke auf die Heranwachsenden als Magnet wirken.

Zehn Jahre jünger als die Buchhandlung Werner Straß ist die Buchhandlung Klaus Möller neben dem „Löwenbräu" in der Gernsbacher Straße. Klaus Möller hat den Sortimentsbuchhandel von der Pike auf gelernt. Der gebürtige Stralsunder verbrachte als Sohn eines Marine-Sanitätsoffiziers seine Kindheits- und Jugendjahre in Wilhelmshafen und Kiel, die Lehr- und Wanderjahre als Buchhändlersgehilfe in Lindau, Reutlingen und Erlangen. Weitere Erfahrungen sammelte der Buchhändler aus Leidenschaft in Paris, wo er zwei Jahre in der bekannten Buchhandlung Martin Flinker arbeitete, in Freiburg und Frankfurt.

Im März 1975 konnte er sich mit Hilfe der Stadt Baden-Baden seinen sehnlichsten Wunsch nach einer eigenen Buchhandlung verwirklichen; das alte Haus in der Gernsbacher Straße, in dem sich Klaus Möller im Parterre etabliert hat, ist ein Teil des einstigen Jesuitenkollegs und heute städtisches Eigentum.

In der Sortimentsbuchhandlung Klaus Möller waltet eine japanische Ökonomie der Raumaufteilung. Sein Programm? „Ich sehe meine Aufgabe darin, jedem das Buch zu vermitteln, das er wünscht und darüber hinaus das

Buch gegen die Übermacht der anderen Medien zu verteidigen." Was der Buchhandlung Möller an Raum fehlt, macht ein zeitgemäßes Bestellsystem wett; Klaus Möller kann innerhalb eines Tages rund 100 000 Buchtitel besorgen und ausliefern. Um der dynamischen Entwicklung auf dem Taschenbuchmarkt Rechnung zu tragen, gründete Möller im Herbst 1982 in der Lichtentalerstraße 9 einen speziellen Taschenbuchladen.

Der namhafteste Baden-Badener Verleger war in den 60er Jahren der gebürtige Niederländer Gérard Du Ry van Beest Holle. Der Holle Verlag entwickelte sich um diese Zeit aus einem ursprünglich auf dem Gebiet der Belletristik engagierten Verlag zu einem reinen Kunstbuch-Verlag. Den Aufstieg seiner Firma leitete der Pragmatiker Holle in den 50er Jahren nicht mit einem literarischen Programm ein, sondern mit einer unternehmerischen Idee. Holle stellte fest, daß auf dem bundesdeutschen Buchmarkt eine universale, moderne, nicht zu teure Kunstgeschichte fehlte. Er ging daran, eine farbig illustrierte und flüssig geschriebene Kunstenzyklopädie auf den Markt zu bringen, die sich sowohl an den Kunstsachverständigen wie den interessierten Laien wandte.

Die Kunstgeschichten der Vorkriegszeit, meist schwergewichtige, unhandliche Bände, hatten das außereuropäische Kunstschaffen meist nur am Rande behandelt. Erst nach 1945 vermittelten populäre Sachbücher dem Laien den Zugang zur Welt der Archäologie, die Kunst der Steinzeit und des präkolumbischen Amerika, um nur zwei Beispiele zu nennen. Die Kunst der Welt drang ins europäische Bewußtsein. „Kunst der Welt" nannte Gérard Holle auch seine nicht mehr europazentrische Kunstenzyklopädie. Die Reihe wurde, gemeinsam geplant mit führenden ausländischen Verlagen, ein enormer geschäftlicher Erfolg. Von dem auf 50 Bände angelegten Querschnitt durch die vierzigtausendjährige Geschichte des menschlichen

Kunstschaffens waren Ende der 60er Jahre schon weit über dreieinhalb Millionen Exemplare verkauft. Jeder dieser Bände enthielt, neben Zeichnungen, Plänen und Karten, rund sechzig mit der Hand eingeklebte Farbtafeln. Dieses Verfahren gab ihnen ihr besonderes Gepräge.

Seine Kunstenzyklopädie hätte der Holle Verlag ohne die Mitarbeit eines Kreises international bekannter Kunsthistoriker und Archäologen – unter ihnen Sir L. Woolley und Abbé H. Breuil sowie als Hauslektor Hans H. Hofstätter – nicht verwirklichen können. Als sich das Projekt „Kunst der Welt" auszuzahlen begann, nahm Gérard Holle, gestützt auf ein Team von 70 Kunstwissenschaftlern, ein zweites Unternehmen in Angriff: die auf 18 Bände angelegte Sammlung „Kunst im Bild", die als erste Universalkunstgeschichte die Abbildung in den Vordergrund rückte und damit dem von der Bilderflut des Fernsehens süchtig gewordenen Lesepublikum das bot, wonach es jetzt vor allem verlangte: visuelle Erlebnisse. Heute zehrt der Holle Verlag, um den es still geworden ist, von den vor 20 Jahren vollbrachten Leistungen.

Nomos – der Begriff bedeutete bei den alten Griechen Sitte, Brauch, richtiges Handeln. Für den einzelnen wie für das Gemeinwesen war Nomos das Gesetz, die gültige Rechtsordnung; wer dem Gesetz folgte, blieb im Einklang mit seiner Natur. Der Baden-Badener Nomosverlag in der Waldseestraße hat sich als Fachverlag dem Recht im weitesten Sinne verschrieben. Er sucht dessen Wurzeln in Gesellschaft und Wirtschaft sowie in der westeuropäischen Völker- und Staatengemeinschaft.

Der Verlag wurde 1936 von August Lutzeyer in Berlin unter dessen Namen gegründet. Nach dem Krieg erfolgte die Übersiedlung nach Baden-Baden, 1964 die Umbenennung in Nomos Verlagsgesellschaft. Heute leitet Volker Schwarz den Verlag, der zur Suhrkamp Gruppe gehört und in dessen Druckerei viele Suhrkamp-Bände gedruckt werden. Nomos publizierte grundlegende Werke zur europäischen Integration und auf den Gebieten Verfassungsrecht, Verwaltungswissenschaft, Wirtschaftsrecht, Internationale Zusammenarbeit und Völkerrecht. Der Verlag gibt das Loseblattwerk „Das Deutsche Bundesrecht", eine systematische Sammlung der Gesetze und Verordnungen mit Erläuterungen, heraus, das Handbuch des Arbeitsrechts, das Handbuch des Europäischen Rechts, das Handbuch für Internationale Zusammenarbeit, den Kommentar zum EWG-Vertrag und den Kommentar zum Bundesdatenschutzgesetz, daneben mehrere Schriftenreihen und Zeitschriften. Die sprödesten Materien werden in dem wenig ansehnlichen Verlagsgebäude in der Waldseestraße, in der einst das städtische Gaswerk lag und die in ihrer Architektur den ehemaligen industriellen Charakter des Viertels widerspiegelt, mit Kompetenz behandelt.

Und die Belletristik? Sie hatte lange im Oostal kein Zuhause. Mehr als Vorschußlorbeeren kann man an eine Neugründung des Jahres 1984, den Elster Verlag mit derzeitigem Firmensitz in Moos, noch nicht verteilen. Verlagsinhaberin ist Inge Elster, eine Betriebsmedizinerin, Verlagslektor ihr Mann Hannes Elster, hauptberuflich Redakteur beim Südwestfunk. Das Programm des Elster Verlags ist originell und eklektisch: ein Gedichtband von Martina Grote, Kriminalromane des Franzosen Leo Malet, das „Neue Rollwagenbüchlein" von Wolfgang Dufner, eine Reportage des wendigen Elsässers Martin Graff „Deutschland im August", eine Ernst Bloch-Monographie. Anerkennung fanden die ersten Publikationen des unternehmungslustigen kleinen Verlags, Paul Assalls Studie „Juden im Elsaß" und die von Otto Jägersberg herausgegebene Sammlung von Aufsätzen des Psychoanalytikers Georg Groddeck. Die Elsters wollen Bücher herausbringen, die einen Bezug zur Region haben, aber nicht provinziell an ihr haften.

Das permanente Festival

Heinrich Strobel und der Südwestfunk 1946 bis 1969

Die Festspielidee ist ein Kind des frühen 19. Jahrhunderts; die ersten Musikfeste fanden vermutlich in London statt. Ein Anknüpfungspunkt waren die religiösen Feste der alten Griechen, aber im wesentlichen dienten die Musikfeste dem kulturellen Selbstverständnis und Prestigebedürfnis der aufstrebenden Bürgerklasse.

1840 wurden Händels „Makkabäer" vor dem Heidelberger Schloß von sechshundert Sängern und Musikern aufgeführt. Deutschland verfügte damals über kein politisches Leben; die Zusammenkünfte der Liedertafeln und Liederkränze waren Politikersatz, da sich Parteien nicht bilden durften, fanden sich die Gemüter im Chorgesang, und die Abneigung gegen die Herren des Tages führte zum Geniekult, der sich auf Goethe und Schiller, Bach, Mozart und Beethoven konzentrierte. Besser als Bach und Mozart eignete sich der Rheinländer Ludwig van Beethoven zur Verkörperung des „heroischen" Künstlers, der sich gegen eine verständnislose, ja mißgünstige Umwelt durchsetzt und, ohne rechten Lohn für seine Mühen und Leiden zu erhalten, der Nachwelt ein unvergängliches Gesamtwerk hinterläßt, mit dem die Nation sich identifizieren kann. 1835 konstituierte sich in der jungen Universitätsstadt Bonn unter dem Vorsitz des Sprachforschers und Shakespeare-Übersetzers August Wilhelm von Schlegel ein Verein zur Errichtung eines Beethoven-Denkmals; Schlegel schlug vor, eine Statue des Meisters auf dem Münsterplatz, im Zentrum der Stadt, aufzustellen. Den Auftrag für die

Großplastik erhielt nach einem Preisausschreiben der Dresdner Bildhauer Ernst Hähnel. 1845 war die Skulptur fertig. Die Stadt Bonn entschied sich dafür, zur Feier der Denkmalsenthüllung ein Musikfest zu veranstalten. Auf Anregung von Franz Liszt wurde in knapp elf Tagen die erste, noch hölzerne, Beethovenhalle errichtet. Am 10. August, dem ersten Festtag, dirigierte Louis Spohr vor einem andächtig lauschenden Publikum Beethovens 9. Sinfonie und die „Missa solemnis". Am 11. August wurde ein neuer Rheindampfer auf den Namen „Beethoven" getauft und am 12. August fand in Anwesenheit des Königs Friedrich Wilhelm IV. von Preußen und der Königin Victoria von England die Denkmalseinweihung statt. Liszt erntete am Nachmittag als Klaviervirtuose Ovationen.

Dem Bonner Beethovenfest von 1845, das vor der Weltöffentlichkeit die überragende Bedeutung des Komponisten und die verständnisvolle Dankbarkeit seiner Geburtsstadt dokumentieren wollte, fehlte noch das Merkmal aller späteren Musikfestspiele: die turnusmäßige Wiederkehr der Veranstaltung am gleichen Ort. Es blieb Richard Wagner vorbehalten, diesem Prinzip zum Sieg zu verhelfen. 1876 konnte der Tondichter in Bayreuth seinen Plan verwirklichen, eine Auswahl seiner Opern alljährlich in einem Zyklus und in einem eigens hierzu konstruierten Festspielhaus aufzuführen. Zu Wagners Festspiel standen ganz deutlich die antiken Mysterien Pate; es war als Initiationsritus mit läuternden Wirkung gedacht und wird noch immer so praktiziert. Mit Wagner begann in Deutschland die Ideologisierung der Festspielidee; er wolle, so erläuterte der rührige Sachse seinen Geldgebern das Bayreuther Vorhaben, dem entgeistigten, materialistischen Kunstbetrieb seiner Tage eine idealistische Kunstpraxis entgegensetzen.

Im ersten Jahrzehnt des 20. Jahrhunderts erreichte die Festspielidee den Oberrhein. Ein Zugereister, Hans Pfitzner, organisierte ab 1912 mit Hilfe musikliebender Einheimischer wie etwa des Theologen, Mediziners und Amateur-Organisten Dr. Albert Schweitzer die Straßburger Musiktage. 1920 nahm in Salzburg eine weitere Festival-Idee Gestalt an. Den Begründern der Salzburger Festspiele, zu denen der Bühnenschriftsteller Hermann Bahr und der Regisseur Max Reinhardt gehörten, ging es bei ihrer Initiative um dreierlei: sie wollten dem Salzburger Genie Wolfgang Amadeus Mozart huldigen, den theatralischen Sinn des bayerisch-österreichischen Stammes ins rechte Licht rücken und die um diese Zeit überaus graue und triste Stadt Salzburg, die den industriellen Aufbruch verschlafen hatte, kulturell aufwerten. Dank der Mitarbeiter prominenter Köpfe wie Hugo von Hofmannsthal, Richard Strauß und Arturo Toscanini waren die Salzburger Festspiele schon Mitte der 20er Jahre ein sensationeller Erfolg. Unter Festival verstand man fortan die Selbstinszenierung einer ganzen Stadt zur Belebung des Fremdenverkehrs.

Seit den 30er Jahren folgten dem Salzburger Beispiel eine heute nicht mehr übersehbare Reihe von europäischen und außereuropäischen Orten: Venedig, Cannes, Glyndebourne, Luzern, Edinburgh, Florenz, Prag, Montreux, Moskau, Aix-en-Provence, Wiesbaden, Punta del Este, um nur einige zu nennen. Die Festivals spezialisierten sich: Die eine Stadt konzentrierte sich auf Kammeropern, die zweite auf Bergfilme, die dritte auf Fernseh-Unterhaltung, die vierte auf antike Tragödien. Im Oberrheintal pflegen heute Straßburg das klassische musikalische Repertoire und geistliche Musik, Schwetzingen die zeitgenössische und die unbekannte Barockoper, Mannheim den ersten Spielfilm junger Regisseure, das Dorf Ötigheim das Volksschauspiel.

Baden-Baden war, wie in dieser Chronik schon kurz dargestellt, in den 20er Jahren für kurze Zeit Festspielstadt. 1921 waren als Antwort auf „die Notlage der Schaffenden" die „Donaueschinger Kammermusik-Aufführungen zur Förderung zeitgenössischer Tonkunst" entstanden; die Initiatoren dieser Avantgarde-Veranstaltung waren der Donaueschinger Musikdirektor Heinrich Burkard und der Stuttgarter Musikdozent Joseph Haas. 1927 verlegten Burkard, Haas und Hindemith das Treffen der Neutöner nach Baden-Baden. Die Veranstaltungsreihe mit dem neuen Namen „Deutsche Kammermusik Baden-Baden" entschlief schon 1929; die Weltwirtschaftskrise verschlang Lehrstücke, Mini-Opern und Sketche. 1930 kehrte Burkard mit seinem Festival, das jetzt „Neue Musik Berlin" hieß, nach Donaueschingen zurück.

Man fragt sich heute, warum Baden-Baden nicht nach dem Zweiten Weltkrieg Festspielort wurde. Längst war evident, daß interessante Festivals wie das „Holland Festival" oder der „Maggio Fiorentino" Kunstfreunde aus vielen Ländern anlockten.

1949 wurde von privater Seite der Vorschlag gemacht, in Baden-Baden regelmäßige Deutsch-Französische Musiktage abzuhalten; er fand in der Kurdirektion und bei der Stadtverwaltung keine Gegenliebe. Für den damaligen sehr pragmatischen und nicht weit blickenden Baden-Badener Oberbürgermeister hatte der materielle Aufbau der Bäderstadt vor Kultur den Vorrang; die zweitausend Gästebetten, die zu dieser Zeit in Hotels und Pensionen zur Verfügung standen, waren, so nahmen die Verantwortlichen an, jederzeit leicht zu belegen, hatte Baden-Baden doch einen guten Ruf.

Ende der 50er Jahre zeigte sich, daß sich der Erholungsort seiner ungünstigen Binnenlage, der hohen Hotelpreise und des schwindenden Glanzes seiner Thermen wegen auf Talfahrt befand; von Saison zu Saison kamen weniger Besucher, mehr als zwanzig Hoteliers resignierten und gaben ihre Betriebe auf.

1960 ergriffen Bürger der Stadt erneut die Initiative und forderten ein attraktiveres Veranstaltungsprogramm mit originellen Akzenten. Der Jazz-Referent des Südwestfunks, Joachim Ernst Berendt, später Organisator der „Berliner Jazztage", erbot sich, im Alten Schloß ein Jazzfestival abzuhalten und erhielt von einer untergeordneten Instanz der Stadtverwaltung eine klare Absage, man habe kein Geld zur Ausbesserung der zum Schloß führenden Waldstraße. Der Vorschlag, ein Baden-Badener Fernseh-Festival ins Leben zu rufen und einen Baden-Badener Fernsehpreis zu stiften, wurde keiner Antwort gewürdigt; für das Rathaus und die Kurdirektion war TV ein ephemerer Mummenschanz.

Die Kurdirektoren lösten sich alle paar Jahre auf ihren Posten ab, die intellektuelle Trägheit jedes Amtsinhabers übertrug sich auf den Nachfolger. Eine der Ursachen dieser Lethargie war der Umstand, daß die Musikabteilung des Südwestfunks seit 1946 ein Dauerfestival zeigenössischer Tonkunst veranstaltete. Promoter dieser Festspiele vor geladenem, nicht zahlendem und streng gesiebtem Publikum war Dr. Heinrich Strobel, von 1946–65 Leiter der SWF-Musikabteilung, dann bis 1969 Leiter der Hauptabteilung Musik und Unterhaltung.

Daß Baden-Baden heute Funk- und Fernsehstadt ist, ist ein eigentümliches Nebenresultat des militärischen Debakels von 1945. Nach der Teilung Deutschlands sahen sich die Siegermächte genötigt, mit den Bewohnern des von ihnen besetzten Landesteiles den Dialog aufzunehmen. Sprachrohr des „Gouvernement militaire" zum deutschen Bürger im französisch verwalteten Südwestdeutschland wurde ein Sender, den die „Section Radio-Diffusion" innerhalb der „Direction de l'Information" im Stab von Armeegeneral Pierre Koenig im Spätsommer 1945 aufzubauen begann. Obwohl die französische Zone in Südwestdeutschland hauptsächlich Gebiete links des Rheins um-

faßte, als deren Mittelpunkt man die Stadt Mainz ansehen
konnte, entschied man sich auf französischer Seite dafür,
den Sitz der neuen Rundfunkstation „Südwestfunk" (damals noch in Anführungszeichen geschrieben) nach Baden-Baden zu verlegen. Hauptsächlich wohl aus drei
Gründen: die Bäderstadt war Sitz der Militärregierung,
sie lag, geographisch betrachtet, an der schmalen Naht-
stelle zwischen beiden französisch besetzten Regionen Ei-
fel-Rheinland-Pfalz und Südbaden-Südwürttemberg-Ho-
henzollern, auch besaß Baden-Baden, im Gegensatz zu
Mainz, leerstehende Hotels, in denen Studios und Büros
eingerichtet werden konnten. In dem beschlagnahmten
Hotel „Elisabeth", das 1984 abgerissen wurde, fand der
Sender seine erste Unterkunft; das „Elisabeth" lag idyl-
lisch am Waldsaum auf dem Beutig genannten Vorhügel
des Fremersbergs.

Auf die Empfehlung politisch unbelasteter Politiker und
Rundfunkfachleute hin berief die von französischen Majo-
ren und Hauptleuten geleitete Section Radio-Diffusion einen Literaten in das neugeschaffene Amt eines Generalintendanten des „Südwestfunks": den Schlesier Friedrich Bischoff, Jahrgang 1896, der seit 1926 die literarische Abteilung der Schlesischen Funkstunde geleitet hatte und als
Intendant des Breslauer Rundfunks 1933 von den Nationalsozialisten abgesetzt und verhaftet worden war. Bischoff traf im Winter 1946 in Baden-Baden ein. Am 31.
März 1946 nahm der Südwestfunk sein Programm auf;
erstmals erklang sein Pausenzeichen, die auf dem Klavier
gespielte Mozart-Melodie „Bald prangt, den Morgen zu
verkünden". Als erstes Tonstudio diente den Funkspre-
chern ein vor dem Hotel Elisabeth postierter Funkwagen
der französischen Armee, der mit einem Mikrofon und
zwei Plattenspielern ausgerüstet war. Das Morgenkonzert
begann mit einer alten Aufnahme von Carl Maria von Webers „Aufforderung zum Tanz" . . .

Die neue Baden-Badener Rundfunkstation hatte von Anfang an zwei Spitznamen. Die einen nannten sie den „Hotelsender" – da sie außer im Hotel „Elisabeth" auch noch im gleichfalls beschlagnahmten „Tannenhof" untergebracht war –, die anderen sprachen vom „Geheimsender". Tatsächlich standen dem „SWF" an Übertragungsanlagen außer einem 50-kW-Sender bei Koblenz nur einige schwache Mittelwellensender und ein kleiner Kurzwellensender zur Verfügung. Es gelang jedoch Friedrich Bischoff, der, wie viele deutsche Lyriker, einen sanften Stimmton mit geballter Energie und stählernen Ellenbogen verband, und seinen beiden engsten Mitarbeitern, dem kaufmännischen Generaldirektor Schneider-Hassel und dem technischen Oberleiter Weingärtner rasch, einen funktionierenden Sendebetrieb aufzubauen. Die französischen Kontrolloffiziere halfen bei der Aufbesserung der Hungerrationen für Funkangestellte. Ein Archivist reiste mit französischer Billigung bis nach Berlin, um von den Franzosen freigegebenen Varnhalter Riesling gegen Bandaufnahmen im ehemaligen Reichsrundfunkhaus in der Masurenallee einzutauschen. Auf Geheiß französischer Dienststellen nahm die BASF in Ludwigshafen die Produktion von Tonbändern auf – eine Order, die das Unternehmen heute nicht bereut. Die AEG im Französischen Sektor von Berlin ging an die Herstellung von Tonbandgeräten. Ebenso leidig wie die Materiallage war übrigens die Finanzlage des „SWF"; bevor die Post wieder in Gang kam, und die ersten Hörergebühren abrechnete, war sein Konto so stark belastet, daß er die Stadt Baden-Baden um einen Kredit bitten mußte.

Wenn der Südwestfunk – ab 1947 ohne Anführungszeichen – relativ rasch sich nicht mehr mit der ihm zugedachten Rolle begnügte, Sprachrohr der Militärregierung zu sein, so ist das hauptsächlich das Verdienst seines Intendanten Friedrich Bischoff und des Sendeleiters Lothar Hartmann. Für Bischoff war – ganz im Gegensatz zu seinen Nachfolgern – das Radio ein essentiell literarisches Medium. Er sah in ihm ein Mittel, „dem dichterischen Wort seine ganze weckende und tröstende Ursprünglichkeit" wiederzugeben. In einem Aufsatz zum einjährigen Bestehen schrieb Bischoff, Verfasser der Gedichtbände „Füllhorn" und „Schlesischer Psalter" sowie mehrerer Romane: „Die Sendetürme, die sich nun allenthalben erheben, sind . . . Kristallisationspunkte eines wieder beginnenden kulturellen Lebens in Deutschland. Sie strahlen eine Macht aus, die es allein mit dem Geist zu tun hat . . . Uns, den Überlebenden, die das Schicksal vor die schwere Aufgabe gestellt hat, im Bereich des Geistes, der Kultur, dort wieder anzuknüpfen, wo das Echte und Beständige verschüttet und niedergeknüppelt liegt, ist es zumute wie Schiffbrüchigen, die ihr Schiff mit halben Segeln wieder flott machen wollen. Der Rundfunk ist dazu aufgeboten, die ersten Wink- und Blinkzeichen auszusenden. Er soll verkünden, daß das wahre Deutschland noch vorhanden ist und seine Stimme aussendet, um brüderlich verstehende und verzeihende Antwort zu finden . . . "

Der Baden-Badener Intendant plädierte schon in dieser schwierigen Zeit für ein anspruchsvolles Radioprogramm: „Der Rundfunk hat heute vor allem die Aufgabe, im geistig-seelischen Bereich ein Helfer in der Not zu sein. Als ein Instrument der Technik dieser Zeit muß er unermüdlich bestrebt sein, seinen Übertragungsmitteln Seele einzuhauchen, und das bedeutet wiederum, daß er mit letzter künstlerischer Intensität bei seinen Sendungen zu Werke gehen muß. Ein Programmgestalter darf niemals des Glaubens sein, daß er nur ein mittleres Niveau zu halten habe . . . Es ist ganz falsch, eine sozial vielfältig geschichtete Hörerschaft auf solch billige Art erreichen zu wollen."

Man kann Friedrich Bischoff, der sich im Frühjahr 1965

pensionieren ließ, attestieren, daß sein Sender literarische Impulse aufnahm und weitergab. Vor allem die Hörspielabteilung brachte Produktionen zuwege, die noch heute jedem Hörspielkenner ein Begriff sind, etwa die auf Vorlagen von Goethe und Schnitzler beruhenden Hörwerke des Regisseurs Max Ophüls, dessen Sohn Marcel Wall einige Zeit der Hörspieldramaturg des SWF war; französische Kriegschroniken haben ihn später als Dokumentarfilmer weltweit bekannt gemacht. Mit den deutschen Autoritäten kam der unnahbare, kühl-verbindliche Friedrich Bischoff so gut wie mit den französischen zurecht.

Ende 1948 wurde der Südwestfunk durch Verordnung Nr. 187 der Militärregierung deutscher Verantwortung unterstellt.

Ein deutsches Gremium, der neugebildete Rundfunkrat, bestätigte Bischoff in seinem Amt. Am 27. 8. 1951 bekräftigte ein Staatsvertrag zwischen den Bundesländern Rheinland-Pfalz, Südbaden und Südwürttemberg-Hohenzollern den juristischen Status des SWF als einer deutschen öffentlich-rechtlichen Anstalt. Der Staatsvertrag bezeichnete ausdrücklich Baden-Baden als Sitz des Senders. Folgerichtig konzentrierte sich die Bautätigkeit der Rundfunkstation in den kommenden Jahren auf den Badeort. Auf dem dem Tiergarten-Viertel vorgelagerten, bis dahin nur wenig besiedelten Schirmhof-Gelände, einem stark abfallenden Rasenhügel zu Füßen des Hotels „Tannenhof" entstand eine kleine Funkstadt, die seit 1982 kräftig erweitert wird und etwa zweitausend Angestellten Arbeit bietet. Der Südwestfunk ist seit Aufnahme des Fernsehprogramms im Herbst 1954 das größte Baden-Badener Unternehmen.

Die glücklichste Personalentscheidung, die Friedrich Bischoff in Baden-Baden traf, war die Berufung des Musikkritikers Heinrich Strobel in das Amt des Abteilungsleiters Musik im Jahr 1946, also in der ersten Aufbauphase.

Der gebürtige Regensburger kannte Baden-Baden aus den 20er Jahren, als er über die „Deutsche Kammermusik Baden-Baden" berichtete. Sein musikwissenschaftiches Studium hatte ihn nach dem Ersten Weltkrieg nach München geführt. Mitte der 20er Jahre war Strobel für deutsche Provinzzeitungen tätig, 1927 wurde er Kritiker des „Berliner Börsencourier". Seit 1933 leitete er die im Mainzer Schott Verlag erscheinende avantgardistische Musikzeitschrift „Melos", gleichzeitig war er von 1934–38 Musikreferent am „Berliner Tagblatt". 1939 siedelte er nach Paris über, wo er sein Buch über Claude Debussy, eine der besten Darstellungen dieses Komponisten, fertigstellte. Nach dem Einmarsch der Wehrmacht in der französischen Hauptstadt war seine Existenz ein Balanceakt (aber er schätzte das gefährliche Dasein der Akrobaten): einerseits war er, durch seine Ehe mit Hilde Levy „jüdisch versippt", politischer Emigrant, gleichzeitig aber der Musikkritiker der von einem Nationalsozialisten geleiteten, deutschsprachigen „Pariser Zeitung". Französische Freunde ermöglichten ihm 1945 die Rückkehr nach Deutschland. Friedrich Bischoff betraute ihn mit der Aufgabe, die Musikabteilung des Südwestfunks aufzubauen, was unter den gegebenen Umständen hieß, daß er ihm das Baden-Badener Musikleben anvertraute.

Funkübertragungen aus anderen Städten im Sendegebiet waren 1946 noch nicht möglich, alle größeren SWF-Konzerte fanden im Kurhaus statt und wurden live übertragen. Wie sich der aus der Emigration Heimgekehrte mit seinem Auftrag zurechtfand, schilderte Jahrzehnte später andeutungsweise sein Freund, Kollege und Rivale H. H. Stuckenschmidt in einer biographischen Skizze: „Heinrich war ein schwieriger Freund, der es einem manchmal mit seinen bizarren Einfällen und aggressiven Stimmungen nicht ganz leicht machte. Aber wenn es ums Ganze ging, konnte man sich auf ihn verlassen. Ich kam bald zu ihm

223

nach Baden-Baden, wo er mich zu einem recht häufigen Mitarbeiter des Südwestfunks machte. Und da sah ich nun, mit welcher genialischen Absonderlichkeit er seines schwierigen Amtes waltete. Er war ein ausgezeichneter Diplomat im Umgang mit Behörden und mit vorgesetzten Stellen. Damit überbrückte er viele Differenzen, die ihn von seinem Intendanten, Professor Bischoff, trennten. Aber auch die französische Besatzungsmacht, die mit ein paar sehr kultivierten Offizieren im Funk vertreten war, wußte er immer für seine künstlerischen Zwecke zu gewinnen. Am besten verstand er sich mit dem freundlichen Major Ponnelle, einem reichen Weinhändler aus Burgund, der mit einer ehemaligen Operettensängerin verheiratet war, und deren noch schulpflichtiger Sohn, Jean-Pierre Ponnelle, bald als Bühnenbildner und Regisseur von sich reden machte.

Sein Lieblings- und Sorgenkind war das Sinfonieorchester, das der Südwestfunk für sein aktuelles Programm und seine Einspielungen auf Band aufbaute. Die Anfänge des SWF-Sinfonieorchesters waren bescheiden. 1945 wurde aus alten Mitgliedern des zusammengebrochenen Kurorchesters und aus anderen, hinzuengagierten Musikern ein Klangkörper zusammengestellt, der die sinfonischen Aufgaben im Programm übernahm. 1948 erstand das Kurorchester neu, dessen ehemalige Mitglieder schieden wieder aus den Diensten des Senders, der nun den Österreicher Hans Rosbaud als Chefdirigent einstellte. Das neue Südwestfunk-Sinfonieorchester umfaßte bald sechsundneunzig Musiker.

Als Programm-Macher war Heinrich Strobel ein engagierter Anwalt der Neuen Musik, der Musik nach 1900. Das Privatfestival, das er im Äther veranstaltete, diente seinem Vergnügen. Bis zum Bau eines funkeigenen Konzertsaals neben dem Hotel „Tannenhof" in den frühen 50er Jahren gab der Südwestfunk jeden Sonntag im Kurhaus-Bühnensaal ein Sinfoniekonzert, das neben klassischen und romantischen meist auch moderne Werke enthielt und direkt übertragen wurde. Die eigenwilligen Programme dieser Konzerte überraschten die Hörer und verwirrten das konservative Baden-Badener Publikum. Es erhob sich viel Widerspruch gegen den Förderer der Neutöner, aber als einstiger Emigrant war Heinrich Strobel in seinem Funkamt praktisch unabsetzbar. Auch war er so klug, die berühmtesten Musiker nach Baden-Baden einzuladen, die namhaftesten Dirigenten und Solisten; so befriedigte er den Snob-appeal von Friedrich Bischoff und nahm seinen Anklägern den Wind aus den Segeln. Zehn Jahre lang sah man in der Bäderstadt die prominentesten Komponisten, die gefeiertsten Virtuosen des Taktstocks. Fern blieben Jan Sibelius, der Finnland nicht mehr verließ, Prokofieff und Schostakowitsch, die nicht ausreisen durften, Toscanini und Furtwängler, die nicht eingeladen wurden. Doch gastierte Furtwängler mit seinem eigenen Orchester, den Berliner Philharmonikern.

Als erster Gast von Weltruf kam, noch einer Einladung der Besatzungsmacht Folge leistend, Otto Klemperer. Er bot in seinem Konzert am 30. 6. 1946 fesselnde Interpretationen von Mozarts Haffner-Sinfonie und Beethovens „Fünfter". Es war das erste Konzert des Emigranten auf deutschem Boden seit 1933 – für Strobel, der Klemperer gebeten hatte, auch ein zeitgenösssiches Werk, Arthur Honeggers dreisätzige „Sinfonie für Streichorchester", zu spielen, ein Triumph. Noch mehr Publizität trug Strobel und der Musikstadt Baden-Baden das Konzert ein, das Paul Hindemith im Oktober 1948 im Kurhaus leitete; es enthielt neben Bachs Flöten-Suite in h-moll und Mozarts Es-Dur-Hornkonzert zwei eigene Werke: Die „Symphonischen Variationen nach Themen von K. M. von Weber" und die Suite aus dem Franziskus-Ballett „Nobilissima Visione". Heinz Pringsheim, der Schwager Thomas

Manns, sprach in der „Süddeutschen Zeitung" von einem „einmaligen Ereignis" und notierte: „Vor allem war es die Frische und Vitalität, das blutvolle Urmusikantentum des dreiundfünfzigjährigen Paul Hindemith, die die von nah und fern herbeigeeilten Besucher ganz in ihren Bann schlugen." Man reiste also im Herbst 1948 wieder einige hundert Kilometer weit, um an einem Konzert, das Aufsehen erregte, teilzunehmen. Das war zwei Jahre zuvor unmöglich gewesen; die meisten Straßenbrücken waren zerstört und es fuhren keine Züge. Die Verhältnisse in der westlichen Hälfte Deutschlands hatten sich rasch verbessert.

Als Strobel Hans Rosbaud nach Baden-Baden holte, wußte er, daß er den Mann gefunden hatte, den er brauchte. Der Österreicher des Jahrgangs 1895 war selbst Chef einer Rundfunk-Musikabteilung gewesen – 1928 in Frankfurt –, danach, von 1937–41, Generalmusikdirektor in Münster, hierauf bis 1944 Dirigent der Straßburger Philharmonie. Er stand auf dem Höhepunkt seiner Laufbahn, als er daranging, das SWF-Sinfonieorchester in harter, unermüdlicher Probenarbeit zu formen. Rosbaud versagte sich keineswegs der traditionellen Musik; weder in Zürich, wo er seit 1950 zusätzlich noch das Tonhallen-Orchester leitete, noch in Aix-en-Provence, wo man ihn an der Spitze des SWF-Sinfonieorchesters ab 1951 als Mozart-Interpreten feierte, noch auch in Baden-Baden, wo er sich vor allem für Haydn, Schubert, Bruckner und Mahler einsetzte.

Aber der Schwerpunkt seiner Arbeit war doch der Einsatz für die musikalische Avantgarde. Er förderte das zeitgenössische Schaffen in den 40er und 50er Jahren mit größerer Entschiedenheit als die meisten seiner Kollegen im In- und Ausland. Strawinsky, Bartok und Hindemith musizierten schon in seinen Frankfurter Jahren als Solisten oder Partner mit ihm. Berg, Schönberg und Anton von Webern zählte er zu seinen Freunden. Nach 1948 brachte er in Baden-Baden mehr als fünfzig neue Werke heraus, unter ihnen Olivier Messiaens monströse Turangalila-Sinfonie (1953) und wichtige Schöpfungen von Nono, Stockhausen und Henze; der junge Pierre Boulez, der viele Jahre in Baden-Baden seinen Wohnsitz hatte, trat unter seiner dirigentischen Führung ans Licht der internationalen Öffentlichkeit. Alljährlich trug Rosbaud die Hauptlast der nach dem Krieg wiederaufgenommenen Donaueschinger Musiktage, deren Orchesterkonzerte traditionell vom SWF-Sinfonieorchester bestritten werden.

Auf Geheiß Strobels mußte Rosbaud das Pult im Kurhaus und im Funkstudio mit vielen Berühmtheiten teilen. In Baden-Baden dirigierten Strawinsky, Honegger, Werner Egk, Ernest Ansermet, Paul Sacher, Leopold Stokowski, Karl Böhm, Mario Rossi, Carl Schuricht, Andre Cluytens, Roger Desormiere, Paul Kletzki, Hans Schmidt-Isserstedt, Bruno Maderna und Pierre Boulez. Einige Jahre lang war das SWF-Sinfonieorchester eine der führenden Instrumental-Körperschaften der Bundesrepublik, berühmt für die Virtuosität seiner einzelnen Gruppen, die Präzision eines Zusammenspiels und die Klangkultur seiner Streicher und Bläser. Der Abstieg begann 1962; Hans Rosbaud, der sich mit seiner unfaßbaren Energie zu viele Aufgaben stellte und seine Kräfte verausgabte, starb nach der Rückkehr von einer Gastspielreise in die Vereinigten Staaten, wo er an der Spitze des Chicago Symphony Orchestra noch einmal Triumphe gefeiert hatte. Strobel machte den Scherchen-Schüler Ernest Bour zu seinem Nachfolger, der sich Mühe gab, das hohe Niveau der Baden-Badener Konzerte (die nun längst schon nicht mehr öffentlich zugänglich waren) zu halten. 1979 wurde der bedächtige Lothringer als Kompositionslehrer an das illustre „College de France" berufen und gab den Posten des SWF-Chefdirigenten an den Polen Kasimierz Kord ab, der international viel zu beschäftigt war, um sich in Baden-Baden voll zu engagieren.

Heinrich Strobel wollte als Mäzen und Anreger einer neuen Tonkunst in die Musikgeschichte eingehen, und er hat dieses Ziel erreicht. Er gehörte, wie man zu Recht gesagt hat, zu den starken und eigenwilligen Persönlichkeiten, die im kulturellen Bereich das Bild eines Zeitalters mitformen. Vor allem aber war er ein erstaunlicher Entdecker und Aufspürer von Talenten. Es mutet heute, da sich in den Funkhäusern die Hierarchien und Befehlsstrukturen vollständig verfestigt haben, nahezu fabulös an, daß in den Gründerjahren der Bundesrepublik ein schlichter Abteilungsleiter eines mittelgroßen Senders Kompositionsaufträge in alle Welt vergeben konnte, ohne seine Vorgesetzten lange um ihre Zustimmung zu bitten oder sie gar um Rat zu fragen, beziehungsweise sich bei einflußreichen Rundfunkräten, Kommunal- und Landespolitikern persönlich abzusichern.

Wenn Baden-Baden in den 50er und 60er Jahren neben Darmstadt und Köln der Hauptumschlagplatz für neue Musik in Europa war, so war dies allein das Werk und Verdienst des urwüchsigen, selbstherrlichen und grobsensiblen Musikmanagers und Rundfunk-Funktionärs Dr. Heinrich Strobel, der den Wunsch vieler Radiohörer nach „leichter musikalischer Unterhaltung" in den Wind schlug, sich von Kritiken nicht beirren ließ und neue Werke so oft ausstrahlte, bis man sich an sie gewöhnt hatte.

Zu Baden-Baden hatte Strobel, der niederbayerische Grandseigneur mit dem künstlerischen Flair eines Diaghilew, dem faunischen Humor eines entgleisten Bohemien, dem Machttrieb eines Berufspolitikers und der generösen Launenhaftigkeit eines Rokoko-Potentaten, ein gebrochenes Verhältnis. „Baden-Baden ist ein kleines Provinznest", sagte er zu einer jungen Musikredakteurin, die sich ihm vorstellte. „Ich weiß nicht, ob Sie sich hier wohlfühlen werden. Allerdings: die musikalische Prominenz kommt zu uns." In der Tat, sie kam: Luciano Berio, Boris Blacher,

Karl Amadeus Hartmann, Hans Werner Henze (der schon 1947, als Einundzwanzigjähriger, einen Komponistenauftrag entgegennahm), Milko Kelemen, György Ligeti, Rolf Liebermann (für dessen Opern Strobel die Libretti schrieb), Wolfgang Fortner, Goffredo Petrassi, Bernd Alois Zimmermann, Karlheinz Stockhausen, Yannis Xenakis, Isang Yun und Krzystof Penderecki.

Mit Heinrich Strobels Pensionierung ging das permanente Festival zu Ende. Schon seit geraumer Zeit überstieg der Etat des SWF-Fernsehens bei weitem den des Hörfunks; das Fernsehen aber hatte, bis zur Einrichtung des verdienstvollen, von Peter Wapnewski betreuten SWF-Musikmagazins „Notenschlüssel" mit zeitgenössischer Tonkunst wenig im Sinn. Strobel selbst verlor im Alter das Interesse an der Förderung junger Begabungen, die sich vielleicht doch bloß als Epigonen der Wiener Schule oder John Cage's erweisen würden; er richtete jetzt sein Hauptaugenmerk auf die präkolumbische Kultur, aufs Fotografieren und auf raffiniertes Essen. Die Memoiren, die er ungern begonnen, dann mit Eifer weitergeführt hatte, und die die Zirkel der Musikwelt noch einmal aufrütteln sollten, brachte er nicht mehr zustande. Er starb im August 1970 mit zweiundsiebzig Jahren nach einem deftigen Ossobuco-Essen am Schreibtisch. Seither ist Baden-Baden musikalisch wieder Provinz. Der 1974 vom Gemeinderat einstimmig gebilligte Stadt- und Kurort-Entwicklungsplan hielt, will Baden-Baden seinen Rang als Erholungsort behaupten, zyklische Darbietungen auf Festspiel-Niveau für unerläßlich: „Für den Bereich der Kultur- und Unterhaltungsveranstaltungen werden die folgenden generellen Empfehlungen gegeben: Jährlich sollen zwei Festspiele aus dem Bereich Musik-Theater-Malerei-Unterhaltung organisiert und zur festen Einrichtung werden." An diese Empfehlung haben sich bisher weder Stadt noch Kurdirektion gehalten.

Literatur

Carl Amery (Hrsg.): „Die Provinz", München 1964.

Friedrich Baser: „Große Musiker in Baden-Baden", Stuttgart 1964.

Heinrich Berl: „Baden-Baden im Zeitalter der Romantik", Reprint Baden-Baden 1982.

ders.: „Geschichtlicher Führer durch Baden-Baden und Umgebung", Baden-Baden 1936.

Wilhelm von Chezy: „Rundgemälde von Baden-Baden", Baden-Baden 1839.

ders.: „Erinnerungen aus meinem Leben", Schaffhausen 1864.

Otto Flake: „Lichtentaler Allee", Gütersloh 1970.

ders.: „Es wird Abend", Frankfurt 1980.

Eugène Guinot: „Ein Sommer in Baden-Baden", Leipzig 1858.

Rolf Gustav Haebler: „Geschichte der Stadt und des Kurortes Baden-Baden", Baden-Baden 1969.

J. Loeser: „Geschichte der Stadt Baden-Baden von den ältesten Zeiten bis auf die Gegenwart", Baden-Baden 1891.

Peter Martin: „Salon Europas. Baden-Baden im 19. Jahrhundert", Konstanz 1983.

Alfred de Musset: „Oeuvres complètes", Editions du Seuil, Paris 1962.

Gérard de Nerval: „Oeuvres", Edition de la Pléiade, Paris 1956.

Kurt Scheid: „Die Allee", Freiburg 1983.

Reinhold Schneider: „Der Balkon", Wiesbaden 1957.

Karl Spindler: „Meister Kleiderleib", Stuttgart 1847.

Leo Tolstoi: „Tagebücher 1847–1910", München 1979.

Iwan Turgenjew: „Dunst", Leipzig 1867.

Karl August Varnhagen von Ense: „Denkwürdigkeiten des eigenen Lebens", Karlsruhe 1924.

Namensregister

232

Plan der Stadt Baa

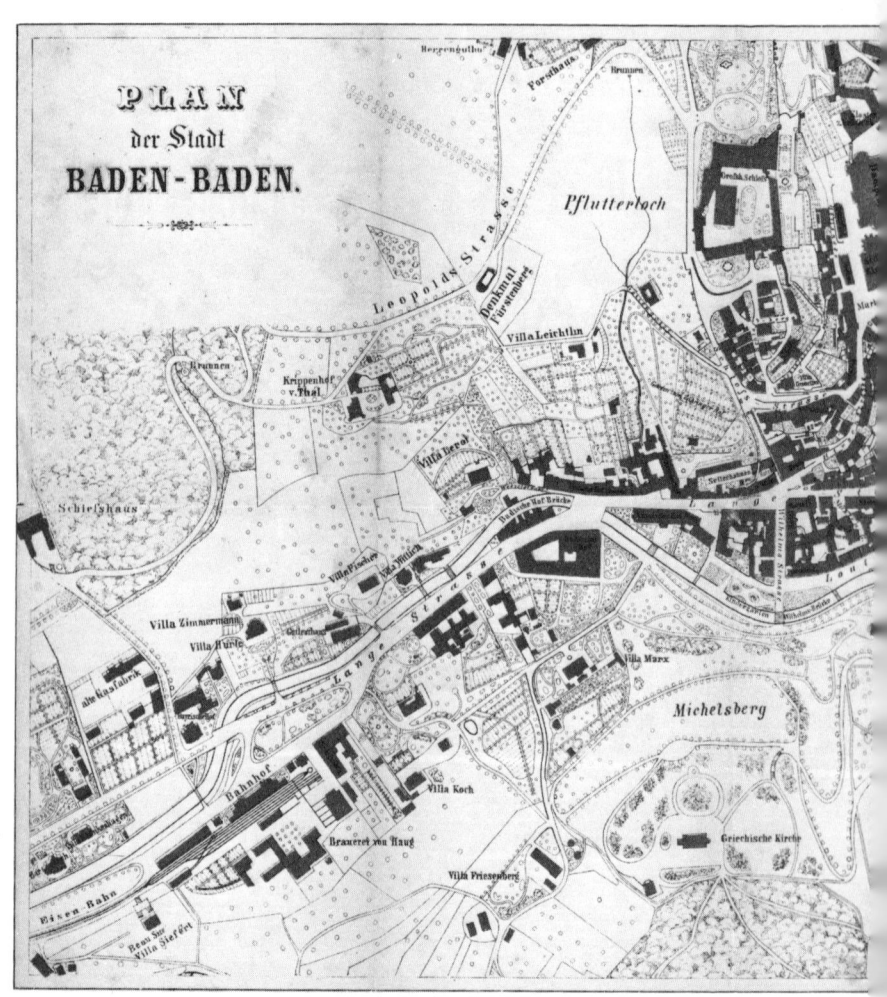